公路工程

施工与管理

王新林　王爱军　韩迎吉　著

黑龙江科学技术出版社

图书在版编目（CIP）数据

公路工程施工与管理 / 王新林, 王爱军, 韩迎吉著
. -- 哈尔滨 : 黑龙江科学技术出版社, 2022.6（2023.1 重印）
ISBN 978-7-5719-1381-6

Ⅰ.①公… Ⅱ.①王… ②王… ③韩… Ⅲ.①道路施
工－施工管理 Ⅳ.①U415.1

中国版本图书馆CIP数据核字(2022)第066692号

公路工程施工与管理
GONGLU GONGCHENG SHIGONG YU GUANLI

作　　者	王新林　王爱军　韩迎吉	
责任编辑	蔡红伟	
封面设计	新晋文化	
出　　版	黑龙江科学技术出版社	
地　　址	哈尔滨市南岗区公安街70-2号　邮编：150001	
电　　话	（0451）53642106 传真：（0451）53642143	
网　　址	www.lkcbs.cn www.lkpub.cn	
发　　行	全国新华书店	
印　　刷	三河市元兴印务有限公司	
开　　本	787mm×1092mm　1/16	
印　　张	20.5	
字　　数	303千字	
版　　次	2022年6月第1版	
印　　次	2023年1月第2次印刷	
书　　号	ISBN 978-7-5719-1381-6	
定　　价	50.00元	

前言

　　随着我国市场经济体制的建立和经济法规的逐步完善，公路建设的管理也走上了法制化的轨道。经过多年的实践和总结，我国在公路工程的项目管理方面基本上形成了一套较为系统的理论、经验和方法，造就了一支庞大的工程项目管理队伍，建成了一大批成功的公路工程项目，为我国的公路建设做出了巨大贡献。

　　公路工程，指公路构造物的勘察、测量、设计、施工、养护、管理等工作。公路工程构造物包括路基、路面、桥梁、涵洞、隧道、排水系统、安全防护设施、绿化设施、交通监控设施、其他服务性设施，以及施工、养护和监控使用的房屋和车间。正因为公路工程建设与我们生活环境的方方面面都有着密切的关联，所以我们要加强对公路工程的建设，方便我们的生活。可以说，公路建设是关系民生的一项重要事业，其发展程度对于社会的发展有着重要的作用，因此我们要重视我国的公路建设，提高公路的覆盖率，重视公路的建设质量。公路工程有效管理是工程当中的一项重要工作，其对工程质量的控制、评定，以及加快工程进度、降低工程造价，都起着积极的作用。公路中的管理环节也是纷繁复杂的，随着我国经济的快速发展，公路在国家经济发展过程中的作用越来越重要，国家对公路的投资越来越大，因此加强对公路工程的管理与实务分析显得非常有必要。

　　本书力求以应用能力为核心，以解决实际问题为目标，紧密联系公路工程实际，反映交通行业对公路工程技术人员的要求，力争使内容达到以下两方面目标：适应当前工作实际需要，加强内容的先进性、针对性和实用性；适应宽口径复合型人才培养的需要，理论和实践并重，注重学生综合素质的提高。本书内容主要包括公路工程施工概述、路基工程施工、路面工程施工、桥梁工程施工、隧道工程施工、公路工程监理、公路工程施工成本管理、公路工程质量管理、公路工程施工安全管理、公路工程施工环保管理。

在编写本书的过程中，笔者参考了一些知名学者和专家的观点及论著，在此表示深深的感谢。由于水平和时间所限，书中难免会出现不足之处，希望各位读者能够提出宝贵意见，以待笔者进一步修改，使之更加完善。

目录

第一章　公路工程施工概述

第一节　公路的基本组成

一、公路路基

（一）公路路基的概念

公路路基是按线形设计的位置和横断面尺寸，在天然地面上用土或石填筑成路堤（填方路段）或挖成路堑（挖方路段）的带状结构物，其主要作用是承受路面传递的车辆荷载，是支撑路面的重要基础。因此，路基本身必须具有足够的强度及足够的稳定性，还应具有不易变形等特点，并且要能够防止水分及其他自然因素对路基本身的侵蚀和损害。

水是破坏路基的主要自然因素之一，因此为了排除地面水和地下水，保证路基使用寿命与强度，必须设计完善的公路排水系统。

（二）路基防护工程的分类

路基防护工程是为了加固路基边坡，确保路基稳定而修建的结构物。按不同作用，路基防护工程可具体分为以下三种类型。

1. 坡面防护

坡面防护一般有植物防护、坡面处治、护坡及护面墙等。

2. 冲刷防护

冲刷防护是指，除上述防护外，为调节水流流速及流向，使路基免受水流冲刷，在沿河路基还可设置顺坝、丁坝、格坝等导流结构物。

3. 支挡构造物

支挡构造物一般是指堆（砌）石边坡、挡土墙、护脚及护面墙等。

二、公路路面

公路路面是运用各种材料及混合料，分层或多层铺筑在路基顶面以供车辆行驶的层状结构物，其直接受车辆荷载作用和自然因素影响。因此，公路路面必须具有能够满足车辆在其表面安全、迅速、舒适行驶的强度、刚度、平整度、稳定性及抗滑性。

三、桥涵

桥涵是工程术语，是桥梁和涵洞的统称，指为使道路跨越天然或人工障碍物而修建的建筑物或构筑物。

桥梁是在公路跨越河流、沟谷或其他线路时，为保证公路的连续性而设置的构造物。

涵洞是指在公路工程建设中，为了使公路顺利通过水渠而不妨碍交通，设于路基下的排水孔道（过水通道），这种结构可以让水从公路的下面流过。涵洞主要由洞身、基础、端墙和翼墙等组成。根据连通器的原理，涵洞常用砖、石、混凝土和钢筋混凝土等材料筑成。其孔径一般较小，形状有管形、箱形及拱形等。

四、隧道

隧道是由主体建筑物与附属建筑物两个部分组成的。隧道的主体建筑物由洞身衬砌和洞门建筑两部分组成。隧道的主体建筑物是为了保持隧道稳定，保证行车安全运行而修的。隧道洞身衬砌的平、纵、横断面的形状由其几何设计确定，衬砌断面的轴线形状和厚度由衬砌计算决定。洞门建筑的构造形式由多方面因素决定，如地形地貌、岩体稳定性、通风方式、照明状况及环境条件等。在洞门容易坍塌或山体坡面有崩坍和落石的地段，则应接长洞身（早进洞或晚出洞），或加筑明洞。

五、交通服务设施

交通服务设施指的是在公路沿线所设置的一些与交通安全、服务、环境保护及交通养护管理等相关的设施，其目的是保证行车安全、舒适、迅速。

第二节　公路的分级与标准

一、公路分级

（一）技术分级

公路的技术等级是表示公路通行能力、技术水平和服务水平的指标。根据公路的使用任务、功能及适应的交通量，公路分成以下五个等级。

1. 高速公路

高速公路是一种专门供汽车分向、分车道行驶，并全部控制出入口的多车道公路，属于我国的公路网骨干线。在高速公路上，一般设有中央分隔带，全部立体交叉，并且还具备完善的交通安全设施、管理设施及服务设施。高速公路的设计使用年限通常为 20 年。

高速公路一般采用四、六、八车道数。将各种汽车折合成小客车，四车道高速公路应能适应的年平均日交通量为 25 000 ～ 55 000 辆，六车道为 45 000 ～ 80 000 辆，八车道为 60 000 ～ 100 000 辆。

2. 一级公路

一级公路是一种专门供汽车分向、分车道行驶，并可根据需要控制出入口的多车道公路，属于我国的公路网骨干线。当其作为集散公路时，纵横向干扰较大，因此为了保证汽车分道、分向行驶，可设慢车道供非汽车交通通行；当其作为干线公路时，为保证运行速度、交通安全和服务水平，应根据需要采取控制出入口措施。一级公路的设计使用年限通常为 20 年。

一级公路一般采用四、六车道。将各种汽车折合成小客车，四车道一级公路应能适应的年平均日交通量为 15 000 ～ 30 000 辆，六车道为

25 000～55 000 辆。

3. 二级公路

二级公路是一种专门供汽车行驶的双车道公路，属于我国公路网内基本线。为了保证汽车在行驶过程中的速度及交通安全，在混合交通量大的路段，可设置慢车道供非汽车交通行驶。二级公路的设计使用年限通常为 15 年。

将各种汽车折合成小客车，双车道二级公路应能适应的年平均日交通量为 5 000～15 000 辆。

4. 三级公路

三级公路是一种专门供汽车行驶的双车道公路，属于我国公路网内基本线。同时，三级公路也可供拖拉机、畜力车、人力车等非汽车交通通行。其混合交通特征明显，设计速度可采用 40 km/h 或 30 km/h。三级公路的设计使用年限通常为 10 年。

将各种车辆折合成小客车，双车道三级公路应能适应的年平均日交通量为 2 000～6 000 辆。

5. 四级公路

四级公路与三级公路相似，是一种专门供汽车行驶的双车道或单车道公路，属于我国公路网的支线。同时，四级公路也可供拖拉机、畜力车、人力车等非汽车交通通行。其混合交通特征明显，设计速度采用 20 km/h。四级公路的设计使用年限通常为 10 年。

将各种车辆折合成小客车，双车道四级公路应能适应的年平均日交通量宜在 2 000 辆以下，单车道宜在 400 辆以下。

（二）行政分级

1. 公路网

公路网的组成有国道、省道、县乡道三级体系。20 世纪末，按照"统一领导，分级管理"的原则，公路分为国家干线公路（简称"国道"）、省干线公路（简称"省道"）、县公路（简称"县道"）、乡公路（简称"乡道"）和专用公路。

2. 国道

国道是指在国家干线网中，具有全国性的政治、经济、国防意义的主要干线公路，包括重要的国际公路，国防公路，连接首都与各省、自治区、直辖市首府的公路，连接各大经济中心、港站枢纽、商品生产基地和战略要地的公路。

3. 省道

省道是指在省（自治区、直辖市）公路网中，具有全省性的政治、经济、国防意义，并由省级公路主管部门负责修建、养护和管理的省级公路干线。

4. 县道

县道是指具有全县政治、经济意义，连接县城和县内主要乡（镇）、主要商品生产和集散地的公路，还有不属于国道、省道的县际公路。县道由县、市公路主管部门负责修建、养护和管理。

5. 乡道

乡道是指直接或主要为乡村经济、文化、生产、生活服务，以及供乡村与外部联系的公路。乡道由县统一规划，由县、乡组织修建、养护和使用。由于乡道主要为农业生产服务，一般不列入国家公路等级标准。

6. 专用公路

专用公路是指专供或主要供厂矿、林区、农场、油田、旅游区、军事基地等与外部联系的公路。专用公路由专用单位负责修建、养护和管理，也可委托当地公路部门修建、养护和管理。专用公路的技术要求应按其专门制定的技术标准或参照公路工程技术标准执行。

二、技术标准

《公路工程技术标准》（JTG B01—2014）（以下简称《标准》）是交通运输部颁布的公路建设的技术法规，反映了我国公路建设的方针政策和技术要求，是公路勘测、设计、修建和养护的依据。《标准》是公路设计与交通设计对路线和各工程结构的要求，这些要求被列为指标，用标准的形式规定下来。《标准》是根据理论计算和公路设计、修建经验，同时结合我国国情而确定的。因此，在公路设计、施工、养护过程中，必须严格遵守《标准》。

采用技术标准时，要防止两种错误倾向：一是只顾降低工程造价而一味采用低标准；另一种是只求线形好，不顾工程造价而采用高标准。

同时，也要避免两种错误观念：一种是只求合法，不求合理；另一种是只求合理，不求合法。

第三节　公路施工的基本程序

一、基本建设及其内容构成

基本建设是指国民经济各部门为发展生产而进行的固定资产的扩大再生产。例如：为了增加社会生产能力，新建工厂、学校、公路、桥梁、码头、矿井、电站、水坝、铁路等；为了扩大生产和提高效益，扩建生产车间，提高路面等级，修建永久性桥梁；为了提高生产效率，改进产品质量，对原有设备及工艺进行整体性技术改造；原有公路的全面改建；等等。这些都属于基本建设的范畴。由此可见，凡是固定资产扩大再生产的新建、改建、扩建、恢复工程的建筑、添置、安装等活动，以及与之连带的工作，都称为基本建设。

在我国，基本建设是发展国民经济，增强综合国力，迅速实现社会主义现代化，提高人民物质文化生活水平和加强国防实力的重要手段。因此，党和国家历来都十分重视基本建设事业，并制定、颁布了一系列政策、法规。通过之前的五年计划，进行全国范围的大规模基本建设，我国已初步形成了比较完整的工业、交通运输体系和国民经济体系，历史悠久的中华大地发生了翻天覆地的变化，为我国的改革开放事业和构建社会主义和谐社会提供了坚实的物质基础。基本建设工作应包括以下内容。

（一）建筑

建筑是指消耗建筑材料，使用工程机械，通过施工活动而建成的工程实体，如路基、路面、桥梁、隧道、厂房、水坝等构筑物。

（二）安装

安装是指基本建设项目需用的各种机械和设备安设、装配、调试等工作，如工业生产设备，公路及大型桥梁所需的各种机械、设备、仪器的安装及调试等。

（三）设备、工具及器具的购置

设备、工具及器具的购置包括属于固定资产的机器、设备、工具等用品的购置，如机械厂的机床、发电站的电力设备、高速公路的监控设备、路面养护用的沥青混合料拌和设备及摊铺机械等。

（四）勘察、设计及相关工作

勘察、设计及相关工作是指编制建筑工程施工依据的勘察设计文件所进行的工作，如公路工程的初步设计、施工图设计等，还有勘察、设计过程中必须进行的地质调查、钻探，材料试验和技术研究工作，等等。

（五）其他基本建设工作

其他基本建设工作指为确保基本建设工程顺利实施和正常运行而进行的基础工作，如土地征用、拆迁安置、人员培训等。

二、基本建设项目划分

基本建设项目无论大小，都有其自身的复杂性，要进行若干项技术的、经济的和物质形态的工作。为了加强对基本建设工作的管理，编制设计文件、概预算文件和施工组织设计文件要便于工程招标投标（简称"招投标"）和施工管理，必须对基本建设项目进行科学分解和合理划分。基本建设项目可以划分为建设项目、工程项目、单位工程、分部工程和分项工程。

（一）建设项目

建设项目也可称为基本建设项目，指的是经过批准后，在一个设计任务书范围内，按照同一总体设计进行建设的全部工程。建设项目由一个或者多个单项工作组成，在经济上实行统一核算，行政上也实行统一管理，通常以一个企业（或联合企业）、事业单位的工程或独立工程作为一个建设项目。公路工程一般以单独设计的公路路线、独立桥梁作为基本建设项目。

（二）工程项目

工程项目也称为单项工程，是指建设项目中具有独立的设计文件，建成后可独立发挥生产能力或使用效益的工程，如工业建筑中的生产车间、办公楼、仓库，民用建筑中的教学楼、图书馆、实验室、住宅，公路工程中独立合同段的路线、大桥、隧道。

（三）单位工程

单位工程是单项工程的组成部分，是指在单项工程中具有单独设计文件和独立施工条件，而又单独作为一个施工对象的工程，如生产车间的厂房修建、设备安装，公路工程中合同段内的路基、路面、桥梁、互通式立交、交通安全设施。由此可见，单位工程一般不能独立发挥生产能力和使用效益。

（四）分部工程

分部工程是按不同工程结构、构造、施工方法所做的分类，是单位工程的组成部分，如房屋的基础、地面、墙体、门窗，公路路基的土石方、排水、涵洞、大型挡土墙，桥梁的上下部构造、引道。

（五）分项工程

分项工程是指通过较为简单的施工过程就能生产出来，并且可以用适当计量单位计算的"假定"的建筑或安装产品，如 10 m^3 块石基础、100 m^2 水泥混凝土路面、一台某型号门式起重机的安装等。必须指出，分项工程只是建筑或安装工程的一种基本构成因素，是为了确定施工资源消耗和计算工程费用而划分的一种假定产品，以便作为分部工程的组成部分。因此，分项工程的独立存在是没有意义的，它不像上述项目那样是完整产品。

三、公路基本建设程序

公路基本建设程序是指公路基本建设项目从规划立项到竣工验收的整个建设过程中各项工作的先后顺序。这个顺序是由固定资产的建设过程，即基本建设发展进程的客观规律决定的。科学的基本建设程序能正确处理基本建设工作中制定建设规划、确定建设项目、勘察设计、组织施工、竣工验收等各阶段与各环节之间的关系，指导基本建设工作有计划、按步骤地进行。公路基本建设涉及面广，既受地质、气候、水文等自然条件的制约，又受物资供应、技术水平等物质技术条件的影响，同时还需要建设单位与设计、施工、监理、质量监督等单位和部门的协作配合。因此，公路基本建设项目必须严格按照规定程序实施，依次进行各个方面的工作，才能达到预期效果，否则可能给国家造成严重经济损失或给工程带来无法弥补的损害。

（一）公路基本建设程序的流程

公路基本建设程序的流程为规划阶段—设计阶段—施工阶段—后评价阶段。

所有大中型公路基本建设项目，都要严格按照公路基本建设程序运行。对于某些特殊的小型项目，经建设行政主管部门批准后，可以根据实际情况适当简化建设程序。

（二）公路基本建设程序各阶段内容

为加强公路基本建设项目管理，公路建设还应当按照国家有关规定实行项目法人制度、招标投标制度、工程监理制度和合同管理制度（通常称为"四项制度"）。公路基本建设程序各阶段的主要内容如下。

1. 项目建议书阶段

项目建议书是建设单位向国家提出要求建设某一项目的建议文件，是对建设项目的轮廓构想。这种构想可来自国家、部门和地方的发展规划与计划安排，或来自市场调查研究，或来自某种资源发现。项目建议书应对拟建项目的社会需求进行分析研究，明确为满足此需求所要达到的建设目标，包括经济目标、社会目标和环境目标，并考虑可能承担的风险。

2. 可行性研究阶段

项目建议书经批准后，由政府交通主管部门组织项目的可行性研究。可行性研究是对拟建项目在技术上和经济上是否可行进行科学分析和论证的工作，能为项目决策（该项目是继续实施还是放弃）提供依据。可行性研究的主要任务是通过比较多方案，提出评价意见，推荐最佳方案。

按可行性研究的工作深度，其划分为预可行性研究和工程可行性研究两个阶段。预可行性研究应重点阐明建设项目的必要性，通过现场踏勘和调查研究，提出建设项目的规模、技术标准，进行简要的经济效益分析。工程可行性研究应通过必要的测量（高速公路、一级公路必须做）、地质勘探（大桥、隧道及不良地质地段等），在认真调查研究、占有必要资料的基础上，对不同建设方案从技术上和经济上进行综合论证，提出推荐方案。可行性研究报告的文件应符合《公路建设项目可行性研究报告编制办法》的规定。

可行性研究报告经审查批准后，项目才能正式立项。大中型项目和限额以上项目的可行性研究报告经批准后，可根据实际需要组成筹建机构，即组建项目法人。一般改建、扩建项目不单独设置机构，仍由原企业负责筹建。

3. 设计任务书阶段

设计任务书是确定项目建设方案的决策性文件，是编制设计文件的主要依据。设计任务书可由建设单位自行提出，也可由工程咨询公司代为拟定，或由建设单位与设计单位协商确定。

设计任务书的主要内容包括以下几个方面：建设依据和建设规模；路线走向和主要控制点，独立大桥桥址和主要特点；地理位置、自然条件和社会经济现状；工程技术标准和主要技术指标；设计阶段及完成时间；环境保护、城市规划、抗震、防洪、防空、文物保护等要求和采取的措施方案；投资估算和资金筹措；经济效益和社会效益；建设期限和实施方案。

4. 勘察设计阶段

无论按几个阶段设计，其中的施工图设计文件均由以下十三篇及附件组成，即总说明书，总体设计，路线，路基、路面及排水，桥梁、涵洞，隧道，路线交叉，交通工程及沿线设施，环境保护，渡口码头及其他工程，筑路材料，施工组织计划，施工图预算，以及附件。其中，总体设计只用于高速公路和一级公路，附件内容为补充地质勘探、水文调查及计算等的基础资料。

5. 建设准备阶段

项目在开工建设之前，要做好以下前期准备工作。

（1）预备项目

初步设计已经批准的项目可列为预备项目。国家的预备项目计划，是对列入部门、地方编报的年度建设预备项目计划中的大中型项目和限额以上项目，经过对建设总规模、生产力布局、资源优化配置及外部协作条件等方面的综合平衡后安排和下达的。

（2）建设准备的内容

建设准备的内容主要分为以下五部分：征地、拆迁和安置；完成施工用的水、电、路工程；设备、材料订货；准备施工图纸；监理、施工招标投标。

（3）申报项目施工许可

工程完成规定的建设准备，并具备开工条件以后，应申报项目施工许可。年度大中型项目和限额以上项目须经国务院批准，并由国家发展和改革委员会下达项目计划，其他项目可由部门和地方政府批准。

6. 建设施工阶段

建设项目开工报告一经批准，项目便进入建设施工阶段。建设施工阶段是项目决策的实施、建成、投入使用、发挥效益的关键，因此建设单位、施工企业、监理单位都应认真做好各自工作。

公路项目开工建设的时间以开始进行土石方施工的日期作为正式开工日期。分期建设的项目，分别按各期工程开工的日期计算。施工活动应严格按照设计要求、技术规程、合同条款、预算投资、施工程序和顺序、施工组织设计，在保证质量、工期、成本等计划目标的前提下进行，达到竣工的标准要求，经验收后移交使用。

7. 竣（交）工验收交付使用阶段

竣（交）工验收是建设全过程的最后一道程序，是投资成果转入使用的标志，是建设单位、设计单位和施工单位向国家汇报建设项目的生产能力或效益、质量、造价等全面情况，以及交付新增固定资产的过程。验收工作在施工合同文件的规定内容全部完成后进行。

公路项目验收分为单项工程交工验收和整体项目竣工验收两个阶段。竣工验收由建设主管部门主持，依据国家有关规定组成验收委员会，按照相关要求组织验收。在工程验收前，建设单位要做好以下准备工作：组织设计、施工等单位进行工程初验，并向主管部门提出验收报告；整理技术资料，包括各种文件绘制竣工图，必须准确、完整，符合档案管理要求；编制竣工决算验收合格的工程，应移交使用，并按有关规定办理交接手续。

8. 项目后评价阶段

项目后评价应经过建设单位自评和投资方评价两个阶段，包括以下内容：评估项目的实际成效；确定项目是否达到预期目标和设计要求；检查设计、施工各个环节的实际质量，重新计算实际财务效益和国民经济效益。

项目后评价可以肯定成绩、总结经验、探讨问题、吸取教训，并提出建议，作为今后改进投资规划、评估和管理工作的参考。

第四节 公路工程测量

一、控制点的复测

平面控制点是公路施工过程中控制公路线形平面位置的重要依据，高程控制点是施工过程中控制公路路线高低的主要依据。平面控制点的任务是把设计图上的"公路线形"放样到实地，高程控制点的任务是把设计图上的"公路路线的高程"放样到实地。

公路工程施工过程中，控制点对构造物的定位精度至关重要，应妥善保护。施工单位进驻工地后，采用的平面控制点、高程控制点是设计单位在勘测阶段布设的，因此施工单位首先应对这些点位进行认真勘察核实。一般来说，从路线勘察设计到路基正式开工，间隔时间都比较长，这期间在路线勘察设计阶段布设的导线点、交点、转点、水准点都难免损坏丢失。为了保证公路路线符合设计文件的要求，防止构造物偏位过大，施工单位在施工前必须对设计单位提交的全部控制点进行复测。复测的主要目的是检验原有控制点的准确性，而不是重新测设。因此，经过复测，控制点凡是与原来的成果或点位的差异在允许的范围内的，一律以原有的成果为准，不做改动。经过多次复测，证明原有成果有误或点位有较大变动时，应报有关单位，经审批后才能改动。

（一）平面控制测量

平面控制测量常用的方法有全站仪导线测量和 GPS 测量等。

1. 全站仪导线测量

导线是由若干条直线连成的折线，每条直线称导线边，相邻两直线之间的水平角称为转折角。测定了转折角和导线边长之后，即可根据已知坐标方位角和已知坐标算出各导线点坐标。按照测区的条件和需要，导线可以布置成下列几种形式。

（1）附合导线

导线起始于一个已知控制点，终止于另一个已知控制点。控制点上可以有一条边或几条边，它是已知坐标方位角的边，也可以是没有已知坐标方位角的边。

（2）闭合导线

导线由一个已知控制点出发，然后回到这一点，形成一个闭合多边形。在闭合导线的已知控制点上必须有一条边的坐标方位角是已知的。

（3）支导线

支导线从一个已知控制点出发，既不到另一个控制点，也不回到原来的起始点。由于支导线没有检核条件，一般只用于地形测量的图根导线测量。

导线测量工作分为外业和内业。导线测量的外业工作主要包括踏勘选点、建立标志、测边、测角等。布设导线时，应依据《公路勘测规范》（JTG C10—2007）（以下简称《规范》）要求，确定导线等级，并按照相应技术要求展开工作。

2. 伪距测量

伪距测量指根据接收机接收到的 GPS 卫星发射的测距 A/C 码和电文内容，通过信号从发射至到达用户接收机的传播时间，计算出卫星和接收机天线间的距离。但 GPS 卫星钟与用户接收机钟难以保持严格的同步，存在时钟差，所以观测的卫星与接收机天线间的距离均受到卫星钟与用户接收机钟同步差的影响，并不是真实距离，因此人们习惯上称所测距离为"伪距"。

3. 载波相位测量

人们通常会测定 GPS 卫星载波信号在传播路径上的相位变化值，以确定信号传播的距离。采用伪距测量定位速度最快，而采用载波相位测量定位精度最高。对 4 颗或 4 颗以上的卫星同时进行伪距测量或载波相位测量，即可推算出接收机的三维坐标。

（1）GPS 进行平面控制测量的特点

GPS 用来做平面控制测量时，一般采用静态定位模式。静态定位模式是将 GPS 接收机安置在基线端点上，观测中保持接收机固定不动，以便能通过重复观测取得足够观测数据，提高定位精度。这种作业模式一般采用两套或两套以上 GPS 接收设备，分别安置在一条或数条基线的端点上，同步观测 4 颗以上卫星。较之于常规方法，GPS 在布设控制网方面具有以下特点。

①测量精度高：GPS 观测的精度明显高于一般的常规测量手段，GPS 基线向量相对精度一般为 $10^{-9} \sim 10^{-5}$，这是普通测量方法很难达到的。

②选点灵活，不需要造标，费用低：GPS 测量不要求测站间相互通视，不需要建造觇标，作业成本低，大大降低了布网费用。

③全天候作业：在任何时间、气候条件下，均可以进行 GPS 观测，大大方便了测量作业，有利于按时、高效地完成控制网布设。

④观测时间短：采用 GPS 布设一般等级的控制网时，在每个测站上的观测时间一般为 1 ~ 2 小时。采用快速静态定位的方法，观测时间更短。

⑤观测、处理自动化：采用 GPS 布设控制网，数据观测和处理过程均是高度自动化的。

（2）GPS 静态作业的选点及布网

① GPS 静态网的布设形式通常有点连式、边连式和边点混合式三种形式。

②静态外业操作流程：放置脚架，对中整平，安置好仪器；量取天线高；打开接收机电源，接收机跟踪多于 4 颗卫星时，卫星指示灯慢闪；打开数据记录灯，此时开始记录数据（一定要保证数据记录灯亮，否则没有记录数据）；认真填写外业记录表；结束测量时，先关闭数据记录灯，再关闭接收机电源。

（二）高程控制测量

高程控制测量的常用方法有水准测量法和三角高程测量法。

1. 水准测量法

用水准测量法布设高程控制网时，应根据《规范》要求确定施测等级，并按照相关技术要求进行外业及内业计算工作。

2. 三角高程测量法

在山区或困难地区，可以采用三角高程测量的方法建立高程控制网，根据《规范》要求确定施测等级，并按照相关技术要求进行外业及内业计算工作。在三角高程路线的各边上，一般应进行往返测，又称对向观测（或双向观测），即由 A 向 B 观测（称为直觇），又由 B 向 A 观测（称为反觇）。由 B 向 A 观测时，可消除地球曲率和大气折光的影响。

二、施工放样

（一）放样点位常用方法

放样点位的常用方法有极坐标法、全站仪坐标放样法、角度交会法（方向交会法）、直接坐标法（如 GPS-RTK 法）等，采用经纬仪、全站仪、钢尺和 GPS 接收机进行。

1. 极坐标法

设 A、B 为已知点，P 为待放样点，其设计坐标已知。在 A 上架经纬仪，放样一个角度，在放样出的方向上标定一个 P 点。再从 A 出发，沿 AP 方向放样距离 S，即得待放样点 P 的位置。再用某种标志在实地表示出 P 的位置。

2. 全站仪坐标放样法

极坐标法放样，需要事先根据坐标计算放样元素，而放样元素的计算是要根据仪器架设位置确定的，有时现场仪器架设位置会有变化，这就需要重新计算放样元素。而用全站仪坐标放样法，就不需要事先计算放样元素，只需要提供坐标，而且操作十分方便。

全站仪架设在已知点 A 上，只要输入测站点 A、后视点 B 及待放样点 P 三点的坐标，瞄准后视点定向，按下反算方位角键，仪器会自动将测站与后视的方位角设置在该方向上。然后按下放样键，仪器自动在屏幕上用左右箭头提示，应该将仪器往左或往右旋转，这样就可使仪器到达设计的方向线上。接着通过测距离，仪器自动提示棱镜前后移动，直到放样出设计距离。这样就能十分方便地完成点位放样。

3. 角度交会法

在量距不方便的场合，常用角度交会法放样。放样元素是两个交会角，它们可通过已知点的坐标和待定点的设计坐标计算得到。现场放样时，在两个已知点上架设两架经纬仪，分别放样相应的角度，两架经纬仪视线的交点即待定点 P 的平面位置。

4. GPS-RTK 法

在公路工程测量领域里，测量工作者已不满足于只将 GPS 用于控制测量。特别是近几年来，高精度 GPS 实时动态定位技术 RTK 发展迅速，它能够实时提供任意坐标系中的三维坐标数据，因而在公路工程测量中利用 GPS-RTK 法放样已很普遍。

GPS-RTK 是一种全天候、全方位的新型测量系统，是目前实时、准确地确定待测点位置的最佳方式，它需要一台基准站接收机和一台或多台流动站接收机，以及用于数据传输的电台。RTK 定位技术将基准站的相位观测数据及坐标信息通过数据链方式及时传送给动态用户，动态用户对收到的数据链连同自采集的相位观测数据进行实时差分处理，从而获得动态用户的实时三维位置。动态用户再将实时位置与设计值相比较，进而指导放样。

GPS-RTK 法是指将基准站 GPS 接收机安置在参考点上，打开接收机，除了将设置的参数输入 GPS 接收机，还要输入参考点的当地施工坐标和天线高。基准站 GPS 接收机通过转换参数将参考点的当地施工坐标转化为 WGS-84 坐标，同时连续接收所有可视 GPS 卫星信号，并通过数据发射电台将其测站坐标、观测值、卫星跟踪状态及接收机工作状态发送出去。流动站接收机在跟踪 GPS 卫星信号的同时，接收来自基准站的数据，进行处理后获得流动站的三维 WGS-84 坐标，再通过与基准站相同的坐标转换参数将 WGS-84 转换为当地施工坐标，并在流动站的手控器上实时显示。接收机可将实时位置与设计值相比较，以指导放样。

GPS-RTK 定位技术具备其他测量仪器无法比拟的优点，采用一般仪器，如全站仪测量等，既要求通视，又费工费时，而且精度不均匀。GPS-RTK 测量拥有彼此不通视条件下远距离传递三维坐标的优势，并且不会产生误差累积，应用 GPS-RTK 法能快速、高效率完成测量放样任务。

（二）全站仪无仪器高作业法放样

对一些高低起伏较大的工程，如大型体育馆的网架、桥梁构件、厂房及机场屋架等，用水准仪放样就比较困难，这时可用全站仪无仪器高作业法直接放样高程。

三、横断面测量

绘制横断面图的工作量较大，为提高工作效率，防止出错，测绘人员应多在现场边测边绘，这样既可当场出图，省略记录，又可及时核对，发现问题，及时纠正，以保证横断面图的质量。

横断面图的比例尺一般是 1∶200 或 1∶100，横断面图通常绘制在米格纸上，图幅为 350 mm × 500 mm，每隔 10 mm 有一细线条，每隔 50 mm 有一粗线条，细线间一小格为 1 mm。

绘图时，以一条纵向粗线为中线，以纵线、横线相交点为中桩位置，向左右两侧绘制。先标注中桩的桩号，再用铅笔根据水平距离和高差，将变坡点点在图纸上，然后用小三角板将这些点连接起来，这样就得到了横断面的地面线。一幅图上可以绘制多个横断面图，一般绘图顺序是从图纸左下方起，自下而上，由左向右，依次按桩号绘制。

四、地形图测绘

地形图能全面、客观地反映地面、地形、地物情况，因此被广泛应用于各种工程建设中。地形图的测绘方法主要有全站仪数字化成图、摄影测量成图、遥感成图等。这里简单介绍全站仪数字化成图方法。

（一）野外碎部点采集

一般用"解算法"进行碎部点测量采集，将所测点位三维坐标及其绘图信息储存在仪器内存或电子手簿中，同时还要记录测站参数、距离、水平角和竖直角的碎部点位置，记录编码、点号、连接点和连接线形四种信息。在采集碎部点时，要及时绘制观测草图。

（二）数据传输

将仪器或电子手簿与计算机用数据通信线连接，把野外观测数据传输到计算机中，每次观测的数据要及时传输，避免数据丢失。

（三）数据处理

数据处理通常分为以下两个部分。

1. 数据转换

数据转换是对野外采集的数据进行预处理，检查可能出现的各种错误，把野外采集到的数据编码，即把测量数据转化成绘图系统所需的编码格式。

2. 数据计算

数据计算针对的是地貌关系，将测量数据输入计算机后，可利用计算机生成平面图形、建立图形文件、绘制等高线。

（四）图形处理与成图输出

图形处理即编辑、整理经数据处理后所生成的图形数据文件，对照外业草图，修改、整饰新生成的地形图，补测、重测存在漏测或错测的地方，然后加注高程、注记等，进行图幅整饰，最后进行成图输出。

第二章　路基工程施工

第一节　路基工程基本知识

一、路基的概念与分类

公路路基是路面的基础，是线形承重主体，承受着自身土体的重量和路面结构的重量，以及由路面传递下来的车辆荷载。没有稳定坚固的路基，就不会有好的路面。松软的路基会出现不均匀下沉的现象，造成路面开裂和不平整，进而影响行车的速度、安全、舒适和道路的畅通。

根据填挖情况的不同，路基可分为路堤、路堑和填挖结合三种类型。路堤是指全部用岩、土（或其他填料）填筑而成的路基；路堑是指全部开挖而成的路基；当天然地面横坡比较大，一侧开挖，另一侧填筑时，称为填挖结合路基，也称半堤半堑路基。

对于一级公路和高速公路来说，路基又可分为整体式断面路基和分离式断面路基两类。对于路堤来说，按填土高度不同，其又可划分为矮路堤（小于 1.5 m）、高路堤（大于 18 m）和一般路堤（1.5～18 m）。按填料不同，路堤又可分为土质路堤、石质路堤和土石混合路堤。路堤在结构上又分为上路堤、下路堤和路床。上路堤是指路面底面以下 0.8～1.5 m 的填方部分，下路堤是指上路堤以下的填方部分。路床是指路面底面以下 0～0.8 m 的路基部分，可分为上路床和下路床。路堑按其开挖方式的不同，可分为全挖式路堑、台口式路堑和半山洞式路堑。按其材质不同，路堑又可分为土质路堑和石质路堑。

二、路基施工的特点和基本要求

1. 路基施工的主要特点

（1）土石方数量大，不同路段工程数量差别大

一般平原微丘区的二级公路，每千米土石方数量为 10 000 ～ 22 000 m^3，山岭重丘区的土石方更是数量巨大，不同路段的挖填方数量差别大。

（2）材质差别大

不论是填方路段还是挖方路段，路基工程都是宜土则土，宜石则石。土路基本身也有不同的土质类型，如粉性土、砂性土、黏性土、黄土，还有必须加固处理的软土等。石质路基材质有可能是石灰岩、沉积岩、变质岩或火山岩，无论其风化程度如何，只要其强度满足要求，都可以用作路基填料。在同一道路的同一路段上，出现多种材质混合的可能性比较大。

（3）施工方法因地制宜

由于地形地貌、地质水文、气象、现有交通条件等诸多条件的制约，施工方法宜挖则挖，宜爆则爆，多种多样，因地制宜。

路基、桥梁、涵洞、防护、路面等工程在施工中相互干扰，相互影响，应认真组织，妥善安排。应注意环境和生态保护，防止取土、弃土和排水沟、边沟等影响农田水利排灌系统。

2. 车辆荷载对路基工程的基本要求

路基应具有足够的整体稳定性，具有足够的强度，也就是抵抗变形的能力。路基还应具有足够的水温稳定性，即在最不利的水温条件下，路基的强度应仍能满足设计和车辆荷载对路基的要求。

3. 路基工程施工的基本要求

路基工程施工应满足设计和使用要求，并把试验检测作为主要监控手段来指导路基工程施工。路基施工宜移挖作填，即把路堑段的挖方用作路堤填筑段的填方，减少占用土地并有利于保护环境，减少对自然景观的破坏，保持与地形地貌的协调。路基施工应严格按照规范要求来组织，特殊地区的路基施工采取相应的技术措施。石方挖方路基的施工，不宜采取大爆破的方法，

必须使用时，要请有相应设计施工资质的单位做出专门的设计，经过反复论证后，按大爆破的有关规定组织和实施。

三、路基填料

路基填筑工程量巨大，路基填料的选择一般采取因地制宜的原则，宜土则土，宜石则石。凡是具有规定强度且能被压实到规定密实度，并且能形成稳定路基的材料均为适用的填料。也就是说，不论是细粒土、粗粒土，还是爆破之后的岩石或工业废渣，只要符合一定的技术要求，均可以用作路基填料。在路基填料的选择上，还要注意以下几点。路基填方的填料应优先考虑级配较好的砾类土、砂类土等粗集料，填料的最大粒径应小于150 mm，采用细粒土做填料最符合规定。泥炭、淤泥、冻土、强膨胀土、有机土，以及易溶盐超过允许含量的土，不得直接用于填筑路基。液限大于50 %，塑性指数大于26的土，以及含水量超过规定的土，也不得直接用于填筑路基。确需使用上述土或黄土填筑路基时，必须采取一定的改善措施，使其满足要求，并取得监理工程师的批准。钢渣、粉煤灰等可用作路基填料，其他工业废渣使用前应进行有害物质的检测，以免对土地和水源造成污染。浸水路基应选用渗水性良好的材料填筑，如中等颗粒的砂砾、级配碎石等，不应直接采用粉质土填筑。如果必须采用细砂、粉砂等易液化的材料做填料，应采取防止震动液化的技术措施。桥梁台背应优先选用渗水性好的填料，在渗水材料缺乏的地区，可以使用石灰、水泥、粉煤灰等单独或综合处置的细粒土。填石路基的石块最大粒径应小于路基厚度的2/3，路床顶面50 cm厚度内不得使用石块填筑。

四、路基施工期间的防水与排水

在路基工程施工期间，为防止工程或附近农田、建筑物及其他设施受冲刷、淤积，应修建临时排水设施，以保持施工场地处于良好的排水状态。

临时性排水设施应与永久性排水设施相结合。施工场地流水不得排入农田、耕地，不能污染自然水源，也不应引起淤积、阻塞和冲刷。

施工时，不论是挖方还是填方，均应做到各施工层表面不积水。因此，各施工层应随时保持一定的泄水横坡或纵向排水通道。当挖方路基顶面或填方基底的含水率过大时，应采取措施降低其含水率。

临时排水设施及排水方案应报请监理检查、验收。

第二节　一般路基施工

一、土质路堤施工

（一）施工取土

路基填方取土，应根据设计要求，结合路基排水和当地土地规划、环境保护的要求进行，不得任意挖取。施工取土应不占或少占良田，尽量利用荒坡、荒地，取土深度应结合地下水等因素考虑，以利于土地复耕。原地面耕植土应先集中存放，以利于再次使用。自行选定取土方案时，应符合下列技术要求：①地面横向坡度陡于1∶10时，取土坑应设在路堤上侧。②桥头两侧不宜设置取土坑。③取土坑与路基之间的距离应满足路基边坡稳定的要求，取土坑与路基坡脚之间的护坡道应平整密实，表面设1%～2%向外倾斜的横坡。④取土坑兼做排水沟时，其底面宜高出附近水域的常水位，或与永久排水系统及桥涵出水口的标高相适应，纵坡不宜小于0.2%，平坦地段不宜小于0.1%。⑤线外取土坑等与排水沟、鱼塘、水库等蓄水（排洪）设施连接时，应采取防冲刷、防污染的措施。对取土造成的裸露面，应采取整治或防护措施。

（二）施工方法

路堤填筑是把填料用一定方式运送上堤进行铺平、碾压密实的过程。路堤填筑的方法分为分层填筑法、竖向填筑法和混合填筑法三种。

1. 分层填筑法

分层填筑法指根据不同的土质，从原地面逐层填起并分层压实，每层填土的厚度可按压实机具的有效压实深度和压实度确定。分层填筑法又可分为水平分层填筑法和纵向分层填筑法两种：①水平分层填筑法指填筑时按照横断面全宽分成水平层次，逐层向上填筑，如原地面不平，应由最低处分层填起，每填一层，经过压实符合规定要求之后，再填上一层，依次循环进行，直至达到设计高程。②纵向分层填筑法适用于用推土机从路堑取土填筑距离较短的路堤，依纵坡方向分层，逐层向上填筑，原地面纵坡大于 12 % 的地段常采用此法。

2. 竖向填筑法

竖向填筑法指从路堤一端或两端同时按横断面的全部高度，逐步推进填筑。此方法适用于无法自下而上填筑的深谷、陡坡、断岩、泥沼等机械无法进场的路堤。

竖向填筑因填土过厚不易压实，施工时要选用沉陷量较小、透水性较好及颗粒粒径均匀的砂石材料，或附近开挖路堑的废石方，并一次填足路堤全宽度。应选用振动式或夯击式压实机械。竖向填筑的路堤暂时不修建较高级的路面，容许短期内自然沉落。

3. 混合填筑法

混合填筑法指在路堤下层竖向填筑，上层水平分层填筑，使上部填土经分层压实获得需要的压实度。此方法适用于因地形限制或填筑堤身较高，不宜自始至终采用水平分层填筑法和竖向填筑法的情况。在深谷陡坡地段填筑路堤，应尽量采用混合填筑法。施工时，可以单机作业，也可多机作业，一般沿线路分段进行，每段距以 20 ~ 40 m 为宜，多在地势平坦或两侧有可利用的山地土场的地方采用。

（三）施工要点

1. 地基表层处理的规定

①二级及二级以上公路路堤基底的压实度应不小于 90 %，三、四级公路应不小于 85 %。②路基填土高度小于路面和路床总厚度时，基底应按设计要求处理。③原地面有坑、洞、穴等时，应在清除沉积物后，用合格填料

分层回填，分层压实。④有泉眼或露头地下水时，应按设计要求，采取有效导排措施后方可填筑路堤。⑤地基为耕地、松散土、水稻田、软土、高液限黏土等时，应按设计要求进行处理，局部软弱的部分也应采取有效的处理措施。⑥地下水位较高时，应按设计要求进行处理。⑦陡坡地段、土石混合地基、填挖界面、高填方地基等都应按设计要求进行处理。

2. 路堤填筑的规定

①性质不同的填料应水平分层，分段填筑，分层压实。同一水平层路基的全宽应采用同一种填料，不得混合填筑。每种填料的填筑层压实后的连续厚度不宜小于 500 mm。填筑路床顶最后一层时，压实后的厚度应不小于 100 mm。②潮湿或冻融敏感性小的填料应填筑在路基上层，强度较小的填料应填筑在路基下层。在有地下水的路段或临水路基范围内，宜填筑透水性好的填料。③在透水性不好的压实层上填筑透水性较好的填料前，应在其表面设 2 % ～ 4 % 的双向横坡，并采取相应的防水措施，不得在由透水性较好的填料填筑的路堤边坡上覆盖透水性不好的填料。④每种填料的松铺厚度应通过试验确定。⑤每一填筑层压实后的宽度不得小于设计宽度。⑥填筑路堤时，应从最低处起分层填筑，逐层压实。当原地面纵坡大于 12 % 或横坡陡于 1∶5 时，应按设计要求挖台阶，或设置坡度向内大于 4 %、宽度大于 2 m 的台阶。⑦填方分几个作业段施工时，接头部位如不能交替填筑，则先填路段，按 1∶1 坡度分层留台阶。如能交替填筑，则应分层相互交替搭接，搭接长度不小于 2 m。

3. 施工机械的选择

选择施工机械应考虑工程特点、土石种类和数量、地形、填挖高度、运距、气候条件、工期等因素，经济、合理地确定。填方压实应配备专用碾压机具。

4. 压实度检测的规定

①用灌砂法、灌水（水袋）法检测压实度时，取土样的底面位置为每一压实层底部；用环刀法试验时，环刀中部处于压实层厚的 1/2 深度；用核子湿度密度仪试验时，应根据其类型，按说明书要求进行。②施工过程中，每一压实层均应检验压实度，检测频率为每 1000 m^2 至少检验 2 点，不足

1000 m² 时检验 2 点，必要时可根据需要增加检验点。

二、填石路堤施工

（一）填料要求

路堤填料粒径应不大于 500 mm，且不宜超过层厚的 2/3，不均匀系数宜为 15～20。路床底面以下 400 mm 范围内，填料粒径应小于 150 mm，路床填料粒径应小于 100 mm。膨胀岩石、易溶性岩石不宜直接用于路堤填筑，强风化岩石、崩解性岩石和盐化岩石不得直接用于路堤填筑。

（二）填筑方法

填石路堤的填筑方式有倾填（含抛填）和逐层填筑、分层压实两种。倾填又可分为石块从岩面爆破后直接散落在准备填筑的路堤内，以及用推土机将爆破后堆置在半路堑上的石块、用自卸汽车从远处运来的爆破石块推入路堤两种情况。高速公路、一级公路和铺设高级路面的其他等级公路的填石路堤不宜采用倾填的方法，而应采用逐层填筑、分层压实的方法。二级及二级以下且铺设低级路面的公路在陡峻山坡段施工特别困难或需要大量爆破移挖作填时，可采用倾填的方法将石料填筑于路堤下部，但倾填路堤在路床底面下不小于 1 m 的范围内仍应逐层填筑、分层压实。

采用逐层填筑、分层压实的方式施工，又可分为机械作业和人工作业两种方法。机械施工时，高速公路及一级公路分层松铺厚度一般为 50 cm，其他公路为 100 cm。施工中，应安排好石料运行路线，专人指挥，按水平分层，先低后高、先两侧后中央地卸料。由于每层填筑厚度较大，摊铺平整工作必须采用大型推土机，个别不平处应配合人工用细石块、石屑找平，如果石块级配较差、粒径较大、填层较厚，石块间的空隙较大，可于每层表面的空隙里扫入石渣、石屑、中砂、粗砂，再以压力水将砂冲入下部，反复数次，使空隙填满。人工摊铺、填筑填石路堤，当铺填粒径 25 cm 以上的石料时，应先铺填大块石料，大面向下，小面向上，摆平放稳，再用小石块找平，用石屑塞填，最后压实。铺填粒径 25 cm 以下石料时，可直接分层摊铺，分层碾压。

（三）施工要点

1. 基层处理时

基层处理时其承载力应满足设计要求。在非岩石地基上填筑填石路堤前，应按设计要求设过渡层。

2. 路堤施工前

路堤施工前应先修筑试验路段，确定满足孔隙率标准的松铺厚度、压实机械型号及组合、压实速度及压实遍数、沉降差等参数。

3. 岩性相差较大的填料应分层或分段填筑

严禁将软质石料与硬质石料混合使用。

4. 中硬、硬质石料填筑路堤时

中硬、硬质石料填筑路堤时，应进行边坡码砌。码砌边坡的石料强度、尺寸及码砌厚度应符合设计要求。边坡码砌与路基填筑宜基本同步进行。压实机械宜选用自重不小于 18 t 的振动压路机。在填石路堤顶面与细粒土填土层之间应按设计要求设过渡层。

（四）质量检验

填石路堤施工过程中的每一压实层，可用试验路段确定的工艺流程和工艺参数控制压实过程，用试验路段确定的沉降差指标检测压实质量。填石路堤填筑至设计标高并整修完成后，其施工质量应符合规定。填石路堤成形后的外观质量标准为路堤表面无明显孔洞，大粒径石料不松动，铁锹挖动困难，边坡码砌紧贴、密实，无明显孔洞、松动，砌块间承接面向内倾斜，坡面平顺。

三、土石路堤施工

土石路堤是指石料含量占总质量 30 % ～ 70 % 的土石混合材料填筑而成的路堤。

（一）填料要求

（1）膨胀岩石、易溶性岩石等不宜直接用于路堤填筑，崩解性岩石和盐化岩石等不得直接用于路堤填筑。

（2）天然土石混合填料中，中硬、硬质石料的最大粒径不得大于压实层厚的 2/3，石料最大粒径不得大于压实层厚。

（二）填筑方法

土石路堤不得采用倾填的方法，只能采用逐层填筑、分层压实的方法。当土石混合料中石料含量超过 70 % 时，宜采用人工铺填的方法，即先铺填大块石料，且大面向下，放置平衡，再铺小块石料、石渣或石屑，嵌缝找平，然后碾压。当土石混合料中石料含量不超过 70 % 时，可用推土机将土石混合料铺填，每层铺填厚度应根据压实机械类型和规格确定，不宜超过40 cm。用机械铺填时，应注意避免使用硬质石块，特别是集中在一起的尺寸大的硬质石块。

（三）施工要点

①在陡坡、斜坡地段，土石路堤靠山一侧应按设计要求做好排水和防渗处理。②压实机械宜选用自重不小于 18 t 的振动压路机。③施工前应根据土石混合材料的类别分别进行试验路段施工，确定能达到压实后的最大干密度的松铺厚度、压实机械型号和组合、压实速度和遍数、沉降差等参数。④碾压前，应使大粒径石料均匀分散在填料中，石料间孔隙应填充小粒径石料、土和石渣。⑤压实后透水性差异大的土石混合材料，应分层或分段填筑，不宜纵向分幅填筑。如确需纵向分幅填筑，应将压实后渗水良好的土石混合材料填筑于路堤两侧。⑥土石混合材料来自不同料场，其岩性或土石比例相差较大时，宜分层或分段填筑。⑦填料由土石混合材料变为其他填料时，土石混合材料最后一层的压实厚度应小于 300 mm，该层填料最大粒径宜小于150 mm，压实后，该层表面应无孔洞。⑧中硬、硬质石料的土石路堤，应进行边坡码砌。码砌边坡的石料强度、尺寸及码砌厚度应符合设计要求，边

坡码砌与路堤填筑宜基本同步进行。⑨软质石料土石路堤的边坡按土质路堤边坡标准处理。

（四）质量检验

中硬、硬质石料土石路堤在施工过程中的每一次压实层，可用试验路段确定的工艺流程和工艺参数控制压实过程，用试验路段确定的沉降差指标检测压实质量。路堤成型后质量应符合规定，软质石料填筑的土石路堤应符合地基表层处理的规定。土石路堤的外观质量标准包括表面无明显孔洞，大粒径填石无松动，铁锹挖动困难，中硬、硬质石料土石路基边坡码砌紧贴、密实，无明显孔洞、松动，砌块间承接面应向内倾斜，坡面平顺。

四、挖方路基施工

（一）土质路堑开挖

1. 土方开挖方法

路堑开挖施工，除需考虑当地的地形条件、采用的机具等因素外，还需考虑土层的分布及利用。在路堑开挖前，应做好现场伐树除根等清理工作和排水工作。如果要移挖作填，还应将表层土单独掘弃，或按不同的土层分层挖掘，以满足路堤填筑的要求。路堑的开挖方法根据路堑深度、纵向长短及现场施工条件，可分为纵向挖掘法、横向挖掘法和混合式挖掘法。

（1）纵向挖掘法

纵向挖掘法是在路线一端或两端，沿路线纵向向前开挖。单层掘进开挖，其高度等于路堑设计深度，掘进时逐段成形向前推进，从相反方向运土。单层掘进的高度受人工操作安全性及机械操作有效性因素的限制。如果施工紧迫，对于较深路堑，可双层纵向掘进开挖，上层在前，下层随后，下层施工面上留有上层操作的出土和排水通道。双层或多层开挖，增多了施工工作面，加快了施工进度，层高应使施工方便且能保证安全，一般为1.5～2.0 m。

（2）横向挖掘法

横向挖掘法是先在路堑纵向挖出通道，然后分段同时横向掘进。此法工作面多，既可人工施工，亦可机械施工，还可分层纵向开挖，即将路堑分为宽度和深度都合适的纵向层次向前掘进开挖，可采用各式铲运机械。对短距离及大坡度的路堑，可用推土机施工，而对较长、较宽的路堑，可用铲运机并配以运土机具进行施工。

（3）混合式挖掘法

混合式挖掘法是横向挖掘法和纵向挖掘法的混合，即先顺路堑开挖通道，然后沿横向坡面挖掘，以增加开挖坡面，每一开挖坡面应能容纳一个施工组或一台开挖机械。在较大的挖土地段，还可沿横向再挖沟，配以传动设备或布置运土车辆。当路线纵向长度和深度都很大时，宜采用混合式挖掘法。

2. 土方开挖施工要点

土方开挖应自上而下进行，不得乱挖、超挖，严禁掏底开挖。土方应分类开挖，分类使用，非适用材料应按设计要求或作为弃方按规定处理。开挖过程中，应采取措施保证边坡稳定。开挖至边坡线前，应预留一定宽度，预留的宽度应保证在刷坡过程中，设计边坡线外的土层不受扰动。路基开挖中，基于实际情况，如需修改设计边坡坡度、截水沟和边沟的位置及尺寸等，应及时按规定报批。边坡上稳定的孤石应保留。开挖至零填、路堑、路床部分后，应尽快进行路床施工。如不能及时进行，宜在设计路床顶标高以上预留至少 300 mm 厚的保护层。应采取临时排水措施，确保施工作业面不积水。挖方路基、路床顶面终止标高，应考虑因压实而产生的下沉量，其值通过试验确定。边沟与截水沟应从下游向上游开挖，截水沟通过地面坑凹处时，应将凹处填平夯实。边沟及截水沟开挖后，应及时进行防渗处理，不得渗漏、积水和冲刷边坡及路基。挖方路基施工遇到地下水时，应采取排导措施，将水引入路基排水系统，不得随意堵塞泉眼。路床土含水量高或为含水层时，应采取设置渗沟、换填、改良土质、土工织物等处理措施，路床填料应具有良好的透水性能。

（二）石质路堑施工

1. 石质路堑施工注意事项

采用松土法或破碎法施工应注意的事项与土质路堑开挖的基本相同。当采用爆破法施工时，应注意以下事项。

（1）调查爆破影响区内的既有建筑物、管线

一旦确定采用爆破法开挖岩石，应查明爆破区内有无电力、电讯、供排水管道等地面、地下管线，若有还应明确其具体的平面位置、埋置深度、迁移可行性，调查既有建筑物的类型、权属、年限等。此外，对开挖边线范围外的既有建筑物、各类管线也应充分调查，以便制定爆破方案，确保线外建筑物、管线的安全。

（2）报请当地公安局等部门审批爆破方案

对大、中型爆破，确定方案后，应分别将方案报送当地公安局、建筑物及管线的直接单位，以及主管部门、监理工程师审批。

（3）持证上岗

持证上岗是避免爆破伤亡事故的根本保证。凡从事爆破作业的施工人员，必须经过专业培训，取得爆破证书后才能上岗。必须一人一证，严禁多人使用一证。

（4）清渣工作

清渣应自上而下，将松动的、破碎的岩石撬落。不准掏"神仙渣"（从下面往里掏成悬岩状，石渣在自重的作用下坍落），以免坍塌伤人。目前，多用大功率推土机集石，用装载机装车，或直接用斗容量 $1.5 \sim 2.0 \ m^3$ 的正铲挖掘机装车。对特大的孤石，可采用钢钎炮二次爆破。

（5）爆破施工安全

爆破施工安全包括爆破器材安全管理、施工操作安全，以及警戒线之内的其他人员、物资安全。爆破施工是一项危险作业，要求杜绝各种事故的发生，做到安全生产。爆破作业的每一道工序，都必须认真执行有关爆破安全的规程，有组织、有计划、有步骤地进行施工。为了避免事故，石方爆破作

业及爆破器材的管理、加工、运输、检验和销毁等工程均应按国家现行的《爆破安全规程》（GB 6722—2014）执行。

①爆破器材安全管理。所有爆破器材、雷管、炸药应在指定地点分开存放，相距不得小于 1 km，距离施工现场不得小于 3 km。存放仓库应保持良好的通风，设置避雷设施。库房周围设围墙，无关人员不得入内，严禁烟火。仓库应配备 24 小时全天候看守的警卫值勤人员，配备良好的、足够的防火设备。临时性爆破器材仓库禁止安装电灯照明，可用自然采光或安全手电筒。临时性爆破器材仓库的最大库存量为炸药 10 L，雷管 20 000 发，导火索 10 000 m。库房内设单独的发放间，雷管和炸药分开存放，间距在 8 m 以上。爆破器材应有专人负责入库、发出，健全各种手续。在雷雨天气和黑夜，不得进行爆炸物品的收发工作。

②施工操作安全。爆破施工环节，包括钻孔和导洞开挖，装药、堵塞、起爆、瞎炮处理等，这些环节都具有危险性。在钻孔和导洞开挖时，所有作业人员必须戴安全帽和必要的保护用品。洞口和险道设置栏杆，并有足够的照明。洞内采用 12 ～ 36 V 的低压安全灯，严禁高压或明火照明。洞口开挖前应处理危石，以确保安全，否则应采取支撑。导洞深度超过 6 m 时，应采取通风措施。经常检查洞内风量、气压和有害气体含量。在装药、堵塞、起爆、瞎炮处理阶段，应注意以下几点。第一，炮孔、洞室完成后及时报验，合格后方可装药。第二，起爆药包只准在爆破附近的安全地点存放。第三，在炸药、雷管送达洞口前，将洞内所有电线取出，改用绝缘手电筒或蓄电池灯照明，严禁烟火。第四，装药、堵塞严格按设计要求操作，不准用块石压盖药包，并注意保护起爆线。第五，装药、堵塞后，由经过专职培训且培训合格的爆破工连线。第六，爆破区边界和通道设岗哨和标志，爆破信号和解除信号的发出要及时、显著。第七，爆破后应对爆破现场进行认真检查，发现瞎炮及时进行安全处理。

（6）排水

在节理发育的岩石所在地，如石灰岩地区，地表水会沿裂缝缝隙往下渗，一般不用设截水沟。但在开挖区内，应在纵、横向形成坡面，确保工作面不积水。其他石质路堑视现场而定。

2. 公路工程爆破炮型的选择

公路工程爆破的炮型种类繁多，分类方法也不尽相同。影响炮型选择的因素很多，包括石方的集中程度，路堑开挖深度，地质、地形条件，公路路基横断面形状，以及施工机械。其中，施工机械往往是炮型选择的决定性因素。

按工作动力不同，凿岩机可分为风动凿岩机、液压凿岩机、电动凿岩机和内燃凿岩机。风动凿岩机以压缩空气为动力，结构简单，质量轻，工作安全可靠，操作、维修方便，适用于任何硬度的岩石。液压凿岩机是近年发展起来的一种新型凿岩机，具有动力单一、消耗低、一人多机操作、现场调整参数等优点，目前爆破大多采用这类凿岩机。电动凿岩机和内燃凿岩机或因可靠性差，或因笨重，实际上没有前两种使用普遍。

3. 公路工程特殊爆破技术

公路工程施工中比较常用的爆破技术有光面爆破、预裂爆破、定向爆破、微差爆破、松动爆破等。

（1）光面爆破

光面爆破是在开挖界面的周边，适当排列有一定间隔的炮孔，在有侧向临空面的情况下，用控制抵抗线和落量的方法使爆破后的坡面保持光滑、顺直、平整而不受明显破坏的爆破方法。光面爆破具有以下特点：①爆破后成形规整，路基断面符合设计轮廓，特别是在松软岩层中更能显示出光面爆破的作用。②爆破后不产生或很少产生爆震裂隙，新岩面保持原有稳定性，岩体承载能力不致下降，因而可有效地保证施工安全，为快速施工创造有利条件。③新岩壁平整，通风阻力小，岩面上应力集中现象减少，在深部岩壁表面可以减少岩爆危害。

光面爆破属于控制爆破，其机理是沿开挖轮廓线布置间距减少的平行炮眼，在这些岩面炮眼中进行药量减少的不耦合装药（采用间隔药包、间隔钻孔装药，通常使炮孔直径大于药卷直径的 1～2 倍），然后同时起爆，爆破时沿这些炮眼的中心连接线破裂成平整的光面。光面爆破时，由于采用不耦合装药，药包爆炸后炮眼壁上的压力显著降低，此时药包的爆破作用为准静压作用，当炮孔压力值低于岩石抗压强度时，在炮眼壁上不至于造成"压碎"破坏，因此爆炸引起的应力和凿岩时在炮眼壁上造成的应力状态相似，只能引起少量的径向细微裂隙。裂隙数目及其长度随不耦合系数（一般为$1.1 \sim 3.0$，其中$1.5 \sim 2.5$用得较多）和装药量的不同而不同。一般来说，药包直径一定时，不耦合系数越大，药量越小，细微裂隙数越少，长度也越短。光面炮眼同时起爆时，由于起爆器材的起爆时间误差，不可能在同一时刻爆炸，先起爆的药包的爆炸应力作用在炮眼周围产生径向细微裂隙。由于相邻炮眼的导向作用，沿相邻两炮眼中心连接线的那条径向裂隙优先得到发育，在爆炸气体的作用下，这条裂隙继续延伸和扩展，在相邻两炮眼的炮眼中心连接线与眼壁相交处产生应力集中，此处应力值最大。该相邻两炮眼中爆炸气体的气楔作用将这些径向裂隙加以扩展，成为贯通裂隙，最后造成光面。

光面爆破施工的主要技术要点如下：①选择要求工作空间较小的优良钻机，精确凿岩，控制炮眼底部的偏离，严格保持炮孔在同一平面内。②光面爆破应在主炮起爆之后，间隔时间在$25 \sim 50$ ms的范围内，同一排炮孔必须同时爆破，以免影响起爆质量，最好用传爆线起爆。③采用恰当的药包结构，并控制装药量。一般来说，光面爆破装药量比正常减少$1/3 \sim 1/2$，炮孔直径不大于50 mm，且大于药卷直径$1 \sim 2$倍，或采用间隔药包、间隔钻孔装药。④边孔间距可通过计算确定，也可由工地试验决定，曲线边孔应加密到0.2 m，采用小孔径，可间隔$1 \sim 2$孔装药。

使用光面爆破的地质条件如下：①岩体稳定性好，坡顶上部无倾向路基的堆积覆盖层。②有多向临空面。③岩体的结构面层理、产状与路线平行。④岩体构造无软弱结构面、不整合面、软弱夹层。

光面爆破施工应注意以下七个问题：①施工前，必须准确地测定、设计边坡线和预裂孔的位置。②施工中，切实控制好孔深、方向和倾斜角度三大要素。各预裂孔应相互平行，孔底落在同一水平面上，预裂孔的角度与边坡坡度一致。③严格保持炮孔在同一平面内，炮孔间距和最小抵抗线之比小于 0.8。④控制装药量，采用间隔药包，炮孔直径大于药卷直径 1～2 倍。⑤光面炮在主炮之后起爆，时间间隔 25～50 ms。⑥同一排孔要同时起爆，应尽量采用传爆起爆，以提高爆破效果。⑦严格执行《爆破安全规程》（GB 6722—2014），确保爆破安全。

（2）预裂爆破

预裂爆破是沿岩体设计开挖面与主炮孔之间布置一排预裂炮孔，并使预裂炮孔超前主炮孔起爆（一般超前 50～150 ms 起爆），从而沿设计开挖面将岩石拉断，形成贯通预裂，使爆破主体与山体分离，形成隔震减震带，为全部爆破完成后岩石开挖面形成要求的轮廓的一种爆破方法。

预裂爆破是在没有侧向空面和最小抵抗线的情况下，按一定间距钻一排小孔距平行炮孔，孔内装入少量炸药，在开挖区主爆起爆之前，这些炮孔首先爆破，预裂出一条裂缝，预裂缝在一定范围减小主炮炮孔的爆破振动效应，使开挖界限以外的山体或建筑物免遭爆破振动的破坏，并且防止额外爆破，有效保护开挖边坡，减小破坏。预裂爆破是在光面爆破基础上发展起来的一项特殊爆破技术。

施工时，为了获得良好的预裂爆破效果，除选择合理的爆破参数、起爆顺序和布孔方式外，更应精确掌握施工方法、操作要点，掌握好孔深、方向和倾斜角度三大要素。一般来说，孔底的钻孔偏差不应大于 15 cm，对钻孔的质量应十分重视，要符合设计要求。

（3）定向爆破

定向爆破就是利用爆破的作用，将大量的岩石和土按照指定的方向搬移到一定的地点，并堆积成一定形状的填方。定向爆破的基本原理，就是炸药在岩石或土内部爆炸时，岩石和土是沿着最小抵抗线，即从药包到临空面最短距离的方向抛出去的。因此，合理选择临空面并布置炮孔是定向爆破的关键。临空面可以利用自然的地形，也可以在爆破地点用人工方法造出需要的孔穴或空向槽作为临空面，以便能够按照需要的方向将爆破的岩石抛向指定的位置。

（4）微差爆破

微差爆破指前后或相邻炮孔内的药包以毫秒的时间间隔（一般为15～75 ms）依次起爆。微差爆破的特点：在装药量相等的条件下，可减震1/3～2/3；前发药包为后发药包开创了临空面，从而可以扩大自由面，有利于应力的增加，并增加岩块间的碰撞挤压作用，加强岩石的破碎效果；降低各排孔一次爆破的堆积高度，有利于挖掘机作业；由于逐发或逐排依次爆破，减少了岩石挟制力，可节省近 20 % 的炸药量，并可增大孔距，提高每钻孔炸落方量。

（三）挖方路基边坡坡度

土质挖方路基边坡坡度主要与边坡高度，土的湿度、密实程度，地下水、地面水情况，土的成因、类型和生成时代有关。岩石挖方路基边坡坡度主要与岩性、地质构造、岩石的风化破碎程度、边坡高度、地下水及地面水等因素有关。挖方路基的边坡坡度要求与施工要点主要如下。土的挖方边坡坡度应根据路线附近已建工程的人工边坡及自然山坡稳定状况确定。砾石土的挖方边坡坡度主要与砾石土成因，岩块成分和大小、密实程度，以及休止角有关，并应结合当地水文条件和边坡高度进行对比分析、论证，确定边坡坡度大小。在边坡施工中，由于设计的边坡坡度可能与现场的实际土质等情况不符合，施工技术人员应注意随着填挖的进行，对影响边坡坡度稳定的因素进行认真的观察分析，如发现设计的边坡坡度不能满足边坡稳定的要求，应按相关规定变更设计，以确保边坡稳定。

第三节 特殊路基施工

一、软土路基施工

淤泥、淤泥质土，以及天然强度低、压缩性高、透水性小的一般黏性土统称为软土。软土路基天然含水率大于等于 35 % 或液限，天然孔隙比大于等于 1，十字板抗剪强度小于 35 kPa。

高速公路路基的软土系指标准贯击数小于 4、无侧限抗压强度小于 50 kPa、含水量大于 50 % 的黏性土，以及标准贯击数小于 10、含水量大于 30 % 的砂性土。

软土无论是按沉积成因还是按土质划分，它们都具有如下共同的工程性质。①颜色以深色为主，粒度成分以细颗粒为主，有机质含量高。②天然含水量高，容重小，天然含水量大于液限，超过 30 %，相对含水量大于 10，饱和度高达 100 %，甚至更大。③天然孔隙比大，一般大于 1。④渗透系数小，一般小于 10^{-6} cm/s，沉降速度慢，固结完成所需时间较长。⑤黏粒含量高，塑性指数大。⑥压缩性高，压缩系数大，基础沉降量大，一般压缩系数大于 0.5 MPa。⑦强度指标小，快剪黏聚力小于 10 kPa，快剪内摩擦角小于 5°。固结快剪黏聚力小于 10 kPa，快剪内摩擦角小于 5°。固结快剪的强度指标略高，黏聚力小于 15 kPa，内摩擦角小于 10°。⑧灵敏度高，灵敏度一般为 2 ～ 10，有时大于 10，具有显著的流变特性。软土路基应进行路基处理并观测路堤沉降，按图纸或经监理工程师批准的处理方法进行施工。

（一）软土路基处理方法

1. 换填法

换填法是将原路基一定深度和范围内的淤泥挖除，换填符合规定要求的材料，使之达到规定压实度的方法。换填时，应选用水稳性或透水性好的材料，分层铺筑，逐层压实。

2. 抛石挤淤法

抛石挤淤法指在路基底从中部向两侧抛投一定数量的碎石，将淤泥挤出路基范围，以提高路基强度。所用碎石宜采用不易风化的大石块，尺寸一般不小于 0.15 m。抛石挤淤法施工简单、迅速、方便，适用于以下几种情况：①常年积水的洼地，排水困难，泥炭呈流动状态、厚度较薄、表层无硬壳，片石能沉达底部的泥沼或厚度为 3 ～ 4 m 的软土。②在特别软的地面上施工，机械无法进入，或表面存在大量积水无法排出。③石料丰富，运距较短。

3. 排水固结法

排水固结法可分为堆载预压法、真空预压法、降水预压法、电渗排水法，适用于处理厚度较大的饱和软土和冲填土路基，但对于较厚的泥炭层要慎重选择。

4. 水泥粉煤灰碎石桩法

水泥粉煤灰碎石桩法适用于淤泥、淤泥质土、杂填土、饱和与非饱和的黏性土、粉土，能使天然路基承载力提高 70 % 以上。

5. 钢渣桩法

钢渣桩法适用于淤泥、淤泥质土、饱和与非饱和的黏性土、粉土。

6. 石灰桩法

石灰桩法适用于渗透系数适中的软黏土、杂填土、膨胀土、红黏土、湿陷性黄土，不适合地下水位以下的渗透系数较大的土层。当渗透系数较小时，软土脱水加固效果不好的土层应慎用该方法。

（二）软土路基施工方法

1. 抛石挤淤施工

抛石挤淤应按设计要求或监理工程师的要求进行，应选用不易风化的片石，片石厚度或直径不宜小于 300 mm。当软土地层平坦，软土呈流动状时，填土应沿路基中线向前呈三角形投放片石，再渐次向两侧全宽范围扩展，使泥沼或软土向两侧挤出。当软土地层横坡陡于 1∶10 时，应自高侧向低侧抛投，并在低侧边部多抛填，使低侧边部约有 2 m 的平台。片石抛出软土面或抛出水面后，应用较小石块填塞垫平，用重型压路机压实。

2. 垫层施工

垫层施工通常用于松软过湿的表面，采用排水、铺设填料，或以外加剂加固的方法使地表层强度增加，防止地基局部剪切变形，从而保证重型机械通行，又使填土荷载均匀分布在地基上。

垫层材料宜采用无杂物的中、粗砂，含泥量应不小于 5 %，也可采用天然级配型砾石，其最大粒径应小于 50 mm，砾石强度应不低于四级。

垫层应分层摊铺压实,碾压到规定的压实度。垫层宽度应宽出路基边脚500～1000 mm,两侧宜用片石护砌或采用其他方式防护。垫层采用砂砾料时,应避免离析。在软、湿路基上铺以 0.3～0.5 m 厚度的排水层,有利于软、湿表层的固结,并形成填土的底层排水,在一定程度上能提高地基强度,使施工机械可以通行。碎石、岩渣垫层的一般厚度为 0.4 m 左右,并铺设单层或双层土工织物或土工格栅,有利于均匀支承填土荷载,提高地基承载力,减少地基的沉降量。掺合料垫层将掺合料(石灰、水泥、土、加固剂)以一定剂量混合在填料土中,可改变地基的压缩性和强度特性,从而保证施工机械的通行。如垫层大部分松散,应进行大部分或全部防护。

3. 袋装砂井施工

(1)袋装砂井施工的工艺流程:施工设备的准备—沉入套管—袋装砂沉入—就地填砂或井—预制沙袋沉放。

(2)袋装砂浆的成孔方法可根据机械设备条件进行比较选择。专用的施工设备一般为导管式的振动打设机械,只是在进行方式上有差异。成孔的施工方法有五种,即锤击沉入法、射水法、压入法、钻孔法及振动贯入法。

(3)施工要点:①中、粗砂中大于 0.6 mm 颗粒的含量宜占总质量的 50 % 以上,含泥量小于 3 %,渗透系数大于 5×10^{-2} mm/s。沙袋的渗透系数应不小于砂的渗透系数。②袋装砂井施工应符合以下规定:沙袋露天堆放时,应有遮盖,不得长时间暴晒;沙袋应垂直下井,不得扭结、缩颈、断裂、磨损;拔钢套管时,如将沙袋带出或损坏,应在原孔位边缘重打,连续两次将沙袋带出时,应停止施工,查明原因并处理后方可施工。③沙袋在孔口外的长度,应能顺直伸入砂垫层至少 300 mm。④袋装砂井施工质量应符合规定。

4. 塑料排水板施工

(1)塑料排水板

①塑料排水板的芯板是由聚乙烯或聚丙烯加工而成的多孔管道或其他形式的板带,应具有足够的抗拉强度和垂直排水能力,其抗拉强度不应小于 130 N/cm。当周围土体压力在 15 m 深度范围内不大于 250 kPa 或在大于 15 m 范围不大于 350 kPa 的条件下,其排水能力应不低于 30 cm³/s。芯板应

具有耐腐性和足够的柔性，保证塑料排水板在地下的耐久性并在土体固结变形时不会折断或破裂。②滤膜一般由无纺织物制成，应具有一定的隔离土颗粒和渗透的功能，应等效于 0.025 mm 孔隙，其最小自由透水表面积宜为每米 1 500 cm^3，渗透系数应不小于 5×10^{-3} cm/s。

（2）施工机械

施工机械主要为插板机，基本上可与袋装砂井打设机具共用，只是将圆形套管换成矩形套管。对振动打设工艺、锤击振力大小，可根据每次打设根数、导管断面大小、入土长度和地基均匀程度确定。

（3）塑料排水板加固软土地基的工艺流程

塑料排水板加固软土地基的工艺流程：整平原地面—摊铺下层砂垫层—机具就位—塑料排水板穿靴—插入套管—拔出套管—割断塑料排水板—机具移位—摊铺上层砂垫层。

（4）施工质量要求

①施工现场堆放的塑料排水板盘带应适当加以覆盖，以防暴露在空气中发生老化。②塑料排水板插入过程中导轨应垂直，钢套管不得弯曲，透水滤膜不应被撕破和污染。塑料排水板底部应有可靠的锚固措施，以免拔出套管时将芯板带出。③塑料排水板留出孔口长度应保证伸入砂垫层不小于 50 cm，使其与砂垫层贯通，并将其保护好，以防其在机械、车辆进出时受损，影响排水效果。④塑料排水板搭接应采用滤套内平接的方法，芯板对扣，凹凸对齐，搭接长度不少于 20 cm。滤套包裹，用可靠措施固定。⑤施工中防止泥土等杂物进入套管中，一旦发现须及时清除。⑥塑料排水板施工允许偏差。

5. 铺设土工合成材料

土工合成材料的质量应符合设计要求及规范要求，在采用土工合成材料加筋的路堤填筑正式开工前，应结合工程先修筑试验路段，以指导施工。铺设土工合成材料应按图纸施工，在平整的下承层上全断面铺设。铺设时，土工织物应拉直平顺，紧贴下承层，不得扭曲、折皱。在斜坡上摊铺时，应保持一定松紧度，可采用插钉等措施将土工合成材料固定于填土下承层表面。在铺设土工合成材料时，应将强度高的方向置于垂直于路堤轴线的方向。应保证土工合成材料的整体性。采用搭接法连接时，搭接长度宜为300～600 mm；采用缝接法时，缝接宽度应不小于50 mm；采用黏结法时，黏结宽度不应小于50 mm，黏合强度应不低于土工合成材料的抗拉强度。铺设土工合成材料的土层表面应平整，表面严禁有碎石、块石等坚硬凸出物。距土工合成材料层80 mm 以内的路堤填料，其最大粒径不得大于60 mm。土工合成材料摊铺以后，应及时填筑填料，以避免其受到阳光过长时间的曝晒，一般情况下，间隔时间不应超过48小时。填料应分层摊铺、分层碾压，所选填料及其压实度应符合规范的要求。与土工合成材料直接接触的填料中严禁含强酸性、强碱性物质。土工合成材料上的第一层填土摊铺宜采用轻型推土机或前置式装载机，一切车辆、施工机械只容许沿路堤的轴线方向行驶。对于软土地基，应采用后卸式货车沿加筋材料两侧边缘倾卸填料，以形成运土的交通便道，并将土工合成材料张紧。填料不允许直接卸在土工合成材料上面，必须卸在已摊铺完毕的土面上，卸土高度以不大于1 m为宜，以免造成局部承载能力不足。卸土后应立即摊铺，以免出现局部下陷。建成施工便道后，再由两侧向中心平行于路堤中线对称填筑，第一层填料宜采用推土机或其他轻型压实机械进行压实。只有当已填筑压实的垫层厚度大于600 mm 后，才能采用重型压实机械压实。双层土工合成材料上、下层接缝应交替错开，错开长度不应小于500 mm。施工过程中，土工织物不应出现任何损坏，以保证工程质量。

二、黄土地区路基施工

（一）黄土路基的特点

湿陷性黄土一般呈黄色或黄褐色，粉土含量常占60 % 以上，含有大量的碳酸盐、硫酸盐等可溶盐类，天然孔隙比为1 左右，肉眼可见大孔隙。在自重压力或自重压力与附加压力共同作用下，受水浸湿后土的结构迅速破坏而发生显著附加下沉。

（二）施工准备工作

黄土地区路基施工，应做好施工期排水工作，将水迅速引离路基。在填挖交界处引出边沟时，应做好出水口的加固，排水设施接缝处应坚固不渗漏。

（三）湿陷性黄土地基的处理方法

湿陷性黄土地基应采取拦截、排除地表水的措施，防止地表水下渗，减少地基地层湿陷下沉，其地下排水构造物与地面排水沟渠必须采取防渗措施。

若地基土层有强湿陷性或较高的压缩性，且容许承载力低于路堤自重压力，应考虑地基在路堤自重和活载作用下所产生的压缩下沉。除采用防止地表水下渗的措施外，还可根据湿陷性黄土工程特性和工程要求，因地制宜采取换填土、重锤夯实、强夯法、预浸法、挤密法、化学加固法等措施对地基进行处理。

（四）黄土填筑路堤要求

路床填料不得使用老黄土，路堤填料不得含有粒径大于 100 mm 的块料。在填筑横跨沟堑的路基土方时，应做好纵横向界面的处理。黄土路堤边坡应拍实，并应及时予以防护，防止路表水冲刷。浸水路堤不得用黄土填筑。

（五）黄土路堑施工要求

路堑路床土质应符合设计要求，密实度不足时，应采取措施碾压至要求的压实度。路堑施工前，应做好堑顶地表排水导流工程。路堑施工期间，开挖作业面应保持干燥。路堑施工中，如边坡地质与设计不符，可提出修改边坡坡度。

（六）地基陷穴处理方法

陷穴表面的防渗处理层厚度不宜小于 300 mm，并将流向陷穴的附近地面水引离。对现有的陷穴、暗穴，可以采用灌砂、灌浆、开挖回填等措施，开挖的方法可以是导洞、竖井和明挖等。

挖方边坡坡顶以外 50 m 范围内、路堤坡脚以外 20 m 范围内的黄土陷穴宜进行处理。挖方边坡坡顶以外的陷穴，若倾向路基，应进行适当处理，对串珠状陷穴应彻底进行处置。

三、膨胀土路基施工

（一）路基特性

膨胀土黏性很高，其中 0.002 mm 的胶体颗粒含量一般超过 20 %，黏粒成分主要是亲水矿物。膨胀土的液限大于 40 %，塑性指数大于 17，多数在 22 ~ 35。自由膨胀率一般超过 40 %。膨胀土有显著的吸水膨胀、失水收缩两种变形特性，一般强度较高，压缩性低，易被误认为是较好的地基土。

（二）路堤填筑技术

强膨胀土稳定性差，不应作为路堤填料。中等膨胀土宜经过加工后作为填料，用于二级及二级以上公路路堤填料时，改性处理后胀缩总率应不大于 0.7 %。弱膨胀土可根据当地气候、水文情况及道路等级加以应用，直接使用中等、弱膨胀土填筑路堤时，应及时对边坡及顶部进行防护。

高度不足 1 m 的路堤，应按设计要求采取换填或改性处理等措施处置。表层为过湿土时，应按设计要求采取换填或固化处理等措施处置。填土高度小于路面和路床的总厚度，基底为膨胀土时，宜挖除地表 0.3 ~ 0.6 m 的膨胀土，并将路床换填为非膨胀土或进行掺灰处理。若为强膨胀上，挖除深度应达到大气影响深度。

（三）路基碾压施工

根据膨胀土自由膨胀率的大小，选用工作质量适宜的碾压机具，碾压时应保持最佳含水量。压实土层松铺厚度不得大于 30 cm，土块应击碎至粒径 5 cm 以下。

在路堤与路堑交界地段，应采用台阶方式搭接，其长度应不小于 2 m，并碾压密实。

（四）路堑开挖

挖方边坡不要一次挖到设计线，应沿边坡预留厚度 30 ～ 50 cm，待路堑挖完，再削去边坡预留部分，并立即进行浆砌护坡封闭。膨胀土地区的路堑，高速公路、一级公路的路床应超挖 30 ～ 50 cm，并立即用粒料或非膨胀土分层回填或用改性土回填，并按规定压实。其他各级公路可用膨胀土掺石灰处置。

（五）路基填筑

膨胀土路基填筑松铺厚度不得大于 300 mm，土块粒径应小于 37.5 mm。路基填筑完成后，当不能铺筑路面时，应按设计要求做封层，其厚度应不小于 200 mm，横坡不小于 2 %。

四、滑坡地段路基施工

对于滑坡的处置，应分析滑坡的外表地形、滑动面、滑坡体的构造、滑动体的土质及饱水情况，以了解滑坡体的形式和形成的原因。应根据公路路基，结合滑坡体的位置、水文、地质等条件，充分考虑路基稳定的施工措施。

路基滑坡直接影响公路路基稳定时，不论采用何种方法处理，都必须做好地表水及地下水的处理。对于滑坡顶面的地表水，应采取截水沟等措施处理，不让地表水流入滑动面内。必须在滑动面以外修筑 1 ～ 2 条环截水沟，对于滑坡体下部的地下水源应截断或排出。

在滑坡体未处置之前，禁止在滑坡体上增加荷载，如停放机械、堆放材料、弃土等。对于挖方路基上边坡发生的滑坡，应修筑一条或数条环截水沟，但最近一条必须离滑动裂缝面最少 5 m，以截断流向滑动面的水流。截水沟可采用砂浆封面浆或砌片（块）石修筑，滑坡上面出现裂缝必须填土夯实，避免地表水继续渗入，或结合地形修建树枝形及相互平行的渗水沟与支撑渗沟，将地表水及渗水迅速排走。

当挖方路基上边坡发生的滑坡不大时，可刷方（台阶）减重、打桩或修建挡土墙进行处理，以使路基边坡稳定。打桩时，桩身必须深入滑动面以下设计要求的深度；修建挡土墙时，挡土墙基础必须置于滑动面以下的硬岩层上。同时，宜修筑排水沟、暗沟（或渗沟）排出地下水。滑坡较大时，可采用修建挡土墙、钢筋混凝土锚固桩或预应力锚索等方法处理。不论采用何种方法处理，其基础都必须置于滑动面以下的硬岩层上，或达到设计要求的深度。同时，宜修筑深渗沟、排水涵洞（管）或集水井。

填方路堤发生的滑坡，可采用反压土方或修建挡土墙等方法处理。沿河路基发生的滑坡，可修建河流调治构造物（堤坝、丁坝、稳定河床等）及挡土墙等来处理。滑坡表面处置可采用整平夯实山坡、填筑积水坑、堵塞裂隙等方法，或进行山坡绿化固定表土。

第四节　路基防护与支挡设施

一、路基防护与支挡

（一）路基防护与支挡工程类型

路基防护与支挡工程中，一般把防止风化和冲刷，主要起隔离、封闭作用的措施称为防护工程。防护工程不能承受外力作用，所以路基本身必须是稳定的。防止路基或山体因重力作用而滑移或因地基承载力不足而沉陷，主要起支承和加固作用的结构物称为支挡工程，其中有些措施往往兼有防护与加固作用。路基防护与支挡工程设施，按其作用不同，可分为坡面防护、冲刷防护及支挡建筑物三大类。

1. 坡面防护

坡面防护主要保护路基边坡表面免受雨水冲刷，减小温差及温度变化的影响，防止和延缓软弱岩土表面的风化、碎裂、剥蚀演变进程，从而保护路基边坡的整体稳定性，在一定程度上还可美化路容，协调自然环境。坡面防护常用类型有植物防护、浆（干）砌片石及混凝土预制块、坡面处置及综合防护等。

2. 冲刷防护

冲刷防护用于防护水流对路基的冲刷与淘刷，可分为直接防护和间接防护。直接防护有植物防护、砌石防护与加固等。间接防护主要指设置导流结构物，如丁坝、顺坝、防洪堤、拦水坝等，必要时疏浚河床、改变河道，以改变水流方向，避免或减缓水流对路基的直接破坏作用。

3. 支挡建筑物

支挡建筑物用以防止路基变形或支挡路基本身或山体的位移，以保证其稳定性，常用的类型有挡土墙、土垛、石垛及浸水挡土墙等。

（二）植物防护施工

进行公路边坡坡面防护，必须考虑当地的气候特点、边坡类型和工程经济特点。植物的选择应根据植物学特性，考虑公路结构、护管条件、环境条件等。植物的选择具体应从以下几方面考虑：优先选择本地区的绿化植物、乡土植物和园林植物等；注重植物种类和生态习性的多样性；与附近的植物和风景等诸多条件相适应；兼顾近期和远期的植物规划，慢生和速生种类相结合；花、枝、叶形态美观的植物。植物的配置应考虑如下条件：①根据季节的变化要求，使用不同季节相应变化的植物，丰富公路景观。南方一般地区植物防护宜做到花常开、叶常绿，北方有条件地区宜做到三季有花、四季常绿。②有条件地区植物防护的空间配置在平面和立面的基础上，可采用自然式和规则式。③草地与周围植物应根据景观、功能要求，利用对比等手法进行配置。

边坡的植物防护配比一般应通过种子发芽率试验和种植试验确定。种植试验一般分为路堤边坡和路堑边坡，其中路堑边坡又可分为阳坡土质、阴坡土质、阳坡土夹石、阴坡土夹石、缀花边坡及纯石质边坡。不同边坡应进行不同配比的试验，根据试验边坡植物的生长情况确定施工配比。

1. 植物防护的技术要求

公路边坡植物防护应与主体工程相互协调。

①路堤或路堑边坡，考虑高度和坡度，利用护坡道、平台、碎落台，在满足土壤和灌木条件的前提下，进行植物防护。

②一般坡度缓于1∶1.5的路基边坡可种植乔木，大乔木种植坡度缓于1∶4，中乔木种植坡度缓于1∶3。

③坡度较陡、土质不佳时，可设计支架或砌筑植树坑。混凝土、砌石或喷射砂浆的边坡，可在边坡脚挖筑种植坑槽填客土，或在坡面预留坑槽填客土。以土质为主的边坡，宜用灌木或混播抗逆性强的草种，并可多选用豆科植物进行植物防护，通过管护逐步稳定。种植香根草防护的路堤边坡，边坡平台宜选择灌木或小乔木植物防护。混凝土、砌石或喷射砂浆的边坡，可选择攀缘或悬垂的植物，以及抗逆性强的灌木或小乔木植物防护。土夹石边坡，应结合防护工程，改善水肥条件后，用灌木或草本植物防护。

2. 植物防护施工时间的选择

边坡植物防护要在土建施工完成后进行。土建施工完成并清除场地废物和其他有碍植物生长的杂物，边坡平整后开始边坡植物防护施工，上边坡植物防护应在边坡工程治理稳定后进行。施工宜在春季、雨季、秋季，春季在3—4月，雨季在5—9月，秋季在10—11月。植物防护施工应根据植物特性适时种植。

①耐寒树种在秋季落叶后种植为宜；耐寒性较差或珍贵的边缘树种宜在春季种植。

②常绿树种宜在春季或雨季种植；常绿阔叶树类在春季、雨季种植效果好。

③草地建植采用营养体繁殖的，适宜种植时间是春末、夏初和深秋，以雨季为好。播种的时间，一般冷季型草宜在秋季，暖季型草宜在春末夏初。公路植物防护一般在生土场地，杂草源少时及时播种。如需使用恶草酮除草剂，一般应在施用恶草酮除草剂的20～30天后进行播种。

3. 植物防护的施工质量控制

（1）确定施工质量控制点：①喷播的施工气候，配比、称量的准确性，搅拌的均匀性，灌木种子的催芽率，喷播的均匀性，覆盖固定的牢固性。

②栽植的树苗质量（树根的完整性、分级情况），运输对树苗的损伤，坑距、坑的尺寸，风大地段的树苗固定情况，底肥施作情况。③葡萄茎繁殖法的根茎长度，种植时的出露情况。④两步施工法的施工间隔。⑤揭布时机。⑥施肥量，施肥时的气候。⑦浇水的时机。

（2）公路边坡植物护坡质量检测要求：①成活率的指标。②覆盖率的指标。

（三）圬工防护施工

1. 喷浆、喷射混凝土防护

喷浆、喷射混凝土防护适用于易风化和坡面不平的岩石挖方边坡。喷浆、喷射混凝土的水泥用量较大，可用于重点工程或重点防护地段。根据实践经验，比较经济的砂浆是用水泥、石灰、河砂及水四种原材料混合而成的，厚度一般为 1～3 cm（喷浆）或 7～15 cm（喷混凝土）。对坡面较陡或易风化的坡面，可以在喷射防护之前先铺设加筋材料，加筋材料可以选用铁丝网或土工格栅。喷浆、喷射混凝土坡面应设置泄水孔，一般按 2～3 m 间距和排距设置。

2. 勾缝与灌浆防护

勾缝适用于比较坚硬且裂缝多而细的岩石边坡，以防止水分浸入岩层内造成病害。灌浆防护适用于坚硬但裂缝较宽和较深的岩石边坡，借砂浆的胶结力，使坡面表层成为一个整体的防水层。

3. 护面墙

在各种软质岩层和较破碎岩石的挖方边坡，为免受大气、降雨因素影响而修建的护墙，称为护面墙。护面墙施工方法有干砌和浆砌两种，多用于易风化的片岩、绿泥片岩、泥质页岩、千枚岩及其他风化严重的软岩挖方边坡防护。

4. 干砌片石护坡

干砌片石护坡适用于土质、软岩及易风化、破坏较严重的填方、挖方路基边坡，以防止雨雪冲刷。在砌面防护中，宜首选干砌片石结构，这不仅可以节省投资，而且可以适应较大的边坡变形，如在冻胀严重的路段，干砌片石就显得特别优越。干砌片石在土质填方路段也能适应路基边坡沉落变形。但干砌片石护坡受水流冲击时，细小土颗粒易被流水冲刷带走，而引起较大的沉陷。

5. 浆砌片石护坡

浆砌片石护坡是公路建设，特别是高速公路建设中常用的工程防护方法。浆砌片石护坡是用水泥砂浆将片石空隙填满，使砌石成为一个整体，以保护坡面不受外界因素（水、大气等）的侵蚀，所以比干砌片石有更高的强度和稳定性。

6. 拱形骨架植草护坡

拱形骨架植草护坡多用于稳定的土质挖方路基边坡的防护，土质边坡一般采用液压喷播植草进行绿化施工。对风化严重的石质边坡，可在骨架中间透空部分填土后再进行种草、种树等植物防护工作。根据拱形骨架所采用的不同材料，拱形骨架植草护坡又可分为浆砌片石拱形骨架植草护坡、现浇混凝土拱形骨架植草护坡、预制混凝土块拱形骨架植草护坡等类型。

（四）沿河路基防护施工

沿河路基防护包括坡岸防护、导流构造物防护和其他防护。各种防护都必须加强基础处理和施工质量，防止水流冲刷和淘空，保证路基稳定。沿河路基防护工程基础应埋设在局部冲刷线以下不小于 1 m 处，或嵌入基岩内。导流构造物施工前，应根据现场具体情况采取相应措施，避免冲刷农田、村庄、公路和下游路基。

1. 抛石防护

当水流流速为 3.0 ～ 5.0 m/s 时，宜采用抛石防护。抛石防护类似于陡坡路堤在坡脚处设置石垛。抛石体边坡坡度和石料粒径应根据水深、流速和波浪情况确定，石料粒径应大于 300 mm，宜用大小不同的石块掺杂抛投，坡度应不陡于抛石石料浸水后的天然休止角。抛石厚度宜为粒径的 3 ～ 4 倍，用大粒径时，抛石厚度不得小于粒径的 2 倍。流速大、水深、波浪高的路段，抛石应采用粒径较大的石块。抛石石料应选用质地坚硬、耐冻且不宜风化崩解的石块。

2. 石笼防护

当水流流速大于 5.1 m/s，或过多压缩河床，造成上游壅水时，宜用石笼防护，或设置驳岸、浸水挡土墙等支挡结构物。石笼防护主要用于缺乏大石块的地区，用铁丝编织成长方体或圆柱体框架，内装石料，设置在坡脚处。根据设计要求或不同情况和用途选用石笼形状，笼内填石选用浸水不崩解和不易风化的石料，粒径不小于 4 cm，一般为 5～20 cm，外层石料要求有棱角，内层用较小石块填充。编制石笼时，应注意各部分尺寸正确，以利于石笼与石笼之间紧密连接。安置石笼时，用于防止冲刷淘空的石笼应与坡脚线垂直，且在堤岸一端固定。用于防止堤岸边坡冲刷时，石笼则垒码平铺成梯形，单个石笼的大小以不被相应速度的水流冲动为宜，铺设时须用厚 0.2～0.4 m 的碎（砾）石垫层铺平，底层各角可用铁棒固定于基底。

3. 浸水挡土墙和土工膜袋防护

（1）浸水挡土墙施工的规定：①浸水挡土墙应选用坚硬未风化且浸水不崩解的石块。②应注意浸水挡土墙与岸坡的衔接。

（2）土工膜袋防护施工的规定：①按设计要求整平坡面，放线定位，挖好边界处理沟。②膜袋铺展后应拉紧固定，防止充填时下滑。③充填材料应根据设计要求和实际情况合理选用，充填应连续。④需要排水的边坡，应适时开孔设置排水管。⑤膜袋顶部宜采用浆砌块石固定。在有地面径流处，坡顶应采取防护措施，防止地表水侵蚀膜袋底部。⑥岸坡膜袋底端应设压脚或护脚棱体，冲刷处应采取防冲措施。⑦膜袋护坡的侧翼宜设压袋沟。⑧膜袋与坡面间应按设计要求铺设好土工织物滤层。

4. 丁坝及顺坝

为了改变水流方向，减轻水流对路基岸边的冲刷，可采用间接防护措施。常用的间接防护措施有设置丁坝、顺坝等调治构造物，以及改移河道和种植防水林带等。这些防护措施可以降低防护地段的水流速度，改变水流流向，甚至促使部分岸线产生有利于保护路基的淤积等。丁坝适用于宽浅变迁性河段，用以排流或降低流速，减轻水流对河岸或路基的冲刷。顺坝适用于河床断面较窄，不允许过多占用河床，以及地质条件较差的沿河路基。

5. 改移河道

沿河路基受水流冲刷严重，或防护工程艰巨，以及路线在短距离内多次跨越弯曲河道时，可改移河道。对主河槽改动频繁的变迁性河流或支流较多的河段，不宜改移河道。改移河道工程应在枯水时期施工，一个枯水期不能完成时，应采取防洪措施。河道开挖应先挖好中段，再开挖两端，确认新河床工程已符合要求后，方可挖通其上游河段。利用开挖新河道的土石填平旧河道时，在新河道未通流前，旧河道应保持适当的流水断面。通流时，河上游进口河段的河床纵坡宜稍大于设计坡度。河床加固设施及导流构造物的施工应合理安排，及时配套完成。

二、路基排水设施施工

路基排水设施可以及时排出地表径流，降低土基湿度，使路基常年处于干燥和中湿状态，使路基工作区内的土基含水量降低到一定的范围内，确保路基路面具有足够的强度与稳定性。

（一）路基排水的一般要求

路基内的水源来自地面水和地下水。地面水主要是由降水形成的地面径流，地下水为从地面渗入并滞留于上层的滞流水和地下含水层内的潜水。路基排水的目的是通过采取有效措施，使路基内含水量保持在允许范围内，保证路基经常处于稳定状态，以满足使用要求。

流向路基的地面水和地下水，需在路基范围以外的地点，设置截水沟与排水沟或渗沟进行拦截，并将其引离至指定地点。路基范围内的水源，分别采用边沟、渗沟、渗井和排水沟予以排除。路基排水一般向低洼一侧排除，必须横跨路基时，应尽量利用拟设的桥涵，必要时设置涵洞、倒虹吸或渡槽。水流落差较大时，应在较短段落上设置跌水或急流槽。

对于明显的天然沟槽，一般宜依沟设涵，不必勉强改沟与合并。对于沟槽不明显的漫流，应在上游设置束流设施加以调节，尽量使其汇集成沟，导流排除。对于较大水流，注意因势利导，不可轻易改变流向，必要时配以防护加固工程进行分流或束流。为了提高截流效果，减少工程量，地面沟渠宜大体沿等高线布置，尽可能使沟渠垂直于流水方向，且应力求短途快捷，水流通畅。沟渠转弯处要求以圆曲线相接，以减小水流的阻力。排水沟的出水口应设置急流槽将水流引出路基或引入排水系统。

各种排水设备必须地基稳固，不得渗漏或滞留，并具有适当纵坡，以控制与保持适当的流速。沟槽的基底与沟底沟壁，必要时应予以加固，不得溢水渗水，防止损害路基和引起水土流失。

施工前，应校核全线排水设计是否完善、合理，必要时应提出补充和修改意见，使全线的沟渠、管道、桥涵组成完整的排水系统。临时排水设施应尽量与永久排水设施相结合，排水方案应因地制宜、经济实用。施工期间，应经常维护临时排水设施，保证水流畅通。

路堤施工中，各施工作业层面应设 2 % ～ 4 % 的排水横坡，层面上不得有积水，并采取措施防止水流冲刷边坡。路堑施工中，应及时将地表水排走。

（二）常见排水设施

路基路面排水设施可分为地上的排水设施和地下的排水设施。地面排水设施有边沟、截水沟、排水沟、跌水、急流槽、盲沟、渗井、检查井等，它们分别设置在路基的不同部位，共同形成完整的路基地面排水系统。各类地表排水设施的沟槽顶面应当高出设计水位 0.1 ～ 0.2 m，地表排水设施的断面形状和尺寸应满足排泄设计流量的要求，不产生冲刷和淤积。地表排水沟渠宜短不宜长，以使水不过于汇集，做到及时疏散、就近分流，同时也应兼作其他流水的用途。

1. 边沟

挖方路基及填土高度低于路基设计要求的临界高度的路堤，在路肩外缘均应设置纵向人工沟渠，称为边沟。其主要功能在于排除路基用地范围内的地面水，包括路面、路肩和边坡的流水。边沟断面形式主要有梯形、矩形、三角形和流线形等，按公路等级、所需排水设计流量、设置位置及土质或岩质选定。

2. 截水沟

截水沟是设置在挖方路基边坡坡顶以外，或山坡路堤上方的适当位置，用以拦截路基上方流向路基的地面水，减轻边沟的水流负担，保护挖方边坡和填方坡脚不受流水冲刷和损害的人工沟渠。它是多雨地区、山岭和丘陵地区路基排水的重要设施之一。截水沟设在路堑坡顶或路堤坡脚外侧，要结合地形和地质条件沿等高线布置，将拦截的水顺畅地排向自然沟谷或水道。降水量较少或坡面坚硬和边坡较低，以至冲刷影响不大的地段，可以不设截水沟。反之，若降雨量较多，且暴雨频率高，山坡覆盖层松软，坡面较高，水土流失较严重的地段，必要时可设置两道或多道截水沟。截水沟的横断面一般为梯形，沟壁边坡坡度因土质条件而异，一般采用（1:1）～（1:1.5），沟底宽度和深度不小于 0.5 m。地质或土质条件差，有可能产生渗流或变形时，应采取相应的防护措施。截水沟下游应有急流槽，可把路堑或路堤坡面截水沟汇集的雨水导入天然水沟或排水沟。

3. 排水沟

排水沟主要用于排除来自边沟、截水沟或其他水源的水流，并将其引至路基范围以外的指定地点。当路线受到多段沟渠或水道影响时，为保证路基不受水害，可以设置排水沟或改移渠道，以调节水流、整治水道。排水沟的横断面形式一般采用梯形，尺寸大小应经过水力水文计算而定。排水沟的布置必须结合地形等条件，离路基尽可能远些，转向时尽可能采用较大半径（10～20 m），徐缓改变方向，距路基坡脚的距离一般不宜小于 3 m。排水沟长度一般不超过 500 m，纵坡大于 7 % 时，应设置跌水或急流槽。

4. 跌水与急流槽

跌水与急流槽均用于陡坡地段，沟底纵坡可达 100 %。由于纵坡大、水流湍急、冲刷作用严重，所以跌水与急流槽必须用浆砌石块或水泥混凝土砌筑，且应埋设牢固。在陡坡地段设置跌水结构物，可在短距离内降低水流流速、消减水流能量，避免出水口下游的桥涵结构物、自然水道或农田受到冲刷。跌水呈台阶式，有单级跌水和多级跌水之分。跌水两端的土质沟渠应注意加固，保持水流畅通，不致产生水流冲刷和淤积，以充分发挥跌水的排水效能。急流槽的纵坡比跌水的平均纵坡更陡，结构的坚固稳定性要求更高，是山区公路回头曲线沟通上下线路基排水及沟渠出水口的一种常见排水设施。急流槽主体部分的纵坡依地形而定，一般可达 67%，如果地质条件良好，需要时还可以更陡，但结构要求更严，造价亦相应提高，设计时应通过比较确定。按水力计算特点，急流槽由进水口、急流槽（槽身）和出水口三部分组成。

若沟槽横断面不同，为了能平顺衔接，可在急流槽的进水口、出水口与槽身连接处设过渡段，出水口部分设消力池，各部分的尺寸根据水力计算确定。急流槽的基础必须稳固，端部及槽身每隔 2～5 m 在槽底设耳墙埋入地面以下，以防滑动。当槽身较长时，宜分段砌筑每段长 5～10 m 的预留伸缩缝，并用防水材料填塞。在开挖坡面的急流槽与边沟交汇处，应在边沟设置沉淤池或消能池，一方面可以沉积泥砂，另一方面可以起到消能作用，避免泥砂堵塞边沟和水流冲刷边沟导致边沟遭到破坏。

5. 盲沟

设在路基边沟下面的暗沟称为盲沟，其目的是拦截或降低地下水。盲沟造价通常高于明沟，发生淤塞时疏通困难，甚至需要开挖重建。设置在路基两侧边沟下的盲沟，主要作用是降低地下水位，防止毛细水上升至路基工作区范围内，形成水分积聚而造成冻胀和翻浆，或土基过湿而降低强度，等等。路基在挖方与填方交界处的横向盲沟，用以拦截和排除路堑下面的层间水或小股泉水，保持路堤填土不受水害。盲沟设置在地面以下起引排、集中水流的作用，无排渗水和汇水的作用。简易的盲沟结构主要由粗粒碎石、细粒碎石及不透水层组成。

6. 渗井

当路基附近的地面水或浅层地下水无法排除，影响路基稳定时，可设置渗井，使地面水或地下水经渗井通过下透水层中的钻孔流入下层透水层中排除。渗井直径为 50 ～ 60 cm，井内填充料含泥量应小于 5 %，按单一粒径分层填筑，不得将粗细材料混杂填塞。在下层透水范围内填碎石或卵石，上层不透水层范围内填砂或砾石，填充料应采用筛洗过的不同粒径的材料，井壁和填充料之间应设反滤层。渗井离路堤坡脚不应小于 10 m，渗水井顶部四周用黏土填筑围护，井顶应加筑混凝土盖，严防渗井淤塞。渗井开挖应根据土质选用合理的支撑形式，并应随挖随支撑，及时回填。

7. 检查井

为检查维修渗沟，每隔 30 ～ 50 m 或在平面转折和坡度由陡变缓处宜设置检查井。检查井一般采用圆形，内径不小于 1 m，在井壁处的渗沟底应高出井底 0.3 ～ 0.4 m，井底铺一层厚 0.1 ～ 0.2 m 的混凝土，混凝土强度必须达到 5 MPa，井基如遇不良土质，应采取换填、夯实等措施。兼起渗井作用的检查井的井壁，应在含水层范围设置渗水孔和反滤层。深度大于 20 m 的检查井，蹬出梯要牢固。井口顶部应高出附近地面 0.3 ～ 0.5 m，并设井盖，井框、井盖应平稳，进口周围无积水。

（三）边沟、截水沟与排水沟的施工

通常把边沟、截水沟与排水沟笼统地称为"水沟"，其施工工艺和施工方法非常相似。水沟的施工流程：施工准备（清理现场、核查设计布置是否合理、组织施工人员及施工机械、材料准备）—测量放样—撒石灰线（机械开挖）或挂线（人工开挖）—沟槽开挖—人工修整—验槽—水沟加固（水沟沟底纵坡大于 3 % 时，或土质水沟采用矩形断面时，或需要防止水沟水流下渗时）。

当公路用地比较紧张时，边沟、排水沟和碎落台截水沟多采用矩形断面的形式，需要结合其他防护工程进行加固处理。高等级公路为了行车安全和增加路面视觉宽度，常在边沟顶面加带槽孔的混凝土盖板。

加带混凝土盖板的高等级公路边沟施工流程：全站仪定位放样—撒石灰线—挖机（或人工）开挖沟槽—人工修整—验槽—砌筑沟底—砌筑沟帮—检查沟底和沟帮—沟帮和沟底抹面或勾缝—运输盖板—清除边沟淤积及沉降缝

封缝—安装盖板—找平外露边沟顶面。

1. 土质水沟的施工方法

根据设计图纸尺寸，利用经纬仪及钢尺或皮尺从中桩引测，或利用全站仪从测量控制点引测，放样点间距直线段一般为 10 m 一点，曲线段根据转弯半径大小为 2～5 m 一点。

放样时应注意以下几点：应核查水沟设计位置的合理性，是否与公路设施及建筑物位置发生冲突；坡降是否过大或过小，过大是否需要采取加固措施，过小是否会产生积水或漫流现象；与其他防水、排水措施交接处是否会发生错位或冲刷，是否需要进行防冲加固；出水口水流是否顺畅，是否会发生冲刷危害，是否应采取消能或提高抗冲刷的加固措施；边沟转弯半径是否符合有关要求，是否应在外侧加高和加固。设计存在不合理的地方或存在需要完善的地方，需即时向有关单位进行汇报，并对设计进行修改和完善。放样之后，应进行现场清理，清除杂草、灌木、有机质土及覆土等杂物，平整场地，进行施工临时排水。

低等级道路或降水量较少的地区，水沟设计尺寸亦较小，通常采用人工开挖沟槽的方法。高等级道路或降水量较大的地区，水沟设计尺寸亦较大，为了保证施工质量和工期，大多采用人工配合挖掘机开挖的方法。在纵向，一般应从下游向上游开挖。

当人工开挖作业时，测量放样后挂线施工。施工时，一般采用分段开挖的方法，每一段可以分层开挖，从上至下，逐渐成形，也可以全断面开挖，先开辟出一个工作面，修整成设计断面，然后往前推进，每一个断面都一次成形。

当采用机械开挖作业时，应该先放样，然后撒石灰线，挖土机开始工作。开挖过程中，最好欠挖，人工修整到位，不能超挖。如果出现超挖，超挖部分可用浆砌片石或其他加固材料填补。

开挖时，尽量不扰动原状土，采用机械开挖可适当欠挖，边挖边测量控制，沟底高程用水准仪实测控制，最后人工修整。修整时，以一定长度（一般为 10 m，曲线段按半径大小为 2～5 m）按设计尺寸定标准断面，在两标准断面间拉线，按线修整，也可用断面样板或皮尺、钢尺逐段检查，反复修整，直到符合设计要求为止。雨季施工时，基坑开挖必须采取防止坑外雨水流入基坑的措施，坑内雨水应及时排出。

2. 石质水沟的施工方法

石质水沟的开挖，无论采用人工还是机械施工，均需爆破，使石方松动后再开挖成形。这样很容易超挖，应控制炮孔位置和爆破药量，超挖部分用浆砌片石、混凝土或砂浆填补。石质水沟其他工序的施工方法与土质水沟相同。

3. 水沟加固的施工方法

为防止水流对水沟的冲刷与渗漏，对边沟、截水沟和排水沟等地面排水设施的沟底和沟壁应进行加固。

第三章　路面工程施工

第一节　路面工程基本知识

一、路面的概念、结构与分类

（一）路面的概念

路面是指用各种材料铺筑在路基上的供车辆行驶的构造物，主要任务是保证车辆快速、安全、舒适地行驶，路面应能够承受交通荷载和自然因素的作用，还要与周围环境衬托协调。

（二）路面的结构

道路车辆荷载和自然因素的作用一般随深度的增加而减弱，为适应这一特点，路面结构也是多层次的。路面结构一般由面层、基层、垫层组成，有的道路在面层和基层之间还设立了一个联结层。

1. 面层

面层位于整个路面结构的最上层，直接承受车辆荷载，并受自然因素的影响，因此要求面层应有足够的强度、刚度和稳定性。另外，面层还应有良好的平整度和抗滑性能，以保证车辆安全平稳地通行。面层通常使用水泥混凝土、沥青混凝土、沥青碎石混合料做铺筑材料，有些道路也用块石、料石或水泥混凝土预制块铺筑道路面层，山区交通量很小的地区也直接用泥灰结碎石或泥结碎石做面层。面层可分层铺筑，称为上面层（表层）、中面层和下面层。

2. 基层

基层是指面层以下的结构层，主要起支撑路面面层和承受由面层传递来

59

的车辆荷载的作用，因此基层应有足够的强度和刚度。基层也应有平整的表面，以保证面层厚度均匀、平整。基层还可能受到地表水和地下水的浸入，故应有足够的水稳定性，以防湿软变形而影响路面的结构强度。基层可采用水泥稳定类、石灰稳定类、石灰工业废渣稳定类，以及级配碎砾石、填隙碎石、贫混凝土铺筑。当基层较厚时，应分为两层或三层铺筑，下层称为底基层，上层称为基层，中层视材料情况，可称为基层，也可称为底基层。选择基层材料时，为降低工程成本，应本着因地制宜的原则，尽可能使用当地材料。

3. 垫层

垫层设在土基和基层之间，主要用于潮湿土基和北方地区的冻胀土基，用以改善土基的湿度和温度状况，起隔水（地下水和毛细水）、排水（基层下渗的水）、隔温（防冻胀），以及传递荷载和扩散荷载的作用。垫层材料不要求强度高，但要求水稳性能和隔热性能好。常用的垫层有由砂砾、炉渣或卵圆石组成的透水性垫层和由石灰土或石灰炉渣土组成的稳定性垫层。

4. 联结层

联结层指为加强面层和基层的共同作用或减少基层裂缝对面层的影响，而设在基层上的结构层，经常被视为面层的组成部分。联结层一般使用颗粒较大的沥青稳定碎石、大粒径透水性沥青稳定碎石，或采用沥青灌入的方式。

（三）路面的分类

从路面力学特性角度划分，传统的分法把路面分为柔性路面和刚性路面。随着科技的进步，又有了新的发展，路面分类得到进一步细化。

1. 柔性路面

柔性路面是指刚度较小，抗弯拉强度较低，主要靠抗压和抗剪强度来承受车辆荷载作用的路面。其主要特点是刚度小，在车轮荷载的作用下弯沉变形较大，车轮荷载通过时路面各层向下传递到路基的抗压应力（简称"压应力"）较大。

2. 刚性路面

刚性路面是指路面板体刚度大，抗弯拉强度较高的路面。其主要特点是抗弯拉强度高、刚度大，处于板体工作状态，竖向弯沉较小，传递给下层的压应力较柔性路面小得多。

3. 半刚性路面

我国公路科研工作者经过研究和探索，在 20 世纪 90 年代初提出半刚性路面的概念。我国在公路建设中大量使用水泥稳定类、石灰稳定类和石灰粉煤灰稳定类材料做基层，这些基层材料随着龄期的增长，其强度和刚度也在缓慢地增长，但最终的强度和刚度仍远小于刚性路面，且其受力特点也不同于柔性路面，因此我国公路科研工作者将其称为半刚性路面基层，加铺沥青面层之后，称为半刚性路面。

4. 复合式基层路面

《公路沥青路面施工技术规范》（JTG F40—2004）提出了混合式基层的概念，即上部使用柔性基层，下部使用半刚性路面基层的基层称为复合式基层。它是处于半刚性路面基层和柔性基层中间的一种结构，可以提高柔性路面的承载能力，加铺沥青面层之后，称为复合式路面。

当前，国内大量使用了半刚性路面基层，半刚性路面基层的整体性好，但易形成温度裂缝和干缩裂缝，并经反射造成沥青面层开裂，水渗入后会在车辆荷载的作用下出现唧浆现象，进而形成公路路面的早期损坏。将半刚性路面基层用作下基层，上覆以柔性基层，成为复合式结构，不但可以提高基层的承载力，而且可以扩散半刚性路面基层裂缝产生的水平应力，进而截断反射裂缝向上传递的途径。同时，柔性基层多采用级配碎砾石结构，具有一定的排水功能，进一步完善基层边缘排水设计，能起到预防路面早期破坏的作用。重交通量和多雨潮湿地区目前已开始混合基层的研究和实践。

二、路面施工的特点和基本要求

路面工程是直接承受车辆荷载的结构，要经受严酷的自然环境和车辆荷载的反复作用，这对路面工程提出了更高的要求。

（一）路面施工的特点

1. 机械化程度高

随着经济的发展，机械制造业也发展迅速，各种类型、功能的路面施工机械相继出现，以前以人工施工为主的路面施工已经转变为以机械化施工为主、人工为辅的局面。如何更好地发挥机械性能，减轻人工的劳动强度，是路面工程施工组织的重要内容。

2. 工程数量均匀，容易进行流水作业

一般情况下，一个工程项目路面工程的结构类型和设计厚度是相同的或相近的，除交叉口和收费区范围外，每千米工程数量是均匀的，这使得采取流水作业法安排路面工程施工变得更加容易。

3. 路面施工材料相对比较均匀，更容易控制路面质量

采用细粒土的路面基层与底基层材料，虽然也遵循了因地制宜的原则，用沿线的土进行基层与底基层施工，但相对于路基工程即土石混合来讲，土质差别比较小，因此可以利用塑性指数的差别制定统一的质量控制标准来控制基层质量。例如：建立相同强度下，塑性指数与灰剂量的关系；建立相同灰剂量情况下，塑性指数与最大干密度的关系；等等。采取砂石材料进行施工的路面基层和面层，由于材料的产地相同，材质更加均匀，更容易用同样的质量标准来控制生产。

4. 与桥梁工程、台背回填、防护工程施工相互干扰

在施工进度安排上，当桥梁工程、台背回填、防护工程的滞后影响基层施工时，可采取跳跃施工的方法。面层施工时，应已完成上述工作，不影响面层施工的连续性。

5. 废弃材料处理

施工时应注意不对绿化工程、防护工程和水资源造成污染，必要时应采取环境保护措施。

6. 半刚性路面基层沥青路面的基层重排与面层的施工安排

半刚性路面基层沥青路面的基层重排与面层宜在同一年内施工，以避免半刚性路面基层的反射性裂缝和沥青面层的早期损坏。

（二）对路面工程的基本要求

一般说来，不同等级的公路对路面的使用品质有不同的要求，主要表现在一定设计年限内允许通行的交通量和要求道路提供的服务等级上。首先，路面在设计年限内通过预测交通量的情况下，应保持一定的承载能力和抗疲劳能力。其次，路面在风吹、日晒、雨淋、严寒、酷暑、冻融等复杂自然条件下，在设计年限内应保持一定的稳定性和耐久性。最后，路面在设计年限内经过一定的养护管理，应具有与公路等级相适应的服务水平，为车辆行驶提供安全可靠、快捷舒适的服务。具体来说，对路面工程有以下要求。

1. 具有足够的强度和刚度

路面承受车辆在路面行驶时作用于路面的水平力、垂直力，并伴随着路面的变形（弯沉盆）和车辆的振动，受力模型比较复杂，会引起各种不同的应力，如压应力、弯拉应力、剪应力等。路面的整体或结构的某一部分所受的力超出其承载能力，就会出现路面病害，如断裂、沉陷等，且在动载的不断作用下，进而出现碎裂和坑槽。因此，必须保证路面整体和路面的组成部分具有足够的强度，包括修建路面的原材料，如砂石、水泥等，以及复合性材料，如水泥混凝土、沥青混凝土和路面结构本身。

刚度是指路面抵抗变形的能力。刚度不足时，路面在车辆荷载的作用下也会产生变形、车辙、沉陷、波浪等损坏现象，因此要求路面具有足够的刚度，使路面整体和各组成部分的变形量控制在弹性变形范围内。

2. 具有足够的稳定性

路面结构袒露在自然环境之中，受水和温度等影响，其力学性能和技术品质会发生变化。路面稳定性包括以下内容：①高温稳定性。在夏季高温条件下，沥青材料如没有足够的抗高温的能力，会发生泛油、面层软化现象，在车辆荷载的作用下产生车辙、波浪和推挤，水泥路面则可能发生拱胀开裂。②低温抗裂性。冬季低温条件下，路面材料如没有足够的抗低温能力，会出现收缩、脆化或开裂现象，水泥路面也会出现收缩裂缝，气温骤变时出现翘曲而损坏。③水温稳定性。雨季路面结构应有一定的防水、抗水和排水能力，否则在水的浸泡作用下，路面强度会下降，甚至出现剥离、松散、坑槽等损坏。

3. 具有足够的平整度

路面应有良好的平整度，不平整的路面会使车辆颠簸，行车阻力增大，影响行车安全和舒适，加剧路面和车辆的损坏。因此，路面应具有与公路等级相适应的平整度。

4. 具有足够的粗糙度和抗滑性能

路面表层直接接触车轮，应有一定的粗糙度和抗滑性能，车轮和路面表层间应有足够的附着力和摩擦阻力，保证车在爬坡、转弯、制动时，车轮不空转或打滑。路面抗滑性不仅对保证安全行车十分重要，而且对提高车辆的运营效益也有重要意义。

5. 具有足够的耐久性

阳光的曝晒、水分的浸入和空气的氧化作用都会对路面结构和材料产生影响，尤其是沥青材料会出现老化现象，并失去原有的技术品质，导致路面开裂、脱落，甚至大面积的松散。因此，在修筑路面时，应尽可能选用有足够抗疲劳、抗老化、抗变形能力的材料，以提高路面的耐久性，延长路面的使用寿命。

6. 具有尽可能低的扬尘性

汽车在路面上行驶，车身后及轮胎后产生的真空吸力作用将吸引路面表层或其中的细颗粒料而引起尘土飞扬，造成污染并影响行车视距，给沿线卫生和农作物造成不良影响，尤其是砂石路面。所以，除非在交通量特别小或抢修临时便道的情况下，一般不要用砂石路面结构。

7. 具有尽可能低的噪声

噪声污染也会影响居民的正常生活，穿越居民区的公路，路面可采用减噪混凝土，以降低噪声。

三、路面施工用材料

在路面工程施工中，材料起着至关重要的作用，有些新建公路路面工程出现早期破坏，材料质量是最重要的影响因素。路面结构层所用材料应满足强度、稳定性和耐久性等要求。路面施工需用材料广泛，物理力学性能各异，有些材料适用于路面基层，有些材料适用于路面面层，也有些材料既可用于基层也可用于面层，但技术要求和力学性能指标略有不同。以下对路面工程所用的主要工程材料的分类和基本要求进行分述。

（一）路面材料的分类

从工程质量控制的角度出发，应对路面材料的集料、结合料质量进行监控，同时也应对路面混合料及辅助材料进行质量监控。只有这样，才能更好地保证路面工程的质量。

（二）路面材料的基本要求

路面用材料种类繁多，需求量大。路面各结构层使用的材料均应满足强度、稳定性和耐久性的要求，以保证路面各层次的质量。选择路面用材料时，也应依照因地制宜的原则，但更重要的是，各类路面材料必须符合路面各结构层次的技术要求。

1. 基层底基层用材料

（1）水泥

普通硅酸盐水泥、矿渣硅酸盐水泥和火山灰质硅酸盐水泥均可用作基层结合料，但宜选用终凝时间较长的水泥。

（2）石灰

石灰质量应符合《建筑生石灰》（JC/T 479—2013）和《建筑消石灰》（JC/T 481—2013）规定的合格以上级的生石灰或消石灰的技术指标。

（3）粉煤灰

粉煤灰中二氧化硫、氧化铝和氧化铁的总含量应大于 70 %，烧失量不宜大于 20 %，比表面积宜大于 2500 cm²/g。

（4）细粒土

采用无机结合料稳定的细粒土，其技术要求应符合规定。

（5）中粗粒土

级配碎石、未筛分碎石、砂砾、碎石土、砂砾土均可作为路面基层材料，其颗粒直径不宜大于 37.5 mm。对于集料压碎值，高速公路和一级公路按结构层次和结构类型一般应不大于 30 %，二级公路一般为 30 % ～ 35 %，三级及三级以下公路一般为 35 % ～ 40 %。

2. 沥青面层用材料

（1）道路石油沥青

①道路石油沥青的质量应符合规范规定的技术要求。经建设单位同意，沥青的针入度指数、60 ℃动力黏度，15 ℃延度可作为选择性指标。②沥青路面采用的沥青标号，宜按照公路等级、气候条件、交通条件、路面类型，以及沥青在结构层中的层位、受力特点、施工方法等，结合当地的使用经验，经技术论证后确定。

（2）乳化沥青

①乳化沥青适用于沥青表面处治路面、沥青灌入式路面、冷拌沥青混合料路面，修补裂缝，喷洒透层、黏层与封层，等等。②乳化沥青的质量应符合相关规范的规定。③乳化沥青类型应根据集料品种及使用条件选择。阳离子乳化沥青适用于各种集料品种，阴离子乳化沥青适用于碱性石料。乳化沥青的破乳速度、黏度宜根据用途与施工方法选择。④制备乳化沥青用的基质沥青，应用于高速公路和一级公路时，宜符合 A、B 级沥青的要求，其他情况可采用 C 级沥青。乳化沥青的贮存期以不离析、不冻结、不破乳为度，宜存放在立式罐中，并保持适当搅拌。

（3）液体石油沥青

①液体石油沥青适用于透层、黏层，以及拌制冷拌沥青混合料。根据使用的目的与场所，可选用快凝、中凝、慢凝的液体石油沥青，其质量应符合相关规范规定。②液体石油沥青宜采用针入度较大的石油沥青，使用前按先加热沥青后加稀释剂的顺序，掺配煤油或轻柴油，经适当搅拌、稀释制成。掺配比例根据使用要求由试验确定。

（4）煤沥青

①道路用煤沥青的标号根据气候条件、施工温度、使用目的选用，其质量应符合相关规范的规定。②各种等级公路的各种基层上的透层，宜采用 T-1 或 T-2 级煤沥青，其他等级不符合喷洒要求时，可适当稀释使用；三级及三

级以下的公路铺筑表面处治或灌入式沥青路面，宜采用 T-5、T-6 或 T-7 级煤沥青。煤沥青应与道路石油沥青、乳化沥青混合使用，以改善渗透性。③道路用煤沥青严禁作为热拌、热铺的沥青混合料使用，做其他用途时的贮存温度宜为 70 ~ 90 ℃，且不得长时间贮存。

（5）改性沥青

①改性沥青可单独或复合采用高分子聚合物、天然沥青及其他改性材料制作。②各类聚合物改性沥青的质量应符合相关规范的规定，当使用其他聚合物及复合改性沥青时，可通过试验研究制定相应的技术要求。③改性沥青须在固定式工厂制作或在现场设厂集中制作，加工温度不宜超过 180 ℃。

（6）粗集料

①沥青层用的粗集料包括碎石、破碎砾石、筛选砾石、钢渣、矿渣等，但高速公路和一级公路不得使用筛选砾石和矿渣。粗集料必须由具有生产许可证的采石场生产或由施工单位自行加工。②粗集料应该洁净、干燥、表面粗糙，质量应符合规范的规定。当单一规格集料的质量指标达不到要求，而按照集料配合比计算的质量指标符合要求时，工程上允许使用。对受热易变质的集料，宜对经拌和机烘干后的集料进行检验。③粗集料的粒径规格应按照规范的规定选用。破碎砾石应采用粒径大于 50 mm、含泥量不大于 1 % 的砾石轧制，经过破碎且存放期超过 6 个月的钢渣可作为粗集料使用。钢渣在使用前应进行活性检验，要求钢渣中的游离氧化钙含量不大于 3 %，浸水膨胀率不大于 2 %。

（7）细集料

①沥青路面的细集料包括天然砂、机制砂和石屑，其规格应分别符合相关规范的要求。②细集料应洁净、干燥、无风化、无杂质，并有适当的颗粒级配。细集料的洁净程度，天然砂以小于 0.075 mm 含量的百分数表示，石屑和机制砂以砂当量或亚甲蓝值表示。③热拌密级配沥青混合料中天然砂的用量通常不应超过集料总量的 20 %，并且是在不得已情况下经试验论证后才可采用。沥青玛蹄脂碎石混合料（SMA）和大空隙开级配排水式沥青磨耗层（OGFC）混合料不得使用天然砂。

（8）填料

①沥青混合料的矿粉必须采用石灰岩或岩浆岩中的强基性岩石等憎水性石料经磨细得到的矿粉，原石料中的泥土杂质应除净。矿粉应干燥、洁净，能自由地从矿粉仓流出，其质量应符合相关规范的规定。②拌和机的粉尘严禁回收使用。③粉煤灰作为填料使用时，用量不得超过填料总量的 50%，粉煤灰的烧失量应小于 12%，与矿粉混合后的塑性指数应小于 4%，其余质量要求与矿粉相同。高速公路、一级公路的沥青面层不宜采用粉煤灰作为填料。

3. 水泥路面用材料

（1）水泥

①各等级公路均宜优先选用旋窑生产的道路硅酸盐水泥，确有困难时或中轻交通路面可以使用立窑水泥，低温天气施工或有快速通车要求的路段可采用早强型水泥。各交通等级路面用水泥的抗折强度、抗压强度应符合规范的规定。②水泥进场时，每批量应附有化学成分、物理指标、力学指标合格的检验证明。各交通等级路面所使用水泥的化学成分、物理性能等品质要求应符合规范的规定。③采用机械化铺筑时，宜选用散装水泥。散装水泥的夏季出厂温度，南方不宜高于 65 ℃，北方不宜高于 55 ℃。混凝土搅拌时的水泥温度，南方不宜高于 60 ℃，北方不宜高于 50 ℃，且不宜低于 10 ℃。④当贫混凝土和碾压混凝土用作基层时，可使用各种硅酸盐类水泥。不掺用粉煤灰时，宜使用强度等级 32.5 级以下的水泥；掺用粉煤灰时，只能使用道路水泥、硅酸盐水泥、普通水泥。水泥的抗压强度、抗折强度、安定性和凝结时间必须检验合格。

（2）粉煤灰及其他掺合料

①混凝土路面在掺用粉煤灰时，应掺用质量指标符合规定的电收尘Ⅰ、Ⅱ级干排或磨细粉煤灰，不得使用Ⅲ级粉煤灰。贫混凝土、碾压混凝土基层或复合式路面下面层应掺用符合规定的Ⅲ级或Ⅲ级以上粉煤灰，不得使用等外粉煤灰。②粉煤灰宜采用散装灰，进货时应有等级检验报告，并了解所用水泥中已经加入的掺合料种类和数值。③路面和桥面混凝土中可使用硅灰或

磨细矿渣，使用前应经过试配检验，确保路面和桥面混凝土弯拉强度、工作性、抗磨性、抗冻性等技术指标合格。

（3）粗集料

①粗集料应使用质地坚硬、耐久、洁净的碎石、碎卵石和卵石，并应符合规范的规定。高速公路、一级公路、二级公路及有抗冰（盐）冻要求的三、四级公路混凝土路面使用的粗集料级别应不低于Ⅱ级；无抗冰（盐）冻要求的三、四级公路混凝土路面、碾压混凝土及贫混凝土基层可使用Ⅲ级粗集料。有抗冰（盐）冻要求时，Ⅰ级集料吸水率不应大于 1 %，Ⅱ级集料吸水率不应大于 2 %。②用作路面和桥面混凝土的粗集料不得使用不分级的统料，应按最大公称粒径的不同，采用 2 ～ 4 个粒级的集料进行掺配，并应符合合成级配的要求。卵石最大公称粒径不宜大于 19.0 mm；碎卵石最大公称粒径不宜大于 26.5 mm；碎石最大公称粒径不应大于 31.5 mm；贫混凝土基层粗集料最大公称粒径不应大于 31.5 mm；钢纤维混凝土与碾压混凝土粗集料最大公称粒径不宜大于 19.0 mm。碎卵石或碎石中粒径小于 75 μm 的石粉含量不宜大于 1 %。

（4）细集料

①细集料应采用质地坚硬、耐久、洁净的天然砂、机制砂或混合砂，并应符合规定。高速公路、一级公路、二级公路及有抗冰（盐）冻要求的三、四级公路混凝土路面使用的砂应不低于Ⅱ级；无抗冰（盐）冻要求的三、四级公路混凝土路面、碾压混凝土及贫混凝土基层可使用Ⅲ级砂。特重、重交通混凝土路面宜使用河砂，砂的硅质含量不应低于 25 %。②细集料的级配要求应符合规定，路面和桥面用天然砂宜为中砂，也可使用细度模数在 2.0 ～ 3.5 的砂。同一配合比用砂的细度模数变化范围不应超过 0.3，否则应分别堆放，并在调整配合比中的砂率后使用。③路面和桥面混凝土所使用的机制砂还应检验砂浆磨光值，其值宜大于 35，不宜使用抗磨性较差的泥岩、页岩、板岩等水成岩类母岩品种生产机制砂。配制机制砂混凝土时应同时掺引气高效减水剂。④在河砂资源紧缺的沿海地区，二级及二级以下公路混凝土路面和基层可使用淡化海砂，缩缝设传力杆混凝土路面不宜使用淡化海砂，

钢筋混凝土及钢纤维混凝土路面和桥面不得使用淡化海砂。淡化海砂带入每立方米混凝土中的含盐量不应大于 1 kg，碎贝壳等甲壳类动物残留物含量不应大于 1 %。

（5）水

饮用水可直接用作混凝土搅拌和养护用水。如果有质疑，应检验，硫酸盐含量小于 0.0027 mg/mm^3，含盐量不得超过 0.005 mg/mm^3，pH 不得小于 4，合格后方可使用。

（6）外加剂

①外加剂的产品质量应符合各项技术指标。供应商应提供相应资质外加剂检测机构的品质检测报告，检验报告应说明外加剂的主要化学成分，认定对人员无毒副作用。②引气剂应选用表面张力降低值大，水泥稀浆中起泡容量多而细密、泡沫稳定时间长、不溶残渣少的产品。有抗冰（盐）冻要求的地区，各交通等级路面、桥面、路缘石、路肩及贫混凝土基层必须使用引气剂；无抗冰（盐）冻要求地区，二级及二级以上公路路面混凝土中应使用引气剂。③各交通等级路面、桥面混凝土宜选用减水率大、坍落度损失小、可调控凝结时间的复合型减水剂。高温施工宜使用引气缓凝（保塑）（高效）减水剂；低温施工宜使用引气早强（高效）减水剂。在选定减水剂品种前，必须与所用的水泥进行适应性检验。④处在海水、海风、氯离子、硫酸根离子环境的或冬期洒除冰盐的路面、桥面钢筋混凝土、钢纤维混凝土中宜掺阻锈剂。

（7）钢筋

各交通等级混凝土路面、桥面和搭板所用钢筋网、传力杆、拉杆等钢筋应符合国家有关标准的技术要求。所用钢筋应顺直，不得有裂纹、断伤、刻痕、表面油污和锈蚀。传力杆钢筋加工应锯断，不得挤压切断，断口应垂直、光圆，用砂轮打磨掉毛刺，并加工成 2 ～ 3 mm 圆倒角。

（8）钢纤维

用于公路混凝土路面和桥面的钢纤维应满足《混凝土用钢纤维》（GB/T 39147—2020）的规定，单丝钢纤维抗拉强度不宜小于 600 MPa。钢纤维长度应与混凝土粗集料最大公称粒径相匹配，最短长度宜大于粗集料最大公称粒径的 1/3，不宜大于粗集料最大公称粒径的 2 倍。钢纤维长度与标称值的偏差不应超过 ±10%。

路面和桥面混凝土中，宜使用防锈蚀处理的钢纤维和有锚固端的钢纤维，不得使用表面磨损、前后裸露尖端，从而导致行车不安全的钢纤维和搅拌易成团的钢纤维。

（9）接缝材料

①胀缝板。胀缝板宜选用适应混凝土面板膨胀和收缩、施工时不变形、弹性复原率高、耐久性好的产品。高速公路、一级公路宜采用塑胶、橡胶泡沫板或沥青纤维板，其他公路可采用各种胀缝板。②填缝材料。填缝材料应具有与混凝土板壁黏结牢固、回弹性好，不溶于水，不渗水，高温时不挤出、不流淌，抗嵌入能力强，耐老化龟裂，负温拉伸量大，低温时不脆裂，耐久性好等性能。

四、路面施工的基本方法

路面工程是层状结构，路面工程施工的共同点是几乎所有的路面结构（除手摆拳石和条石路面等结构外）都需要拌和混合料、摊铺和压实三道工序。路面工程施工主要有三种方法，即人工路拌法、机械路拌法、厂拌机铺法。

（一）人工路拌法

20 世纪 80 年代以前，路面工程施工主要采取人工路拌法，即人工摊土（石料）、人工拌和、简易机械压实。基层施工方法主要有人工翻拌法、人工筛拌法等，沥青面层施工方法主要有沥青灌入式、人工冷拌沥青混合料及使用炒盘人工拌和沥青混合料等。其主要的特点是用工数量大，劳动强度大，工作效率低，工程质量受人为因素影响大且质量不稳定，安全生产和防护措施比较严格，安全生产难度大。

（二）机械路拌法

20 世纪 80 年代以后，我国开始引进德国生产的宝马牌路拌机，路面基层施工开始采用以机械路拌法为主的施工方法，其操作是以人工或机械分层摊铺各种路用材料，然后用路拌机械拌和，整形后碾压成形，这也是目前路面底基层和二级以下公路路面基层常用的施工方法。其主要特点是用人数量大大减少，混合料拌和质量较好，但如不严控拌和深度，易出现素土夹层。对于高速公路和一级公路，除直接和土基相邻的路面底基层外，不宜采用机械路拌法施工，而应采取厂拌机铺法施工。

（三）厂拌机铺法

随着高速公路的快速发展，无机结合料稳定粒料路面基层得到广泛的应用，这种结构多使用厂拌机铺法。此外，沥青碎石和沥青混凝土路面的施工、水泥混凝土路面的施工，也采用厂拌机铺法，即用专门的厂拌机械拌制混合料，用专门的摊铺机械摊铺路面的施工方法。其主要特点是机械化程度高，混合料配比准确，厚度控制、高程控制比较直观，但需要大量的自卸运输车辆。

五、路面工程试验路段

在进行大面积施工之前，修筑一定长度的试验路段是很有必要的。在高速公路与一级公路的工程实践中，施工单位通过修筑试验路段进行施工优化组合，把施工中存在的问题找出来，并采取措施予以克服，提出标准的施工方法和施工组合，用来指导大面积施工，从而使整个工程施工质量高、进度快。

修筑试验路段的任务如下：检验拌和、运输、摊铺、碾压、养生等拟投入设备的可靠性；检验混合料的组成设计是否符合质量要求及各道工序的质量控制措施；提出用于大面积施工的材料配比和松铺系数；确定每一作业段的合适长度和一次铺筑的合理厚度；对于沥青混合料，还应提出施工温度的保障措施，对于水泥稳定类混合料，还应提出在延迟时间内完成碾压的保证措施；最后提出标准施工方法。

标准施工方法的主要内容应包括：集料与结合料数量的控制与计量方法；

摊铺方法；合适的拌和方法，即拌和深度、拌和速度、拌和遍数；混合料最佳水量控制方法；沥青混合料油石比的控制方法；整平和整形的合适机具与方法；平整度及厚度的控制方法；压实机械的组合、压实顺序、速度和遍数；压实度的检查方法和对比试验，机械的选型与配套，自卸车辆与摊铺机械的配合；等等。

第二节　路面基层施工技术

路面基层可以分为无机结合料稳定类路面基层、粒料类路面基层和沥青碎石类路面基层。无机结合料稳定类路面基层又称为半刚性基层，包括水泥稳定类路面基层、石灰稳定类路面基层和石灰工业废渣稳定类路面基层等；粒料类路面基层常分为嵌锁型路面基层和级配型路面基层等，如填隙碎石、级配碎石、级配砾石等；沥青碎石类路面基层分为骨架密实型路面基层和骨架空隙型路面基层，如沥青稳定碎石基层等。

一、无机结合料稳定类路面基层施工技术

（一）概述

在粉碎的或原状松散的土中掺入一定数量的无机结合料（包括水泥、石灰和工业废渣）和水，经拌和得到的混合料在压实与养生后，抗压强度指标符合规定要求的路面结构层称为无机结合料稳定类基层。无机结合料稳定类基层具有稳定性好、抗渗性能强、结构层自身成板体等特点，但其抗裂性能差。无机结合料稳定细料土广泛用于修筑高等级公路路面底基层和其他等级公路的路面基层，无机结合料稳定粒料被用于高等级路面的基层结构。无机结合料稳定类材料的刚度介于柔性路面材料和刚性路面材料之间，常被称为半刚性材料，以该种材料修筑的基层称为半刚性路面基层。

无机结合料一般采用水泥、石灰和工业废渣（如粉煤灰）等制成，采用水泥稳定的称为水泥稳定土，采用石灰稳定的称为石灰稳定土，采用石灰和工业废渣综合稳定的称为石灰工业废渣稳定土。各种不同的稳定材料有不同

的强度要求，各稳定混合料的配合比应通过组成设计及相关试验确定。

无机结合料稳定类基层可以采取路拌法的施工方法，也可以采取厂拌法的施工方法。一般规定：对于二级以下的公路，无机结合稳定类基层和底基层可以采用路拌法施工；对于二级公路，应采用专门的稳定土拌和机，或使用集中厂拌法制备混合料；对于高速公路和一级公路，直接把无机结合料铺筑在土基上的底基层下层，可以使用稳定土拌和机进行路拌法施工，当土基上层已用石灰或固化剂处理时，底基层的下层也宜用集中厂拌法拌制混合料，其上的各稳定土层都应采取集中厂拌法拌制混合料，并用摊铺机摊铺基层混合料。

（二）半刚性路面基层混合料组成设计

施工时应根据每个结构层的特点，选用符合规范的优质材料。配合比设计所使用的材料和路面基层施工所用材料必须一致。

1. 无机结合料稳定类基层混合料组成设计的一般原则

混合料组成设计所要达到的目标是碎石级配合理，胶结料含量合适，混合料的强度符合设计要求，有良好的抗裂、抗水害、抗疲劳、耐冻性能，同时能够进行准确的生产控制，易于铺筑和压实，而且比较经济。集料应有较好的级配，传统习惯认为，集料的数量以达到靠拢而不紧密为原则，其空隙可由无机结合料填充，形成各自发挥优势的稳定结构。最近的一些省市研究和试验，将骨架密实型结构引入半刚性基层混合料，取得了减少裂缝、提高强度的良好效果。半刚性路面基层材料结合料和集料种类繁多，应以就地取材、节约工程成本为前提，并根据混合料组成设计，求得组成合理、经济实用的效果。

2. 无机结合料稳定类混合料规定的抗压强度

现行混合料组成设计的主要内容是通过试验选取适宜于半刚性基层的材料，确定满足强度要求的集料和其他材料的配比，确定混合料的最大干密度和最佳含水量。

3. 无机结合料稳定类混合料组成设计方法步骤

从沿线料场或计划使用的远运料场选取有代表性的试样，并进行原材料的试验，以判定这种材料可否使用于该工程。试验项目包括颗粒分析，液限和塑性指数，相对密度，击实试验，碎石或砾石的压碎值，石灰中有效氧化钙和氧化镁含量，水泥的标号和初、终凝时间，粉煤灰的化学成分、细度和烧失量，必要时要对土样的有机质含量和硫酸盐含量进行检测。

应根据强度标准和以往的工程经验，选择无机结合料的剂量范围。通过上述原材料的试验，级配差的碎石、碎石土、砂砾、砂砾土等宜首先考虑改善其级配。

《公路路面基层施工技术细则》（JTG/T F20—2015）对各种无机结合料稳定类的颗粒组成范围有细致的规定，在进行混合料组成设计和施工时应遵守这些规定。

（三）路拌法施工工艺

在路面基层稳定土混合料的搅拌和摊铺施工中，广泛采用的是路拌法和厂拌法施工工艺。选用哪种方法，应根据公路施工技术规范要求及施工单位拥有的机械设备决定。路拌法施工仅适用于二级及二级以下公路，以及高速公路、一级公路直接铺筑在土基上的底基层。这里在叙述其施工工艺流程时，以水泥石灰综合稳定类为例，其工艺流程如下。

1. 准备下承层

下承层的表面应平整、坚实，具有规定的路拱。下承层的平整度、压实度、标高、横坡、弯沉值（如为路基顶面）等应符合《公路工程质量检验评定标准》（JTG F80/1—2017）和招标文件相应条款的规定。下承层如出现表层过干现象，应适当洒水；如土过湿，应采取挖开晾晒、换土、掺石灰或水泥等措施进行处理。下承层出现表层松散和局部松散，如下承层为土基，可直接洒水压实；如下承层为底基层，应开挖掺拌新结合料后夯实或压实。下承层出现的低洼和坑洞，应仔细填补并压实。下承层出现的搓板和辙槽，应刮除。槽式断面的路段，应在两侧路肩上每隔一定距离（5～10 m）交错开挖泄水沟，以便及时排除雨季降水。

2. 施工放样

在下承层上中线、直线段每 15～20 m 设一桩，曲线段每 10～15 m 设一桩，并在两侧路肩边缘外设指示桩。在中桩和两侧指示桩标记出运输摊铺路用材料的松铺标高。

3. 备素土，集料

采用老路面或土基上部材料做铺筑材料时，应首先清出垃圾、石块等杂物，翻松老路面或土基上部，至路基顶面标高，并使土块破碎到要求粒径，之后初步按设计路拱和预计的松铺厚度整形。

采用料场的土（含细、中、粗粒土）时，应首先将料场的草皮、树木和杂土清理干净，筛除超粒径的颗粒，使之满足最大颗粒要求。塑性指数大于 15 的黏性土，可视土质和机械性能确定是否需要过筛。在料场预定的深度挖土，不应分层开挖，要尽可能一次开挖土层全厚，如果夹有不合格材料，应将其弃用。

根据稳定土的设计厚度、宽度及预定的干密度，计算干燥土或集料用量。根据料场的含水量和运料车辆的吨位，计算每车料对应的卸料距离或卸料面积。在同一料场供料的路段内，由远到近将料按上述计算距离或面积卸置于下承层表面的中间或两侧。

当集料采用多种不同规格的碎石，需按比例掺配时，上述备料方法不易控制级配。可计算出不同规格的碎石在每延米的体积，备料时各规格碎石分别运铺，运到后首先码成一个三角形断面或梯形断面的料带，断面尺寸根据该规格材料用量、该材料的干重及材料料堆自然休止角（决定三角形断面的坡度）计算求得。其次，机械或人工摊铺在道路的全断面上铺完一种规格，用小型压路机或链轨车稳定 1～2 遍，再运另一种规格的碎石，直至全部材料运铺完成。上述方式称为层铺法。采用二灰稳定类路拌法施工时，除了集料，粉煤灰和石灰也采取这种方法运铺各种路用材料。

摊铺土或集料的注意事项：①应事先通过试验确定土和集料的松铺系数，可用人工或摊土机配合平地机进行摊铺，不论采用人工还是机械摊铺，都应将土或集料均匀地摊铺在预定的宽度上，表面力求平整，并有规定的路拱。②在摊铺过程中，应将大的土块、石块和超尺寸颗粒的杂物拣除，检验松铺层的厚度，应符合预计要求。除洒水车辆外，应禁止其他车辆在土层上通行，洒水车亦尽可能在便道上通行，使用侧喷法洒水。

4. 洒水闷料

如已整平的土含水量过小，应在土层上洒水闷料。洒水应均匀，防止出现局部水分过多的现象。细粒土应经一夜闷料，中、粗粒土视其中细料含量的多少，可缩短闷料时间，综合稳定土和二灰稳定土也可在拌和后再进行闷料，水泥稳定土应预先闷料。

5. 整平和轻压

土层经整形后，应使用轻型压路机或链轨车稳压 1～2 遍，使其表面平整，并有一定的压实度。

6. 消解石灰

石灰应在临时料场集中堆放，临时料场应选择安置在公路两侧，临近水源且地势较高的地方。生石灰应在使用前 7～10 天充分消解，氧化镁含量比较高的镁质石灰应在使用前 10～15 天消解，每吨石灰消解用水一般在 500～800 kg。消解后的石灰应保持一定湿度，以免过湿成团，更应避免过干飞扬。消解时，应注意加水的均匀性。解石灰应注意以下两个问题：①料堆不宜太高，宜在 0.8～1.2 m。太高的料堆，底部进水困难，消解不完全，消解湿胀后影响使用安全。②消解时为消解充分，在加水的同时使用机械翻倒，消解后的石灰应过 10 mm 筛，并尽快使用，减少有效钙镁的损失。

7. 运输和摊铺石灰

根据稳定土的设计厚度和混合料组成设计确定的石灰剂量，以及击实试验确定的最大干密度，计算出该稳定土基层每方压实方所需的石灰用量，进而计算出每车石灰对应的摊铺面积。使用袋装生石灰粉时，则可计算出每袋石灰的摊铺面积，计算出每车或每袋石灰对应的纵横间距，并确定卸放位置。在规定卸放位置做卸放石灰的标记，并划出摊铺每车或每袋石灰的边线。按规定位置卸放石灰，用刮板将石灰均匀摊开，并测量石灰的松铺厚度，根据石灰的松方密度，校核石灰用量是否合适。

在具体操作中，将每车石灰的装载质量控制得完全一致十分困难，小型机动农用三轮自卸车在某些地区因方便灵活、价格便宜，在运铺石灰环节得到了大量应用，此时石灰的用量采取体积法控制。根据稳定土基层的厚度、宽度、石灰剂量计算每延米石灰质量，并根据试验的松方干密度计算出每延米的石灰体积，根据路面宽度采取三角形断面，沿中线或两侧，卸成 1～3 条不间断的石灰料带，然后人工或使用平地机摊铺。石灰也可使用粉料撒布机直接撒布。

8. 拌和（第一次）

二级及二级以上公路应使用专用的稳定土拌和机进行拌和，并设专人跟机检查拌和深度及拌和质量，配合拌和操作手调整拌和深度。拌和深度宜开挖检查，每 5～10 m 应挖一检查坑，有些单位使用钢杆插检拌和深度，不能发现素土夹层，这是不可取的。拌和深度应达到稳定层底，并宜超拌下承层 5～10 mm，以利于上下层的黏结。严禁在拌和层底部留有素土夹层。通常，拌和应在两遍以上，对发现素土夹层的部位，可使用多铧犁紧贴下承层表面翻拌一遍，然后使用专用拌和机复拌。直接铺在土基上的拌和层也应避免素土夹层。

三级及三级以下公路也应尽量使用专用拌和机械拌和，在没有专用拌和机械的前提下，可使用农用旋耕机或平地机配合拌和，但应特别注意拌和质量，包括拌和的均匀程度、土颗粒的最大粒径等。在拌和过程中，应及时检查混合料的含水量，含水量应当均匀，并宜控制为略大于最佳含水量。拌和时，还应安排人工配合拣出超尺寸的颗粒，消除粗细颗粒"窝"及局部过分潮湿或过分干燥之处。拌和完成后，混合料应色泽一致，没有灰条、灰团和花面，没有明显的粗细集料离析现象。

9. 稳压、洒水、整形

混合料拌和均匀后，应立即用平地机初步整形。在直线段和不设超高的平曲线段，平地机由道路两侧向路中心进行刮平；在设有超高的平曲线段，由内侧向外刮平。然后，使用链轨拖拉机或轮胎压路机在初平的路段上快速地碾压一遍，以暴露潜在的不平整，再次用平地机按上述方法进行整形。整形前，使用齿耙将轮迹低洼处表层 5 cm 以上耙松、整形后使用前述方法再次碾压。对于局部低洼处，应先耙松表层 5 cm 以上，再用新混合料找平，之后再次稳压找平。每次整形都应达到规定的坡度和路拱。也可采取人工挂线的方法整形，再使用路拱板来回拖拉几趟。整形并稳压后，如含水量低于最佳含水量范围，可再次洒水。

10. 运铺水泥

采用路拌法施工时，宜使用袋装水泥。首先，根据路面基层的设计厚度及通过试验求得的最大干密度和水泥剂量，计算出每平方米需要的水泥剂量。其次，计算出每袋水泥对应的摊铺面积，确定水泥摆放的纵、横间距，并用石灰粉划格。每格内摆放一袋水泥，方格应呈矩形，长宽比应接近于 1∶1，以利于摊铺。水泥宜当日直接运送到摊铺路段，当天摆放，摆放完成后破袋摊铺。摊铺时，应使用刮板将水泥均匀摊开，每袋水泥正好铺满各自对应的方格，做到厚度均匀，没有空白位置，也没有过分集中的部位。水泥摊铺也可使用粉料撒布机进行撒布摊铺。使用粉料撒布机撒布时应使用散装水泥，并应注意在大风季节采取措施防止污染周边的植被。

11. 拌和（第二次）

该工序与上述工序"拌和（第一次）"的要求相同，注意与上次拌和基本等厚，以使水泥均匀地掺拌到混合料中。

12. 整形

该工序与上述工序"稳压、洒水、整形"的要求相同，此时含水量经过了两次调整，已基本在最佳含水量范围内，故一般不需再次洒水。

13. 碾压

整形后，即可组织碾压机械进行碾压。碾压时，混合料的含水量应略大于最佳含水量 1%～2%。碾压应遵循先轻后重，先慢后快，先两边后中间（直线段和不设超高的曲线段；设超高的曲线段，曲线内侧向曲线外侧），先静压后振压的原则进行碾压。碾压时，每次重轮应重叠 1/2 轮宽，重轮压完路面全宽为一遍，一般需碾压 6～8 遍。压路机的碾压速度，头两遍宜采用 1.5～1.7 km/h，以后可加快至 2.0～2.5 km/h，应禁止压路机在正在碾压或已完成的路段调头或急刹车。

碾压过程中，应保持表面湿润，如水分蒸发过快，可及时补洒少量的水，使表面潮湿，但禁止出现水流。碾压过程中，如遇"弹簧"、起皮、松散等现象，应及时翻松并重新添加适当的稳定材料，重新拌和，然后一起压实。碾压完成前，应迅速地检测标高和横坡。对于高出设计标高的部位，可用平地机刮除，并扫出路外。对于局部低洼处，不再进行填补，留待铺筑其上层次时处理。

水泥稳定类混合料从掺拌水泥到碾压完成的时间称为延迟时间，虽然在配合比设计和施工时选用了终凝时间较长的水泥，但水泥是一种速凝性材料，施工时应在试验确定的延迟时间内完成碾压。碾压完成后，混合料基层应达到要求的压实度，且在表面没有明显的轮迹。

14. 接缝和调头处的处理

（1）横向接缝

同日施工的两工作段的衔接处应采用搭接的方法，即前一段拌和整形后，留 5～8 m 不进行碾压，后一段施工时，前段留下的未碾压部分再加部分水泥重新拌和，并与后一段一起碾压。第二天摊铺并完成拌和作业之后，移去方木，人工补充拌和靠近方木未能拌和的一小段，并用混合料回填不足的部分，和正常施工段一起整形。新整形的接缝处应高出已完成断面 3～5 cm，以利于形成一个平顺的接缝，碾压时应将接缝修整平顺。

（2）纵向接缝

稳定土基层施工时，应该避免纵向施工，确因无法封闭交通等，必须分两幅施工时，纵缝必须垂直相接，禁止斜接。纵向接缝可按下述方法处理：在前一幅施工时，先在靠近中央一侧用方木或钢模板支撑，方木或钢模板的高度应与稳定土层的压实厚度相同。然后，进行摊铺拌和等作业，拌和结束后，靠近支撑模板的部位，人工补充拌和，进行整形碾压。养生结束后，拆除支撑模板。在后一幅施工时，拌和结束后，靠近第一幅的部分，应人工进行补充拌和，然后整形碾压。

15. 养生

稳定土养生应保持一定的湿度，不得忽干忽湿，养生期不得少于 7 天。养生宜采取覆盖措施，可使用草帘、麦草或湿砂进行覆盖，并经常洒水，使之保持湿润，不得采用湿黏土覆盖，以免形成素土夹层。上下两层采用相同的稳定材料时，也可在下层完成后的第二天即着手进行其上层次的摊铺，利用上层对下层养生，但应注意在运铺材料的过程中对下层进行保护，防止运输机械破坏下层。

养生结束后，必须将覆盖物清除干净。虽然养生达到 7 天，但如果不能及时进行其上层次的施工，则仍应保持基层的湿润状态，以减少干裂，并进一步促使基层强度增长。

二、级配碎石基层施工

（一）材料要求

轧制碎石的材料可以是各种类型的岩石（除软质岩石外）、圆石、矿渣。圆石的粒径应是碎石最大粒径的 3 倍以上。矿渣应是已崩解稳定的，其干密度和质量应比较均匀，干密度不小于 960 kg/m³。碎石中针片状颗粒的总含量应不超过 20 %，不应有黏土块、植物等有害物质。石屑或其他细集料可以使用一般碎石场的细筛余料，也可以利用轧制沥青表面处治和灌入式用石料时的细筛余料，或专门轧制的细碎石集料，还可以用天然砂砾或粗砂代替。天然砂砾的颗粒尺寸应该合适，必要时应筛除其中的超尺寸颗粒。天然砂砾或粗砂应有较好的级配。级配碎石或级配碎砾石用作一级和二级以下公路的基层时，其颗粒组成和塑性指数应满足级配的规定。级配碎石用作高速公路和一级公路的基层时，其颗粒组成和塑性指数也应满足级配的规定。同时，级配曲线宜为圆滑曲线。

在塑性指数偏大的情况下，塑性指数与 0.5 mm 以下细土含量的乘积应符合下列规定：①在年降雨量小于 600 mm 的地区，地下水位对土基没有影响时，乘积不应大于 120。②在潮湿多雨地区，乘积不应大于 100。

（二）级配碎石路拌法施工

1. 备料

根据各路段基层或底基层的宽度、厚度及规定的压实度，并按确定的配合比分别计算各段需要的未筛分碎石和石屑的数量，或不同粒级碎石和石屑的数量，计算每车料的堆放距离。未筛分碎石和石屑可按预定比例在料场混合，同时洒水加湿，使混合料的含水量超过最佳含水量约 1%，未筛分碎石的含水量较最佳含水量宜大 1% 左右。

2. 运输和摊铺集料

集料装车时，应控制每车料的数量基本相等。在同一料场供料的路段内，宜由远到近卸置集料。卸料距离应严格掌控，避免料不够或过多。未筛分碎石和石屑分别运送时，应先运送碎石。料堆每隔一定距离应留一缺口。集料在下承层上的堆置时间不应过长。

集料摊铺前，先通过试验确定集料的松铺系数并确定松铺厚度。人工摊铺混合料时，其松铺系数为 1.40 ~ 1.50；平地机摊铺混合料时，其松铺系数为 1.25 ~ 1.35。

未筛分碎石摊铺平整后，在较潮湿的情况下，将石屑按计算的距离卸置。用平地机辅以人工将石屑均匀摊铺在碎石层上，并摊铺均匀。用平地机或其他合适的机具将料均匀地摊铺在预定的宽度上，表面应力求平整，并具有规定的路拱，同时应摊铺路肩用料。采用不同粒级的碎石和石屑时，应将大碎石铺在下层，将中碎石铺在中层，将小碎石铺在上层。洒水使碎石湿润后，再摊铺石屑。

3. 拌和及整形

①用稳定土拌和机，应拌和两遍以上，拌和深度应直到级配碎石层底。在进行最后一遍拌和之前，必要时应先用多铧犁紧贴底面翻拌一遍。②用平地机进行拌和，宜翻拌 5 ~ 6 遍，使石屑均匀分布于碎石料中。平地机拌和的作业长度，每段宜为 300 ~ 500 m，平地机刀片的安装角度宜符合要求。拌和结束时，混合料的含水量应均匀，并较最佳含水量大 1% 左右，同时应没有粗细颗粒离析现象。③用缺口圆盘耙与多铧犁相配合拌和级配碎石时，

多铧犁在前面翻拌，圆盘耙紧跟在后面拌和，即采用边翻边耙的方法，共翻耙4～6遍，并应随时检查、调整翻耙的深度。用多铧犁翻拌时，第一遍由路中心开始，将混合料向中间翻，同时机械应慢速前进；第二遍从两边开始，将混合料向外翻。拌和过程中，应保持足够的水分。拌和结束时，混合料的含水量和均匀性应符合要求。

使用在料场已拌和的级配碎石混合料时，摊铺后混合料如有粗细颗粒离析现象，应用平地机进行补充拌和。用平地机将拌和均匀的混合料按规定的路拱进行整平和整形，在整形过程中，应注意消除粗细集料的离析现象。可以用拖拉机、平地机或轮胎压路机在已初平的路段上快速碾压一遍，以暴露潜在的不平整，再用平地机进行整平和整形。

4. 碾压

经过整形后，当混合料的含水量等于或略大于最佳含水量时，应立即用12 t以上的三轮压路机、振动压路机或轮胎压路机碾压。直线和不设超高的平曲线段，由两侧路肩开始向路中心碾压；设超高的平曲线段，由内侧路肩向外侧路肩进行碾压。碾压时，后轮应重叠1/2轮宽，且后轮必须超过两段的接缝处。后轮压完路面全宽时为一遍，碾压一直进行到要求的密实度为止。一般需碾压6～8遍，应使表面无明显轮迹，路面的两侧应多压2～3遍。压路机的碾压速度，头两遍以1.5～1.7 km/h为宜，以后宜为2.0～2.5 km/h。严禁压路机在已完成的或正在碾压的路段上调头或急刹车。凡含土的级配碎石层，都应进行滚浆碾压，一直压到碎石层中无多余细土泛到表面为止。滚到表面的浆（或事后变干的薄土层）应清除干净。

5. 横缝处理

两作业段的衔接处应搭接拌和。第一段拌和后，留5～8 m不进行碾压。第二段施工时，前段留下未压部分与第二段一起拌和整平后进行碾压。

6. 纵缝处理

应避免纵向接缝，在必须分两幅铺筑时，纵缝处应搭接拌和。前一幅全宽碾压密实，在后一幅拌和时，应将相邻的前幅边部约30 cm搭接拌和，整平后一起碾压密实。

（三）级配碎石厂拌法施工

1. 拌和

级配碎石混合料可以在拌和站用多种机械进行集中拌和，如使用强制式搅拌机、卧式双转轴桨叶式搅拌机、普通水泥混凝土搅拌机等。对用于高速公路和一级公路的级配碎石基层和底基层，宜采用不同粒级的单一尺寸碎石和石屑，按预定配合比在拌和机内拌制级配碎石混合料。不同粒级的碎石和石屑等细集料应隔离，分别堆放。细集料应有覆盖，防止雨淋。在正式拌制级配碎石混合料之前，必须先调试所用的厂拌设备，使混合料的颗粒组成和含水量都能达到规定的要求。采用未筛分碎石和石屑时，如未筛分碎石或石屑的颗粒组成发生明显变化，应重新调试设备。

将级配碎石用于高速公路和一级公路时，应用沥青混凝土摊铺机或其他碎石摊铺机摊铺碎石混合料。摊铺机后面应设专人消除粗细集料的离析现象。级配碎石用于二级和二级以下公路时，如没有摊铺机，也可用自动平地机（或摊铺箱）摊铺混合料。

2. 整形和碾压

用平地机摊铺混合料后的整形和碾压均与路拌法施工相同。

3. 接缝处理

①横向接缝处理。用摊铺机摊铺混合料时，靠近摊铺机的当天未压实的混合料，可与第二天摊铺的混合料一起碾压，但应注意此部分混合料的含水量，必要时应人工补充洒水，使其含水量达到规定的要求。②纵向接缝处理。应避免纵向接缝，如摊铺机的摊铺宽度不够，必须分两幅摊铺时，宜采用两台摊铺机一前一后相隔 5～8 m 同步向前摊铺混合料。在仅有一台摊铺机的情况下，可先在一条摊铺带上摊铺一定长度后，再开到另一条摊铺带上摊铺，然后一起进行碾压。

在不能避免纵向接缝的情况下，纵缝必须垂直相接，不应斜接。在前一幅摊铺时，靠后一幅的一侧应用方木或钢模板做支承，方木或钢模板的高度应与级配砾石层的压实厚度相同。在摊铺后一幅之前，将方木或钢模板除去。

如在摊铺前一幅时未用方木或钢模板支承，靠边缘的 30 cm 左右难以压实，而且形成一个斜坡，在摊铺后一幅时，应先将未完全压实的部分和不符合路拱要求的部分挖松并补充洒水，待后一幅混合料摊铺后一起进行整平和碾压。

三、级配砾石基层施工

（一）材料要求

级配砾石用作基层时，砾石的最大粒径不应超过 37.5 mm；用作底基层时，砾石的最大粒径不应超过 53 mm。砾石颗粒中，细长及扁平颗粒的含量不应超过 20 %。级配砾石基层的颗粒组成和塑性指数应满足规定，同时级配曲线应为圆滑曲线。在塑性指数偏大的情况下，塑性指数与 0.5 mm 以下细土含量的乘积应符合下列规定：①在年降雨量小于 600 mm 的中干旱和干旱地区，地下水位对路基没有影响时，乘积不应大于120。②在潮湿多雨地区，乘积不应大于100。

当用于基层的在最佳含水量下制备的级配砾石试件的干密度与工地规定的压实干密度相同时，浸水 4 天的承载比值应不小于 160 %。用作底基层的砂砾、砂砾土或其他粒状材料的级配，液限应小于 28 %，塑性指数应小于 9。当用作底基层的在最佳含水量下制备的级配砾石试件的干密度与工地规定的压实干密度相同时，浸水 4 天的承载比值在轻交通道路上应不小于 40 %，在中等交通道路上应不小于 60 %。

（二）级配砾石施工工艺

级配砾石施工工艺流程为：准备下承层—施工放样—运输和摊铺集料—洒水拌和—整形—碾压。

准备下承层和施工放样的有关要求与路拌法施工工艺中的准备下承层和施工放样的要求相同。

运输和摊铺集料的具体要求如下。集料装车时，应控制每车料的数量基本相等。同一料场供料的路段内，由远到近将料按计算的距离卸置于下承层上。材料用量应根据各路段基层或底基层的宽度、厚度及预定的干密度，计算各段需要的集料数量，如级配砾石系用两种集料合成时，则应分别计算两种集料的数量。根据料场集料的含水量及所用运料车辆的吨位，计算每车材料的堆放距离。卸料距离应严格掌握，避免料不够或过多。采用两种集料时，应先将主要集料运到路上，待主要集料摊铺后，再运另一种集料并进行摊铺。如粗细两种集料的最大粒径相差很多，应在粗集料处于潮湿状态时摊铺细集料，料堆每隔一定距离应留一缺口。集料在下承层上的堆置时间不宜过长。运送集料较摊铺集料工序宜只提前数天。

集料摊铺前，应通过试验确定集料的松铺系数，并确定松铺厚度。人工摊铺混合料时，其松铺系数为 1.40 ~ 1.50；平地机摊铺混合料时，其松铺系数为 1.25 ~ 1.35。用平地机或其他合适的机具将料均匀地摊铺在预定的宽度上，表面应力求平整，并有规定的路拱，同时应摊铺路肩用料。应检查松铺材料层的厚度是否符合预计要求，必要时应进行减料或补料工作。

拌和及整形的具体要求如下。用平地机拌和时，每一作业段的长度宜为 300 ~ 500 m，刀片的安装角度同级配砾石的要求，一般需拌和 5 ~ 6 遍。在拌和过程中，用洒水车洒足所需的水分。使用符合级配要求的天然砂砾时，如摊铺后混合料有粗细颗粒离析现象，应用平地机进行补充拌和。用平地机将拌和均匀的混合料按规定的路拱进行整平和整形，用拖拉机、平地机或轮胎压路机在已初平的路段上快速碾压一遍，以暴露潜在的不平整，再用平地机进行整平和整形。拌和结束时，混合料的含水量应均匀，并较最佳含水量大 1% 左右，应无粗细颗粒离析现象。

用拖拉机牵引四铧犁或五铧犁进行拌和时，每一作业段的长度宜为 100 ~ 150 m。第一遍由路中心开始，将混合料向中间翻，同时机械应慢速前进。第二遍则应从两边开始，将混合料向外翻。在拌和过程中，用洒水车洒足所需的水分。拌和遍数以双数为宜，一般需拌 6 遍。

第三节 路面工程质量通病及防治

一、无机结合料基层裂缝的防治

（一）原因分析

①混合料中石灰、水泥、粉煤灰等比例偏大；集料级配中细料偏多，或石粉中性指数偏大。②碾压时含水量偏大。③成形温度较高，强度形成较快。④碎石中含泥量较高。⑤路基沉降尚未稳定或路基发生不均匀沉降。⑥养护不及时，缺水，或养护时洒水量过大。⑦拌和不均匀。

（二）预防措施

（1）石灰稳定土基层裂缝的主要防治方法

①改善施工用土的土质，可采用塑性指数较低的土或适量掺加粉煤灰。②掺加粗粒料，可在石灰土中适量掺加砂、碎石、碎砖、煤渣及矿渣等。③保证拌和遍数，控制压实含水量，应根据土的性质采用最佳含水量，避免含水量过高或过低。④在石灰土基层与路面间铺筑一层碎石过渡层，可有效避免裂缝。⑤分层铺筑时，在石灰土强度形成期，任其产生收缩裂缝后，再铺筑一层，可有效减少新铺筑层的裂缝。⑥在石灰土层中，每隔 5 ~ 10 m 设一道伸缩缝。

（2）水泥稳定土基层裂缝的主要防治方法

①改善施工用土的土质，采用塑性指数较低的土或适量掺加粉煤灰或掺砂。②控制压实含水量，根据土的性质采用最佳含水量，含水量过高或过低都不好。③在能保证水泥稳定土强度的前提下，尽可能采用少的水泥用量。④一次成形，尽可能采用慢凝水泥，加强对水泥稳定土的养护，避免水分挥发过快。养护结束后，应及时铺筑下封层。⑤设计合理的水泥稳定土配合比，加强拌和，避免出现粗细料离析和拌和不均匀的现象。

（三）治理措施

①采用聚合物加特种水泥压力注入法，修补水泥稳定粒料的裂缝。②加铺高抗拉强度的聚合物网。③对破损严重的基层，应将原破损基层整幅开挖维修，不应横向局部或一个单向车道开挖，以避免板边受力产生的不利后果，最小维修长度一般为 6 m。维修半刚性基层所用材料也应是同类半刚性材料。

一般情况下，石灰土被用于底基层时，根据其干缩特性，应重视初期养护，保证基层表面处于潮湿状态，防止干晒。在石灰稳定土施工结束后，要及早铺筑面层，使基层含水量不发生大的变化，以减轻干缩裂隙。

二、沥青混凝土路面不平整的防治

（一）原因分析

①路面不均匀沉降。②基层不平整对路面平整度的影响。③桥头、涵洞两端及桥梁伸缩缝处跳车。④路面摊铺机械及工艺水平对平整度的影响。⑤面层摊铺材料的质量对平整度的影响。⑥碾压对平整度的影响。

（二）预防措施

在使用摊铺机及找平装置前，应仔细设置和调整，使其处于良好的工作状态，并根据实铺效果随时调整。现场应设置专人指挥运输车辆，以保证摊铺机均匀连续作业。摊铺机不在中途停顿，不得随意调整摊铺机的行驶速度。应严格控制路面各个结构层的平整度，严格实行工序间的交验制度。应针对混合料中沥青性能的特点，确定压路机的机型及重量，并确定施工的初次碾压温度，合理选择碾压速度，严禁在未成形的油面表层急刹车及快速起步，并选择合理的振频、振幅。在摊铺机前，设专人清除在"滑靴"前的混合料及摊铺机履带下的混合料。为改进构造物伸缩缝与沥青路面衔接部位的牢固及平顺，应先摊铺沥青混凝土面层，再做构造物伸缩缝，做好沥青混凝土路面接缝施工。

（三）治理措施

在摊铺层表面有个别超尺寸颗粒，被熨平板带动而在层面划出不规则的小沟，或在摊铺层表面有少数超尺寸颗粒因被熨平板带动而在其后形成小坑洞，处理方法是人工及时用适量的细骨料沥青混合料填补，并及时碾压整平。

摊铺后，局部一片或一条较宽的带内沥青混合料中的大碎石被压碎，处理方法是人工及时把被压碎的碎石混合料铲除，选用合适的沥青混合料补齐和整平。表面层混合料有离析现象（大料集中），处理方法是人工及时补撒适量的细骨料沥青混合料。

三、沥青混凝土路面接缝病害的防治

（一）原因分析

1. 横向接缝

①采用平接缝时，边缘未处理成垂直面。采用斜接缝时，施工方法不当。②新旧混合料的黏结不紧密。③摊铺、碾压不当。

2. 纵向接缝

①施工方法不当。②摊铺、碾压不当。

（二）预防措施

1. 横向接缝

①尽量采用平接缝，将已摊铺的路面尽头边缘在冷却但尚未结硬时锯成垂直面，并与纵向边缘成直角，或趁未冷透时用凿岩机或人工垂直刨除端部层厚不足的部分。采用斜接缝时，注意搭接长度，一般为 0.4 ～ 0.8 m。②预热软化已压实的部分路面，加强新旧混合料的黏结。③摊铺机起步速度要慢，并调整好预留高度。摊铺结束后立即碾压，压路机先进行横向碾压（从先铺路面上跨缝开始，逐渐移向新铺面层），再纵向碾压成为一体，碾压速度不宜过快，同时也要注意碾压的温度应符合要求。

2. 纵向接缝

①尽量采用热接缝施工，采用两台或两台以上摊铺机梯队作业。当半幅路施工或因特殊原因而产生纵向冷接缝时，宜加设挡板或加设切刀切齐，也可在混合料尚未冷却前用镐刨除边缘留下的毛缝。铺另半幅前必须将缝边缘清扫干净，并涂洒少量黏层沥青。②将已摊铺混合料留 10～20 cm 暂不碾压，作为后摊铺部分的高程基准面，待后摊铺部分完成后一起碾压。纵缝为热接缝时，应以 1/2 轮宽进行跨缝碾压；纵缝为冷接缝时，应先在已压实路上行走，只压新铺层的 10～15 cm，随后将压实轮每次再向新铺面移动 10～15 cm。③碾压完成后，用 3 m 直尺检查，用钢轮压路机处理棱角。

（三）治理措施

接缝处理不好常容易产生的缺陷是接缝处下凹或凸起，以及由于接缝压实度不够和结合强度不足而产生裂纹甚至松散。施工时，应边压边以 3 m 直尺测量，并配以人工细料找平。对横向接缝，在摊铺层施工结束后，再用 3 m 直尺检查端部平整度，有不符合要求的应趁混合料尚未冷却时立即处理，以摊铺层面直尺脱离点为界限，用切割机切缝挖除。

四、水泥混凝土路面裂缝的防治

（一）原因分析

1. 横向裂缝

①混凝土路面切缝不及时，由于温缩和干缩发生断裂。混凝土连续浇筑长度越长，浇筑时气温越高，基层表面就越粗糙，越易断裂。②切缝深度过浅，横断面没有明显削弱，应力没有释放，因而在邻近缩缝处产生新的收缩缝。③混凝土路面基础发生不均匀沉陷（如穿越河道、沟槽，拓宽路段处），导致板底脱空而断裂。④混凝土路面板厚度与强度不足，在车辆荷载和温度作用下产生强度裂缝。⑤水泥干缩性大；混凝土配合比不合理，水灰比大；材料计量不准确；养护不及时。⑥混凝土施工时，振捣不均匀。

2. 纵向裂缝

①路基发生不均匀沉陷，如纵向沟槽下沉，路基拓宽部分沉陷，路基一侧积水、排灌导致路基基础下沉、板块脱空而产生裂缝。②由于基础不稳定，在车辆荷载和水、温度的作用下，产生塑性变形，或者由于基层材料水稳性不良，产生湿软膨胀变形，导致各种形式的开裂，纵缝也是其中的一种破坏形式。③混凝土板厚度与基础强度不足，产生荷载型裂缝。

3. 龟裂

①混凝土浇筑后，表面没有及时覆盖，在炎热或大风天气，表面游离水分蒸发过快，体积急剧收缩，导致开裂。②混凝土拌制时水灰比过大；模板与垫层过于干燥，吸水多。③混凝土配合比不合理，水泥用量和砂率过大。④混凝土表面过度振捣或抹平，使水泥和细集料过多上浮至表面，导致缩裂。

（二）预防措施

1. 横向裂缝

①严格掌握混凝土路面的切缝时间。②当连续浇捣长度很长，切缝设备不足时，可在 1/2 长度处先锯，之后再分段锯。可间隔几十米设一条压缝，以减少收缩应力的积聚。③保证基础稳定，无沉陷。在沟槽、河道回填处，必须按规范要求，做到密实、均匀。④混凝土路面的结构组合与厚度设计应满足交通需要，特别是重车、超重车的路段。⑤选用干缩性较小的硅酸盐水泥或普通硅酸盐水泥，严格控制水泥用量，保证计量准确，并及时养护。⑥混凝土施工时，振捣要适度、均匀。

2. 纵向裂缝

①对于填方路基，应分层填筑、碾压，保证均匀、密实。②新旧路基界面处的施工，应设置台阶或格栅，保证路基衔接部位严格压实，防止相对滑移。③河道地段，淤泥必须彻底清除；沟槽地段，应采取措施保证回填材料有良好的水稳性和压实度，以减少沉降。④在上述地段应采用半刚性基层，并适当增加基层厚度；在拓宽路段，应加强土基，使其具有略高于旧路的强度，并尽可能保证有一定厚度的基层全幅铺筑；在容易发生沉陷的地段，混

凝土路面板应铺设钢筋网或改用沥青路面。⑤混凝土路面板厚度与基层结构应按现行规范设计，以保证应有的强度和使用寿命。基层必须稳定，宜优先采用水泥、石灰稳定类基层。

3. 龟裂

①混凝土路面浇筑后，及时用潮湿材料覆盖，认真浇水养护，防止强风和暴晒。在炎热季节，必要时应搭棚施工。②配制混凝土时，应严格控制水灰比和水泥用量，选择合适的粗骨料级配和砂率。③在浇筑混凝土路面时，将基层和模板浇水湿透，避免吸收混凝土中的水分。④干硬性混凝土采用平板振动器时，应防止过度振捣而使砂浆积聚于表面，砂浆层厚度应控制在2～5 mm。抹面时，不必过度抹平。

（三）治理措施

1. 横向裂缝

①当板块裂缝较大，咬合能力严重削弱时，应局部翻挖修补。先沿裂缝两侧一定范围画出标线，最小宽度不宜小于1 m，标线应与中线垂直，然后沿缝锯齐，凿去标线间的混凝土，浇捣新混凝土。②整块板更换。③用聚合物灌浆法封缝或沿裂缝开槽嵌入弹性或刚性黏合修补防水材料，起封缝防水作用。

2. 纵向裂缝

①纵向裂缝如是土基沉陷等引起的，则宜先从稳定土基入手，或者等待自然稳定后，再着手修复。在过渡期，可采取一些临时措施，如封缝防水。严重影响交通的板块，挖除后可用沥青混合料修复。②裂缝的修复，如采用一般性的扩缝嵌填或浇筑专用修补剂，有一定效果，但耐久性不易保证，而采用扩缝加筋的办法进行修补具有较好的增强效果。③翻挖重铺是一个常用的有效措施，但基层必须稳定可靠，否则必须首先从加强、稳定基层方面入手。

3. 龟裂

①如混凝土在初凝前出现龟裂，可采用馒刀反复压抹或重新振捣的方法

消除，再加强湿润覆盖养护。②一般对结构强度没有很大影响的龟裂，可不予处理。③必要时，应用注浆进行表面涂层处理，以封闭裂缝。

五、水泥混凝土路面断板的防治

（一）原因分析

①混凝土板的切缝深度不够、不及时，以及压缝距离过大。②车辆过早通行。③原材料不合格。④基层材料的强度不足，水稳性不良，以致受力不均，出现应力集中导致开裂断板。⑤基层标高控制不严和不平整。⑥混凝土配合比不当。⑦施工工艺不当。⑧边界原因。

（二）预防措施

①做好压缝并及时切缝。②控制交通车辆。③合格的原材料是保证混凝土质量的必要条件。④控制强度、水稳性、基层标高及平整度。⑤控制施工工艺。⑤控制边界影响。

（三）治理措施

1. 裂缝的修补

裂缝的修补方法有直接灌浆法、压注灌浆法、扩缝灌注法、条带罩面法、全深度补块法。

2. 局部修补

①对轻微断裂，裂缝有轻微剥落的，先画线放样，按画线范围开凿成深 5～7 cm 的长方形凹槽，刷洗干净后，用快凝细石混凝土填补。②对轻微断裂，裂缝较宽且有轻微剥落的断板，应按裂缝两侧至少各 20 cm 的宽度放样，按画线范围开凿成深至板厚一半的凹槽，此凹槽底部裂缝应与中线垂直。刷洗干净凹槽，在凹槽底部裂缝的两侧用冲击钻离中线沿平行方向，间距为 30～40 cm，打眼贯通至板厚达基层表面，然后清洗凹槽和孔眼。在孔眼安设Ⅱ型钢筋，冲击钻钻头采用 30 规格，Ⅱ型钢筋采用 22 螺纹钢筋制作。钢筋安设完成后，用高等级砂浆填塞孔眼至密实，最后用与原路面相同

等级的快凝混凝土浇筑至与路面齐平。③较为彻底的办法是将凹槽凿至贯通板厚，在凹槽边缘两侧板厚中央打洞，深 10 cm，直径为 4 cm，水平间距为 30～40 cm。每个洞应先将其周围润湿，插入一根直径为 18～20 mm、长约 20 mm 的钢筋，然后用快凝砂浆填塞捣实，待砂浆硬后浇筑快凝混凝土夯捣至与路面齐平即可。

3. 整块板更换

对于严重断裂，裂缝处有严重剥落，板被分割成 3 块以上，有错台或裂块并且已经开始活动的断板，应采用整块板更换的措施。基层强度不足或渗水软化，以及路基不均匀沉降，造成混凝土板断裂成破碎板或严重错台时，应将整块板凿除，在处置好基层及路基后，重新铺筑新的混凝土板，或采用混凝土预制块或条块石换补。对于路基稳定性差，沉降没有完全结束的段落，应采用预制块换补断板，基层也要求采用水泥稳定层。修补块的缝隙宜用水泥砂浆或沥青橡胶填满，以防渗水破坏。

重新浇筑新的混凝土板时，若采用常规材料修复或更换，则养护期长，影响交通，最好采用快凝材料。

第四章　桥梁工程施工

第一节　桥梁的组成、分类及施工

一、桥梁的组成和分类

（一）桥梁的组成

概括地说，桥梁由上部结构、下部结构、支座系统和附属设施四个基本部分组成。上部结构通常又称为桥跨结构，是在线路中断时跨越障碍的主要承重结构；下部结构包括桥墩、桥台和基础；桥梁附属设施包括桥面系、伸缩缝、桥头搭板和锥形护坡等，桥面系包括桥面铺装（行车道铺装）、排水防水系统、栏杆（或防撞栏杆）、灯光照明等。

（二）桥梁的分类

1. 桥梁的基本体系

按结构体系划分，桥梁有梁式桥、拱桥、刚架桥、悬索桥四种基本体系，其他还有几种由基本体系组合而成的组合体系。

（1）梁式桥

梁式桥是古老的结构体系。梁作为承重结构，是以其抗弯能力来承受荷载的。梁分简支梁、悬臂梁、固端梁和连续梁等。悬臂梁、固端梁和连续梁都利用支座上的卸载弯矩减少跨中弯矩，使梁跨内的内力分配更合理，以同等抗弯能力的构件断面就可建成更大跨径的桥梁。

（2）拱桥

拱桥的主要承重结构是拱肋（或拱箱），以承压为主，可采用抗压能力强的圬工材料（石、混凝土与钢筋混凝土）来修建。拱分单铰拱、双铰拱、三铰拱和无铰拱。拱是有水平推力的结构，对地基要求较高，一般常建于地基良好的地区。

（3）刚架桥

刚架是介于梁与拱之间的一种结构体系，是受弯的上部梁（或板）结构与承压的下部柱（或墩）整体结合在一起的结构。由于梁与柱的刚性连接，梁因柱的抗弯刚度而得到卸载作用，整个体系是压弯结构，也是有推力的结构。刚架分直腿刚架与斜腿刚架。刚架桥施工较复杂，一般用于跨径不大的城市桥或公路高架桥和立交桥。

（4）悬索桥

悬索桥就是指以悬索为主要承重结构的桥。其主要构造是缆、塔、锚、吊索及桥面，一般还有加劲梁。其受力特征是荷载由吊索传至缆，再传至锚墩，传力途径简捷、明确。悬索桥的特点是构造简单、受力明确，在同等条件下，跨径越大，单位跨度的材料耗费越少，造价越低。悬索桥是大跨度桥梁的主要形式。

（5）组合体系

①连续刚构。连续刚构是梁和刚架相结合的体系，是预应力混凝土结构采用悬臂施工法而发展起来的一种新体系。②梁、拱组合体系。这类体系中有系杆拱、桁架拱、多跨拱梁结构等，利用梁的受弯与拱的承压特点组成联合结构。③斜拉桥。斜拉桥是由承压的塔、受拉的索与承弯的梁体组合起来的一种结构体系。

2. 桥梁的其他分类

（1）按用途分

按用途分，桥梁可分为公路桥、铁路桥、公铁两用桥、农桥、人行桥、运水桥（渡槽）及其他专用桥梁（通过管路、电缆等）。

（2）按桥梁全长和跨径的不同分

按桥梁全长和跨径的不同分，桥梁可分为特大桥、大桥、中桥和小桥。

（3）按主要承重结构所用的材料分

按主要承重结构所用的材料分，桥梁可分为圬工桥（包括砖、石、混凝土桥）、钢筋混凝土桥、预应力混凝土桥、钢桥和木桥等。

（4）按跨越障碍的性质分

按跨越障碍的性质分，桥梁可分为跨河桥、跨线桥（立体交叉）、高架桥和栈桥。

（5）按上部结构的行车道位置分

按上部结构的行车道位置分，桥梁可分为上承式桥、下承式桥和中承式桥。

二、桥梁基础施工

（一）桥梁基础分类

桥梁基础分为刚性基础、桩基础、管柱、沉井、地下连续墙等。

（二）各类基础适用条件

刚性基础适用于地基承载力较好的各类土层，根据土质情况分别采用铁镐、十字镐、爆破等设备和方法开挖。

桩基础按施工方法可分为沉桩、钻孔灌注桩、挖孔桩，其中沉桩又分为锤击沉桩法、振动沉桩法、射水沉桩法、静力压桩法。

管柱、沉井适用于各种土质的基底，尤其在深水、岩面不平、无覆盖层或覆盖层很厚的自然条件下，不宜修建其他类型基础时，均可采用。

地下连续墙适用于做地下挡土墙、挡水围堰、承受竖向和侧向荷载的桥梁基础、平面尺寸大或形状复杂的地下构造物基础，可用于除岩溶和地下承压水很高处外的其他各类土层中的施工。

（三）钻孔灌注桩基础施工

1. 钻孔灌注桩的特点

钻孔灌注桩桩长可以根据持力土层的起伏面变化，并按使用期间可能出现的最不利内力组合配置钢筋，钢筋用量较少，便于施工，且承载能力强，故应用较为普遍。

2. 钻孔灌注桩施工的主要工序

（1）埋设护筒

护筒能稳定孔壁、防止坍孔，还有隔离地表水、保护孔口地面、固定桩孔位置和钻头导向作用等。

（2）泥浆制备

钻孔泥浆由水、黏土（膨润土）和添加剂组成，具有浮悬钻渣，冷却钻头，润滑钻具，增大静水压力，并在孔壁形成泥皮，隔断孔内外渗流，防止坍孔的作用。

通常采用塑性指数大于 25，粒径小于 0.005 mm 的黏土颗粒含量大于 50 % 的黏土，通过泥浆搅拌机或人工调和，贮存在泥浆池内，再用泥浆泵输入钻孔内。

（3）钻孔

一般采用螺旋钻头或冲击锥等成孔，或用旋转机具辅以高压水冲成孔。根据井孔中土（钻渣）的取出方法不同，常用的方法有螺旋钻孔、正循环回转钻孔、反循环回转钻孔、潜水钻机钻孔、冲抓钻孔、冲击钻孔、旋挖钻机钻孔。

（4）成孔检查与清孔

钻孔的直径、深度和孔形直接关系到成桩质量，是钻孔桩成败的关键。为此，除了在钻孔过程中严谨操作、密切观测监督，还应在钻孔达到设计要求深度后，采用适当器具对孔深、孔径、孔形等认真检查，符合设计要求后，填写终孔检查表。

（5）钢筋笼制作与吊装

钢筋笼的制作应符合设计和规范要求，长桩骨架宜分段制作，分段长度应根据吊装条件确定。后场制作时，应在固定胎架上进行，以保证钢筋笼的顺直，注意在钢筋笼外侧设置控制保护层厚度的垫块。钢筋笼起吊入孔一般用起重机，无起重机时，可采用钻机钻架、灌注塔架。

（6）灌注水下混凝土

①灌注水下混凝土时配备的搅拌机等设备，应能使桩孔在规定时间内灌

注完毕。灌注时间不得长于首批混凝土初凝时间，若估计灌注时间长于首批混凝土初凝时间，则应掺入缓凝剂。②水下混凝土一般用钢导管灌注，导管内径为 200～350 mm，视桩径大小而定。导管在使用前，应进行水密承压和接头抗拉试验，严禁用压气试压。③新拌混凝土运至灌注地点时，应检查其均匀性和坍落度等，如不符合要求，应进行第二次拌和，二次拌和后仍不符合要求，不得使用。④首批灌注混凝土的数量应能满足导管首次埋置深度和填充导管底部的需要。首批新拌混凝土下落后，混凝土应连续灌注。⑤在灌注过程中，导管的埋置深度宜控制在 2～6 m，在灌注过程中，应经常测探井孔内混凝土面的位置，及时调整导管埋深。⑥为防止钢筋骨架上浮，当灌注的混凝土顶面距钢筋骨架底部 1 m 左右时，应降低混凝土的灌注速度。当新拌混凝土上升到骨架底口 4 m 以上时，提升导管，使其底口高于骨架底部 2 m 以上，即可恢复正常灌注速度。⑦在灌注过程中，特别是潮汐地区和有承压水地区，应注意保持孔内水头。⑧在灌注过程中，应将孔内溢出的水或泥浆引流至适当地点处理，不得随意排放导致污染环境及河流。⑨灌注中发生故障时，应查明原因，确定合理的处理方案，及时处理。

三、桥梁下部结构施工

（一）承台施工

1. 围堰及开挖方式的选择

（1）当承台位于干处时

当承台位于干处时，一般直接采用明挖基坑，并根据基坑状况采取一定措施，在其上安装模板，浇筑承台混凝土。

（2）当承台位于水中时

当承台位于水中时，一般先设围堰（钢板桩围堰或吊箱围堰）将群桩围在堰内，然后在堰内河底灌注水下混凝土封底，凝结后将水抽干，使各桩位于干处，再安装承台模板，在干处灌筑承台混凝土。

（3）当承台底位于河床以上的水中时

当承台底位于河床以上的水中时，采用有底钢吊箱或其他方法在水中将承台模板支撑和固定，如利用桩基或临时支撑。承台模板安装完毕后抽水、堵漏，即可在干处灌筑承台混凝土。

（4）承台模板支承方式的选择

承台模板支承方式的选择应根据水深、承台类型、现有的条件等因素综合考虑。

2. 开挖基坑

基坑开挖一般采用机械，并辅以人工清底找平。基坑的开挖尺寸要求根据承台的尺寸、支模，操作的要求，设置排水沟及集水坑的需要确定。基坑的开挖坡度以保证边坡的稳定为原则。基坑顶面应设置防止地面水流入基坑的措施，如截水沟等。当基坑地下水采用普通排水方法难以解决时，可采用井点降水法。

3. 承台底的处理

（1）低桩承台

当承台底层土质有足够的承载力又无地下水或地下水能排干时，可用在天然地基上修筑基础的施工方法进行施工。当承台底层土质为松软土且能排干水施工时，可挖除松软土，换填 10～30 cm 厚砂砾土垫层，使其符合基底的设计标高并整平，即立模灌筑承台混凝土。

（2）高桩承台

当承台底以下河床为松软土时，可在板桩围堰内填入砂砾至承台底面标高。填砂时视情况决定，可抽干水填入或静水填入，要求能承受灌注封底混凝土的重量。

4. 模板及钢筋

（1）模板一般采用组合钢模

纵、横椤木采用型钢，在施工前必须进行详细的模板设计，以保证模板有足够的强度、刚度和稳定性，能可靠地承受施工过程中可能产生的各项荷载，保证结构各部形状、尺寸的准确。模板要求平整、接缝严密、拆装容易、操作方便。一般先将模板拼成若干大块，再由起重机或浮式起重机安装就位，支撑牢固。

（2）钢筋的制作严格按技术规范及设计图纸的要求进行

墩身的预埋钢筋位置要准确、牢固。

5. 浇筑混凝土

（1）混凝土的配制

除了要满足技术规范及设计图纸的要求，还要满足施工的要求。为改善混凝土的性能，根据具体情况应掺加合适的混凝土外加剂，如减水剂、缓凝剂、防冻剂等。

（2）混凝土的拌和

混凝土的拌和采用拌和站集中施工，混凝土罐车通过便桥或船只运输到浇筑位置，采用流槽、漏斗或泵车浇筑，也可由混凝土地泵直接在岸上泵入。

（3）混凝土的浇筑

混凝土在浇筑时要分层，分层厚度要根据振捣器的功率确定，并要满足技术规范的要求。

6. 混凝土养生和拆模

混凝土浇筑后要适时进行养生，混凝土体积较大，气温较高时要尤其注意防止混凝土开裂。混凝土强度达到拆模要求后再进行拆模。

（二）墩台施工

1. 钢筋混凝土墩台

钢筋混凝土墩台的施工要点：①在承台顶面准确放出墩台中线和边线，考虑混凝土保护层，标出主钢筋的就位位置。②将加工好的钢筋运至工地现场绑扎，在配置第一层垂直筋时，应使其有不同的长度，以符合同一断面钢筋接头的有关规定。③条件允许时，可事先加工成钢筋网片或骨架，整体吊装焊接。④将标准钢模组合成分块模板片，板片高度及宽度视墩台尺寸和吊装能力而定。⑤用夹具将工字钢立柱和板片竖向连接，横向用销钉和槽钢将整个模板连成整体。安装就位后，用临时支撑支牢，待另一面模板吊装就位后，用圆钢拉杆外套塑料管并加设锥形垫，外加垫块螺帽，内加横内撑，将两面模板横向连成整体，校正定位。⑥端头模板要和墙面模板牢固连接，认真采取支撑、加固措施，防止跑模、漏浆。⑦施工脚手架用螺栓连接在立柱上，立柱下部设置可调斜撑，以确保模板位置的正确。⑧安装直坡式墩台模板，为便于提升，宜有 0.5 % ～ 1.0 % 模板高度的锥度。在制作模板时，可根据锥度要求加工一定数量的梯形模板，为适应空心墩台，还需要制作收坡式模板。⑨统筹安排混凝土拌和站的位置，拌和站的拌和能力必须满足施工需要，原材料质量、混凝土施工配合比、坍落度等必须符合设计要求。⑩在混凝土浇筑前，应将模板内杂物、已浇混凝土面上的泥土清理干净，模板、钢筋检查合格后方可进行混凝土的浇筑。⑪墩台高度不大时，可搭设木板坡道，中间钉设防滑木条，用手推车运输混凝土浇筑。当墩台高度较大，混凝土下落高度超过 2 m 时，要使用漏斗、串筒。⑫拼装式模板用于高墩台时，应分层支撑，分层浇筑。在浇筑第一层混凝土时，于墩台内预埋支承螺栓，以支承第二层模板的安装和混凝土的浇筑。⑬浇筑墩台混凝土通常搭设普通外脚手架，浇筑高墩台混凝土时，须采用简易活动脚手架或滑动脚手架。浇筑空心高墩台混凝土时，宜搭设内脚手架，并兼作提升吊架。⑭混凝土应分层、整体、连续浇筑，逐层振捣密实。轻型墩台需设置沉降缝时，缝内要填塞沥青麻絮或其他弹性防水材料，并和基础沉降缝保持顺直贯通。⑮混凝土浇筑时，要随时检查模板、支撑是否松动、变形，预留孔、预埋支座钢板是否移位，发现问题要及时采取补救措施。

2. 石砌墩台施工

（1）墩台砌筑施工要点

①在砌筑前，应按设计图放出实样，挂线砌筑。②砌筑基础的第一层砌块时，如基底为土质，只在已砌石块的侧面铺上砂浆即可，不需坐浆；如基底为石质，应将其表面清洗、润湿后，先坐浆再砌石。③砌筑斜面墩台时，斜面应逐层放坡，以保证规定的坡度。④砌块间用砂浆黏结并保持一定的缝厚，所有砌缝要求砂浆饱满。形状比较复杂的工程，应先做出配料设计图，注明块石尺寸。

（2）砌筑方法

同一层石料及水平灰缝的厚度要均匀一致，每层按水平砌筑，丁顺相间，砌石灰缝互相垂直。砌石顺序为先角石，再镶面，后填腹。填腹石的分层高度应与镶面石相同。

圆端、尖端及转角形砌体的砌石顺序，应自顶点开始，按丁顺排列接砌镶面石。圆端形桥墩的圆端顶点不得有垂直灰缝，砌石应从顶端开始，然后依丁顺相间排列，按砌四周镶面石。

（3）砌体质量应符合以下规定

①砌体所用各项材料类别、规格及质量符合要求。②砌缝砂浆或小石子混凝土铺填饱满，强度符合要求。③砌缝宽度、错缝距离符合规定，勾缝坚固、整齐，深度和形式符合要求。④砌筑方法正确。⑤砌体位置、尺寸不超过允许偏差。

四、桥梁上部结构施工

（一）桥梁上部结构装配式施工

1. 先张法预制梁板

（1）先张法预制梁板工序

①按预制需要，整平场地，完善排水系统，统筹规划水电管路的布设安装。②根据梁的尺寸、数量、工期确定预制台座的长度、数量、尺寸，台座应坚固、平整、不沉陷、表面压光。③承力台座由混凝土筑成，应有足够的强度、刚度和稳定性。④多根钢筋同时张拉时，其初应力要保持一致，活动横梁应始终和固定横梁保持平行。⑤在台座上注明每片梁的具体位置、方向和编号。⑥将预应力筋（钢绞线）按计算长度切割，在失效段套上塑料管，放在台座上，线两端穿过定位钢板，卡上锚具，用液压千斤顶单束张拉，先张拉中间束，再向两边对称张拉。⑦按技术规范或设计图纸规定的张拉强度进行张拉。如端横梁刚度大，每根梁可采用同一张拉值。⑧预应力筋张拉后8小时，开始绑扎除面板的普通钢筋。⑨使用门式起重机将涂有脱模剂的钢模板吊装就位，

分节拼装紧固，用法兰螺栓支撑，力求接缝紧密，防止漏浆、移位。⑩用门式起重机吊运混凝土时，先浇底板并振实，振捣时注意不得触及预应力筋。当底板浇至设计标高时，将经检查合格的充气胶囊安装就位，用定位箍筋与外模联系，上下左右加以固定，防止上浮，同时绑扎面板钢筋。然后，对称、均匀地浇胶囊两侧混凝土，从混凝土开始浇筑到胶囊放气为止，其充气压力要始终保持稳定。最后，浇筑面板混凝土，振平后，表面做拉毛处理。

（2）先张法预应力筋张拉操作时的施工要点

①同时张拉多根预应力筋时，应预先调整其初应力，使相互之间的应力一致。张拉过程中，应使活动横梁与固定横梁始终保持平行，并应抽查预应力值，其偏差的绝对值不得超过一个构件全部力筋预应力总值的 5 %。②预应力筋张拉完毕后，与设计位置的偏差不得大于 5 mm，同时不得大于构件最短边长的 4 %。③张拉时，同一构件内预应力钢丝、预应力筋的断丝数量不得超过 1 %，同时预应力筋不允许断筋。④横梁必须有足够的刚度，受力后挠度应不大于 2 mm。⑤应先张拉靠近台座截面重心的预应力钢材，防止台座承受过大的偏心压力。⑥在台座上铺放预应力筋时，应采取措施防止沾污预应力筋。⑦用横梁整批张拉时，千斤顶应对称布置，防止活动横梁倾斜。⑧张拉时，张拉方向与预应力钢材应在一条直线上。⑨顶紧锚塞时，用力不可过猛，以防预应力钢材折断；拧紧螺母时，应注意压力表读数始终保持在控制张拉力处。⑩台座两端应设置防护措施。张拉时，沿台座长度方向每隔 4～5 m 应放一防护架。⑪当预应力筋张拉到控制张拉力后，宜停 2～3 分钟再打紧夹具或拧紧螺母，此时操作人员应站在侧面。

2. 后张法预制梁板

（1）后张法预制梁板施工工序

①按施工需要规划预制场地，整平压实，完善排水系统，确保场内不积水。②根据预制梁的尺寸、数量、工期，确定预制台座的数量、尺寸。③根据需要及设备条件，选用塔式起重机或门式起重机作为吊运工具，并铺设轨道。④统筹规划梁（板）拌和站及水电管路的布设安装。⑤预制模板由钢板、型钢组焊而成，应有足够的强度、刚度和稳定性，尺寸规范，表面平整光洁，

接缝紧密，不漏浆。试拼合格后，方可投入使用。⑥在绑扎工作台上将钢筋绑扎焊接成钢筋骨架，把制孔管按坐标位置定位固定。如使用橡胶抽拔管，要插入芯棒。⑦用门式起重机将钢筋骨架吊装入模，绑扎隔板钢筋，埋设预埋件，在孔道两端及最低处设置压浆孔，在最高处设排气孔，安设锚垫板后，先安装端模，再安装涂有脱模剂的钢侧模，统一紧固调整，采取必要的支撑后交验。⑧将质量合格的梁（板）混凝土用拌和车运输，卸入吊斗，由门式起重机从梁的一端向另一端水平分层浇筑，先下部捣实后再浇筑腹板、翼板。浇至接近另一端时，改从另一端向相反方向顺序下料，在距梁端 3～4 m 处浇筑合龙，一次整体浇筑成形。⑨梁（板）混凝土的振捣以紧固安装在侧模上的附着式振捣器为主，以插入式振捣器为辅。振捣时，要掌握好振动的持续时间、间隔时间和钢筋密集区的振捣，力求使梁（板）混凝土达到最佳密实度而又不损伤制孔管道。⑩梁（板）混凝土浇筑完成后，要将表面抹平、拉毛，收浆后适时覆盖，洒水湿养不少于 7 天，蒸汽养生恒温不宜超过 80 ℃，也可采用喷洒养生剂的方法。⑪使用门式起重机拆除模板，拆下的模板要按顺序摆放，清除灰浆，以备再用。⑫构件脱模后，要标明型号、预制日期及使用方向。⑬将力学性能和表面质量符合设计要求的预应力钢丝或预应力筋按计算长度下料，梳理顺直，编扎成束，用人工或卷扬机及其他牵引设备穿入孔道。⑭当构件梁（板）达到规定强度时，安装千斤顶等张拉设备，准备张拉。⑮张拉使用的张拉机及油泵、锚、夹具必须符合设计要求，并配套使用，定期校验，以准确标定张拉力与压力表读数间的关系曲线。⑯按设计要求在两端同时对称张拉，张拉时千斤顶的作用线必须与预应力轴线重合，两端各项张拉操作必须一致。⑰预应力张拉采用应力控制，同时以伸长值作为校核参考。实际伸长值与理论伸长值之差应满足规范要求，否则要查明原因，采取补救措施。⑱张拉过程中的断丝、滑丝数量不得超过设计规定，否则要更换钢筋或采取补救措施。⑲预应力筋锚固要在张拉控制应力处于稳定状态时进行，其钢筋内缩量不得超过设计规定。⑳预应力筋张拉后，将孔道冲洗干净，吹除积水，尽早压注水泥浆。

（2）后张法张拉时的施工要点

①对钢筋施加预应力之前，应对构件进行检验，外观尺寸应符合质量标准要求。张拉时，构件混凝土强度应符合设计要求，设计无要求时，不应低于设计强度等级值的 75 %。当块体拼装构件的竖缝采用砂浆接缝时，砂浆强度不应低于 15 MPa。②对预留孔道应用通孔器或压气、压水等方法进行检查。端部预埋铁板与锚具和垫板接触处的焊渣、毛刺、混凝土残渣等应清除干净。③钢筋穿束前，螺丝端杆的丝扣部分应用水泥袋纸等包缠 2～3 层，并用细铁丝扎牢；钢丝束、预应力筋束、钢筋束等穿束前，将一端找齐平，按顺序编号。对于短束，人工从一端向另一端穿束；对于较长束，应套上穿束器，由引线及牵引设备从另一端拉出。④对于夹片式锚具，上好的夹片应齐平，在张拉前用钢管捣实。⑤预应力筋的张拉顺序应符合设计要求，当设计未规定时，可分批、分段对称张拉。⑥应使用能张拉多根预应力筋或钢丝的千斤顶同时对每一钢束中的全部力筋施加应力，但扁平管道中不多于 4 根的预应力筋除外。⑦预应力筋张拉端的设置应符合设计要求。⑧后张预应力筋断丝及滑丝不得超过有关规定的控制数。⑨预应力筋在张拉控制应力达到稳定后方可锚固。⑩张拉切割后即封堵，用素灰将锚头封住，然后用塑料布将其裹住进行养生，防止裂缝而使锚头漏浆、漏气，影响压浆质量。

（二）桥梁上部结构支架施工

1. 支架、拱架、模板的类型

（1）支架

支架按构造分为立柱式、梁式和梁柱式；按材料可分为木支架、钢支架、钢木混合支架和万能杆件拼装的支架等。

（2）拱架

拱架按结构分为支柱式、撑架式、扇形、桁式、组合式等；按材料分为木拱架、钢拱架、竹拱架和土牛拱架。

（3）模板

施工所用模板有组合钢模板、木模板、木胶合板、竹胶合板、硬铝模板、塑料模板、各类纤维材料板。施工时，应根据结构物的外观要求选用模板。

2. 支架、模板制作与安装注意事项

①构件的连接应尽量紧密，以减小支架变形，使沉降量符合预计值。②为保证支架稳定，应防止支架与脚手架和便桥接触。③模板的接缝必须密合，如有缝隙必须塞堵严实，以防漏浆。④建筑物外露面的模板应涂石灰乳浆、肥皂水或无色润滑油等润滑剂。⑤为减少现场施工的安装和拆卸工作及便于周转使用，支架和模板应尽量做成装配式组件或块件。⑥钢支架宜做成装配式常备构件，应特别注意构件外形尺寸的准确性。⑦模板应用内撑支撑，用对拉螺栓销紧。内撑有钢管内撑、钢筋内撑、塑料胶管内撑。

3. 确定施工预拱度应考虑的因素

①卸架后上部构造本身及活载一半所产生的竖向挠度。②支架在荷载作用下的弹性压缩挠度。③支架在荷载作用下的非弹性压缩挠度。④支架基底在荷载作用下的非弹性沉陷。⑤由混凝土收缩及温度变化引起的挠度。

4. 施工工序 —— 以现浇预应力混凝土箱梁为例

（1）地基处理

地基处理应根据箱梁的断面尺寸及支架的形式对地基的要求决定，支架的跨径越大，对地基的要求就越高，地基的处理形式就得加强，反之就可相对减弱。地基处理时，要做好地基的排水工作，防止雨水或混凝土浇筑和养生过程中滴水对地基的影响。

（2）支架

①支架的布置应根据梁截面大小并通过计算确定，以确保强度、刚度、稳定性满足要求，计算时除考虑梁体混凝土重量外，还需考虑模板和支架重量，施工荷载（人、料、机等），作用在模板、支架上的风力，以及其他可能产生的荷载（如雪荷载、保证设施荷载），等等。②支架应根据技术规范的要求进行预压，以收集支架、地基的变形数据作为设置预拱度的依据。设置预拱度时，要考虑张拉上拱的影响。预拱度一般按二次抛物线设置。③支架的卸落设备可根据支架形式选择使用木楔、砂筒、千斤顶、U型顶托等，卸落设备尤其要注意有足够的强度。

（3）模板

模板由底模、侧模及内模三个部分组成，一般预先分别制作成组件，在使用时再进行拼装。模板以钢模板为主，在齿板、堵头或棱角处采用木模板。模板的楞木采用方钢、槽钢或方木，布置间距以 75 cm 左右为宜，具体的布置需根据箱梁截面尺寸确定，并通过计算对模板的强度、刚度进行验算。

（4）普通钢筋、预应力筋的布设

①在安装并调好底模及侧模后，开始底、腹板普通钢筋绑扎及预应力管道的预设。混凝土采用一次浇筑时，在底、腹板钢筋及预应力管道完成后，安装内模，再绑扎顶板钢筋及预应力管道。混凝土采用两次浇筑时，底、腹板钢筋及预应力管道完成后，进行混凝土的第一次浇筑，混凝土终凝后，再支内模顶板，绑扎顶板钢筋及预应力管道，进行混凝土的第二次浇筑。②普通钢筋及预应力筋按规范的要求做好各种试验，并报请工程师批准，严格按设计图纸的要求布设。对于腹板钢筋，一般根据其起吊能力，预先焊成钢筋骨架，吊装后再绑扎或焊接成形。钢筋绑扎、焊接要符合技术规范的要求。③预应力管道采用镀锌钢带制作，预应力管道的位置按设计要求准确布设，并采用每隔 50 cm 一道的定位筋进行固定，接头要平顺，外用胶布缠牢，在管道的高点设置排气孔。④安装锚垫板前，要检查锚垫板的几何尺寸是否符合设计要求，锚垫板要牢固地安装在模板上。要使垫板与孔道严格对中，并与孔道端部垂直，不得错位。⑤预应力筋的下料长度要通过计算确定，计算应考虑孔道曲线长度、锚夹具长度、千斤顶长度及外露工作长度等因素。⑥预应力筋穿束前要对孔道进行清理。

（5）混凝土的浇筑

浇筑施工前，应做混凝土的配合比设计及各种材料试验，并报请工程师批准，根据实际情况进行综合比较，确定箱梁混凝土采用一次、两次还是三次浇筑。以下两点在施工中应给予重视：①混凝土浇筑时，要安排好浇筑顺序，其浇筑速度要确保在下层混凝土初凝前覆盖上层混凝土。②混凝土的振捣采用插入式振捣器进行，振捣器的移动间距不超过其作用半径的 1.5 倍，并插入下层混凝土 5 ～ 10 cm。对于每一个振动部位，必须振动到该部位混凝土密实为止，也不得超振。

（6）预应力的张拉

在进行张拉作业前，必须对千斤顶、油泵进行配套标定，并每隔一段时间进行一次校验。有多套张拉设备时，要进行编组，不同组号的设备不得混合。梁体混凝土强度达到设计规定的张拉强度时，方可进行张拉。预应力的张拉采用双控，即以张拉力控制为主，以钢束的实际伸长量进行校核，实测伸长值与理论伸长值的误差不得超过规范要求，否则应停止张拉并查找原因。

（7）压浆、封锚

①张拉完成后，要尽快进行孔道压浆和封锚。压浆所用灰浆的强度、稠度、水灰比、泌水率、膨胀剂用量按施工技术规范及试验标准中的要求控制。②每个孔道压浆到最大压力后，应有一定的稳定时间。压浆应使孔道另一端饱满和出浆，并使排气孔排出与规定稠度相同的水泥浓浆为止。③压浆完成后，应将锚具周围冲洗干净并凿毛，设置钢筋网，浇筑封锚混凝土。

（三）桥梁上部结构逐孔施工

1. 概述

逐孔施工法从施工技术方面分，有三种类型：①临时支承组拼预制节段逐孔施工。②移动支架逐孔现浇施工。③整孔吊装或分段吊装逐孔施工。

2. 临时支承组拼预制节段逐孔施工的要点

（1）节段划分

临时支承组拼预制节段分为桥墩顶节段和标准节段。

（2）支承梁

支承梁有钢桁架导梁和下挂式高架钢桁架。

3. 移动支架逐孔现浇施工（移动模架法）

当桥墩较高，桥跨较长或桥下净空受到约束时，可以采用非落地支承的移动模架逐孔现浇施工，称为移动模架法。移动模架法适用于多跨长桥，桥梁跨径可达 50 m，使用一套设备可多次移动周转使用。

移动模架法施工的主要工序：侧模安装就位—安装底模—支座安装—预拱度设置与模板调整—绑扎底板及腹板钢筋—预应力系统安装—内模就位—顶板钢筋绑扎—箱梁混凝土浇筑—内模脱模—施加预应力—管道压浆—落模—拆底模及滑模纵移。

4. 整孔吊装或分段吊装逐孔施工

（1）整孔吊装或分段吊装逐孔施工的吊装的机械

吊装的机械有桥式起重机、浮式起重机、门式起重机、汽车起重机等多种，可根据起吊物重力、桥梁所在的位置，以及现有设备和掌握机械的熟练程度等因素决定。

（2）整孔吊装和分段吊装施工应注意以下几个问题

①采用分段吊装逐孔施工的方法时，接头位置可以设在桥墩处，也可设在梁的 1/5 附近。前者多为由简支梁逐孔施工连接成连续梁桥，后者多为悬臂梁转换为连续梁。在接头位置处可设 0.5～0.6 m 现浇混凝土接缝，当混凝土达到足够强度后张拉预应力筋，完成连续。②桥的横向是否分隔，主要根据起重能力和截面形式确定。在桥梁较宽、起重能力有限的情况下，可以采用 T 型梁或"工"字梁，分片架设之后再进行横向整体化。为了加强桥梁的横向刚度，常采用梁间翼缘板有 0.5 m 宽的现浇接头。采用大型浮式起重机横向整体吊装会简化施工，加快安装速度。③对于先简支后连续的施工方法，通常在简支梁架设时使用临时支座，待连接和张拉后期钢索完成连续时拆除临时支座，放置永久支座。为使临时支座便于卸落，可在橡胶支座与混凝土垫块之间设置一层硫磺砂浆。④在梁的反弯点附近设置接头，在有可能的情况下，可在临时支架上进行接头。结构各截面的恒载内力根据各施工阶段进行内力叠加计算。

第二节　涵洞分类及施工技术

一、涵洞的分类

涵洞是横贯公路路基，用以泄水或通过人、畜、车辆的小型构筑物。根据桥梁涵洞跨径分类标准，涵洞的单孔跨径小于 5 m，多孔跨径总长小于 8 m，但圆管涵及箱涵不论管径还是跨径大小、孔数多少，均称为涵洞。

涵洞按建筑材料可分为砖涵、石涵、混凝土涵和钢筋混凝土涵；按涵洞断面形式可分为管涵、板涵、箱涵、拱涵；按涵顶填土情况可分为明涵（涵顶无填土）和暗涵（涵顶填土大于 50 cm）；按水力性能可分为无压涵、半压力涵和压力涵。

二、涵洞的施工

（一）混凝土和钢筋混凝土圆管涵施工

1. 圆管涵施工主要工序

测量放线—基坑开挖—砌筑圬工基础或现浇混凝土管座基础—安装圆管—出入口浆砌—防水层施工—涵洞回填及加固。

2. 涵管预制

为保证涵管节的质量，宜在工厂中成批预制，再运到现场安装。预制混凝土圆涵管节可采用振动制管法、离心法、悬辊法和立式挤压法。在运输条件有限时，也可在现场就地制造。钢筋混凝土圆涵管节成品应符合下列要求：①管节端面应平整并与其轴线垂直。斜交管涵进出水口管节的外端面，应按斜交角度进行处理。②管壁内外侧表面应平直圆滑，如有蜂窝，蜂窝处应修补完善后方可使用。③管节各部尺寸不得超过规定的允许偏差。④管节混凝土强度应符合设计要求。⑤管节外壁必须注明适用的管顶填土高度，相同的管节应堆置在一处，以便取用，防止弄错。

3. 安装管节时的注意事项

①应注意按涵顶填土高度取用相应的管节，管节检查合格后方可使用。②各管节应顺流水坡度安装平顺，管壁厚度不一致时应调整高度使内壁齐平。管节必须垫稳坐实，管道内不得遗留泥土等杂物。③对于插口管，接口应平直，环形间隙应均匀，并应安装特制的胶圈或用沥青、麻絮等防水材料填塞，不得有裂缝、空鼓、漏水等现象。对于平接管，接缝宽度应不大于 20 mm，禁止用加大接缝宽度的方法满足涵洞长度要求，接口表面应平整，并用有弹性的不透水材料嵌塞密实，不得有间断、裂缝、空鼓和漏水等现象。

（二）拱涵、盖板涵施工

1. 石拱涵或钢筋混凝土拱涵施工主要工序

测量放样—基坑开挖与排水及换填—混凝土基础或浆砌基础施工—拱涵涵身与台座立模灌注—支立拱架并安装拱模—对称灌注拱圈混凝土或浆砌拱圈—养护拱圈混凝土或砂浆强度达 80 % 设计值—对称拆除拱架及拱模—施作防水层—涵顶对称填土夯实—出入口及八字墙等附属工程施工。

2. 盖板涵（预制吊装）施工主要工序

测量放线—基坑开挖—下基础—浆砌墙身—现浇板座—吊装盖板—出入口浆砌—防水层施工—涵洞回填及加固。

3. 拱涵、盖板涵的施工要求

①拱圈和出入口拱上端墙的施工，应由两侧向中间同时对称进行。②钢筋混凝土、混凝土拱圈和盖板混凝土的现场浇筑施工宜连续进行，避免施工接缝。当涵身较长时，可沿长度方向分段进行，接缝应设在涵身沉降缝处。③就地浇筑的拱涵和盖板涵，宜采用组合钢模板，在缺乏钢木材料的情况下，可采用全部土胎。④拱圈砌筑砂浆或混凝土强度达到设计强度的 75 % 时，方可拆除拱架；达到设计强度后，方可回填土。⑤在拱架未拆除的情况下，拱圈砌筑砂浆或混凝土强度达到设计强度的 75 % 时，可进行拱顶填土；在拱圈强度达到设计强度后，方可拆除拱架。

4. 预制拱圈和盖板的安装注意事项

①钢筋混凝土拱圈和盖板的预制，应按相关规范要求进行施工。预制涵洞盖板时，应注意检查上下面的方向，斜交涵洞应注意斜交角的方向，避免发生反向错误。②成品混凝土强度达到设计强度的 70% 时，方可搬运安装。③成品安装前，应检查成品及拱座、墩、台的尺寸。④安装后，成品拱圈和盖板上的吊装孔，应以砂浆填塞，如系吊环应锯掉。⑤拱座与拱圈、拱圈与拱圈的拼装接触面，应先拉毛或凿毛（沉降缝处除外），安装前应浇水湿润，再以 M10 水泥砂浆砌筑。

（三）倒虹吸管施工

1. 倒虹吸管施工主要工序

测量放线—基坑开挖—基坑修整与检查—铺设砂垫层和现浇混凝土管座—安装管节—接缝防水施工—竖井及出入口施工—防水层施工—回填土及加固。

2. 倒虹吸管施工注意事项

①倒虹吸管宜采用钢筋混凝土或混凝土圆管，进出水口必须设置竖井，包括防淤沉淀井。施工时，管节接头及进出水口砌缝应特别严格，不漏水。填土覆盖前，应做灌水试验，符合要求后方可填土。②倒虹吸管如需在冰冻期施工，应按冬期要求施工进行，并应在冰冻前将管内积水排出，以防冻裂。③倒虹吸管的进出水口应在竣工后及时盖上。

（四）通道桥涵的顶进施工

当公路须从现有铁路、公路路基下面立交通过时，对原有路线采取必要的加固措施后，可采取顶进法施工通道桥涵。

1. 通道桥涵顶进施工主要工序

测量放线—工作坑定位与开挖—工作坑基础和导轨及附属设施施工—后背设计与施工桥涵身预制—顶进设备与设施准备—既有线路的加固—顶进作业—附属工程施工。

2. 顶进工作坑及后背施工要求

①顶进的工作坑位置应根据现场地形、土质、结构物尺寸及施工需要决定，在保证排水和安全的前提下，工作坑边缘距公路、铁路应有足够的安全距离。②工作坑基底的承载力应能满足顶入桥涵的要求，否则应加固。③工作坑滑板应满足下列要求：滑板中心线与桥涵中心线一致；具有足够的强度、刚度和稳定性，必要时可在滑板上层配置钢筋网，以防顶进时滑板开裂；表面平整，减小顶进时的阻力；底面设粗糙面或锚梁，增加抗滑能力；宜将滑板做成前高后低的仰坡，坡度在 3 % 左右；沿顶进方向，在滑板的两侧，距桥涵外缘 50 ～ 100 m 处设置导向墩，以控制桥涵顶入方向。④顶进桥涵的后背，应根据现场条件、地质、材料设备情况，以及强度、稳定性的要求进行设计计算，以确保顶进工作的顺利和安全。

3. 顶进作业

①桥涵顶进前应检查、验收桥涵主体结构的混凝土强度、后背，其应符合设计要求。应检查顶进设备并做预顶试验。②千斤顶应按桥涵的中轴线对称布置。顶进法的传力设备安装时应与顶力线一致，并与横梁垂直。顶程较长时，顶柱与横梁应用螺栓固定。③桥涵顶进挖土时，应保持刃角有足够的吃土量，挖掘进尺及坡度应视土质情况而定。挖土必须与观测紧密配合，根据偏差随时改变挖土方法。④顶管施工应在工作坑内安装导轨，导轨高程允许偏差为 2 mm，中心线允许偏差为 3 mm。首节管节安放在导轨上，应测量其中线和前后两端高程，合格后方可顶进。⑤顶管施工时，可在管前端先挖土，后顶进。一般轴向超挖量在铁路道渣下不得大于 100 mm，其余情况不得大于 300 mm，管节上部超挖量不得大于 15 mm，管节下部 135° 范围内不应超挖。⑥在桥涵顶进过程中，应经常对桥涵中线和高程进行观测，发现偏差及时纠正。发生左右偏差时，可采用挖土校正法和千斤顶校正法调整；发生上下偏差时，可采用调整刃角挖土量或铺筑石料等方法调整。⑦顶进作业应连续进行，不得长期停顿，以防地下水渗出造成路基坍塌。出现事故时，应立即停止顶进。⑧桥涵顶进时，对节间接缝及结构物应按设计要求进行防水处理。

第三节　桥梁工程作用及施工测量控制技术

一、桥梁工程作用的计算方法及作用效应组合

（一）桥梁施工作用的计算方法

1. 对不同作用应采用不同的代表值

①永久作用应采用标准值作为代表值。②可变作用应根据不同的极限状态分别采用标准值、频遇值或准永久值作为其代表值。承载能力极限状态设计及按弹性阶段计算结构强度时，应采用标准值作为可变作用的代表值。正常使用极限状态按短期效应（频遇）组合设计时，应采用频遇值作为可变作用的代表值；按长期效应（准永久）组合设计时，应采用准永久值作为可变作用的代表值。③偶然作用取其标准值作为代表值。

2. 作用的代表值按下列规定取用

（1）永久作用的标准值

永久作用的标准值，对结构自重（包括结构附加重力），可根据结构构件的设计尺寸与材料的重力密度计算确定。

（2）偶然作用的标准值

偶然作用应根据调查、试验资料，结合工程经验确定其标准值。

3. 作用的设计值

作用的设计值为作用的标准值乘以相应的作用分项系数。

（二）作用组合效应

1. 公路桥涵结构设计应考虑结构上可能同时出现的作用

①按承载能力极限状态和正常使用极限状态进行作用效应组合，取其最不利效应组合进行设计。②在结构上可能同时出现的作用，才进行其效应的组合。③当结构或结构构件需做不同受力方向的验算时，则应以不同方向的最不利的作用效应进行组合。④可变作用的出现对结构或结构构件产生有利

影响时，该作用不应参与组合。⑤实际不可能同时出现的作用或同时参与组合概率很小的作用，不考虑其作用效应的组合。⑥施工阶段作用效应的组合，应视计算需要及结构所处条件而定。⑦结构上的施工人员和施工机具设备均应作为临时荷载加以考虑。⑧组合式桥梁，当把底梁作为施工支撑时，作用效应宜分两个阶段组合，底梁受荷为第一个阶段，组合梁受荷为第二个阶段。

2. 公路桥涵结构按承载能力极限状态设计应采用的两种作用效应组合

（1）基本组合

永久作用的设计值效应与可变作用设计值效应相结合。

（2）偶然组合

永久作用标准值效应与可变作用某种代表值效应、一种偶然作用标准值效应相组合。偶然作用的效应分项系数取 1.0，与偶然作用同时出现的可变作用，可根据观测资料和工程经验取用适当的代表值。

3. 公路桥涵结构按正常使用极限状态设计

公路桥涵结构应根据不同的设计要求，采用以下两种效应组合：①作用短期效应组合。②永久作用标准值效应与可变作用频遇值效应相组合。

二、桥梁施工监测和控制

（一）桥梁监测

1. 监测范围

（1）敏感部位监测

一般只在桥梁内力、应变、位移变化和裂纹产生对桥梁影响至关重要的（敏感）部位进行监测。

（2）总体监测

特大桥梁构造复杂，难以做地毯式人工监测。鉴于特大桥梁的重要性，需要适时地获取桥梁正常工作的总体状况。对可能取得的桥梁工作参数，采用不同的方法进行"识别"，找到桥梁可能异常的一个或几个部位，再由配备检测设备的专业人员到可能异常的部位检测。

2. 监测方式

（1）人工监测

配备简单的仪器，人工做地毯式监测，用模糊分级描述桥梁状况，一般可作为定期监测、突发性事件后的特别监测。

（2）自动监测

自动监测一般适用于特大的或重要的桥梁的在线监测。这种方法自动化程度高，是当前研究热点与发展方向，但是难度大，目前使用尚少。

（3）联合监测

考虑到前两种方法的实际情况，用各种小型的自动化程度较高的仪器配合人工监测，是一个比较可行的方案。

3. 监测的状态

①监测桥梁结构的静态几何和力学参数，用以分析桥梁结构的工作状态。静态监测比较困难，一般都是加载检测。但是，静态参数能比较直观地反映桥梁的工作状态。②监测桥梁结构的动态几何和力学参数，用以分析桥梁结构的工作状态。动态监测适于运营监测。

4. 常规监测传感器和手段

位移（量程）计、倾斜仪、（高程、方位、距离）测量设备、GPS、数字成像机；位移传感器、电阻应变仪、压电式应变仪、振弦式应变计、分布式光纤应变计；压力环、磁弹性式张力计、油压计、剪力销等；速度计、伺服（或压电）加速度计算计；刻度放大镜、数字成像机、超声探测仪、地面雷达等；化学试剂试验、外观特征判断、钢筋锈蚀仪；风向（速）计、空气（或埋入式）温度计、当地的地震观测数据、交通量观测仪、埋入（或移动）式称重仪、摄像机。

（二）桥梁施工控制

1. 桥梁施工控制方法

①采取纠偏终点控制的方法，即在施工过程中，对产生主梁线形偏差的因素跟踪控制，随时纠偏，最终达到理想线形。②应用现代控制理论中

的自适应控制方法，即对施工过程中的标高和内力的实测值与预计值进行比较，对桥梁结构的主要基本设计参数进行识别，找出实测值与预计值（设计值）产生偏差的原因，从而对参数进行修正，达到双控的目的。③误差的容许值法，即在设计时给予主梁标高和内力最大的宽容度，这种做法减少了控制的难度。

2. 桥梁的施工控制特点

桥梁的施工控制最基本的要求是保证施工中的安全和结构恒载内力，以及结构线形符合设计要求。由于桥梁结构形式和施工方法很多，对于具体某一座桥梁的施工控制又有其侧重点。不同桥梁的控制特点如下。

（1）斜拉桥

施工时，在主梁悬梁浇筑或悬臂拼装过程中，确保主梁线形和顺、正确是第一位的，施工中以标高控制为主。二期恒载施工时，为了保证结构的内力和变形处于理想状态，拉索再次张拉时以索力控制为主。所谓以标高控制为主，并非只控制主梁的标高，而不顾及拉索索力的偏差。施工中，应根据结构本身的特性和施工方法的不同，采取相应的控制策略。若主梁刚度较小，斜拉索索力的微小变化将引起悬臂端挠度的较大变化，斜拉索张拉时应以高程测量为主进行控制，但索力张拉吨位不应超过容许范围，以确保施工安全。若主梁刚度较大，斜拉索索力变化了很多，而悬臂端挠度的变化却非常有限，则施工中应以拉索张拉吨位进行控制，然后根据标高的实测情况，对索力做适当的调整。此时，标高、线形的控制主要是通过混凝土浇筑前底模标高的调整（悬臂浇筑方法）或预制块件接缝转角的调整（悬臂拼装方法）来实现的。

（2）悬索桥

悬索桥的主要承重结构是主索，主索在施工中又是悬索桥吊装的主要承重结构，主索一经架好，其长度和线形调整幅度甚小。为了确保悬索内力和线形符合设计要求，要严格控制主索的无应力长度（下料长度），尤其要对基准束的尺寸更加重视。对于加劲梁的拼装，为保证符合设计线形，吊杆的下料长度又是一个控制重点。可以看出，为了使在无应力状态下的结构各部分的尺寸准确无误，要有一个符合结构实际的计算程序。在施工过程中，除了主索和加劲梁，还要对桥塔受力、索鞍偏移、吊杆和主索索股受力均匀性等应严加跟踪控制，保证应力和线形的双控实现。

（3）大跨度混凝土拱桥

大跨度混凝土拱桥同样按安全、线形和恒载内力的要求进行施工控制。由于大跨度混凝土拱桥拱肋截面多采用底板、侧板、顶板分次浇筑完成的组合截面，必然造成结构挠度和内力的重分布。为确保拱肋应力和变形符合设计要求，要严格进行双控，但拱肋的形成一般要靠劲性骨架进行浇筑，其拱肋各段（无应力长度）是在工厂放样加工制作的，骨架一经合龙，今后无法进行大的调整，所以大跨度混凝土拱桥的施工控制首先要把好骨架无应力长度控制这一关，然后做好拱肋混凝土浇筑的跟踪施工、控制，确保拱肋应力和标高符合要求。拱桥是以受压为主的结构，对于施工过程中结构的稳定性要给予关注。

（4）预应力混凝土连续梁或连续刚构

相对斜拉桥而言，预应力混凝土连续梁或连续刚构没有斜拉索，其施工控制与斜拉桥主梁相同。凡是以悬臂浇筑或悬臂拼装施工的桥梁，都是逐节段向前推进的，施工控制中常采用逐节段跟踪控制的方法。

第四节　大跨径桥梁施工特点

一、斜拉桥施工特点

1. 索塔

索塔的施工可视其结构、体形、材料、施工设备和设计综合考虑，选用合适的方法。裸塔施工宜用爬模法，横梁较多的高塔宜用劲性骨架挂模提升法。

2. 混凝土主梁

主梁零号段及其两旁的梁段，在支架和塔下托架上浇筑时，应消除温度、弹性和非弹性变形及支承等因素对变形和施工质量的不良影响。

3. 挂篮悬浇

采用挂篮悬浇主梁时，除应符合梁桥挂篮施工的有关规定外，还应按下列规定执行：①挂篮的悬臂梁及挂篮全部构件制作后均应进行检验和试拼，合格后再于现场整体组装检验，并按设计荷载及技术要求进行预压，同时测定悬臂梁和挂篮的弹性挠度，调整高程性能及其他技术性能。②挂篮设计和主梁浇筑时，应考虑抗风振的刚度要求。③拉索张拉应对称同步进行，以减少其对塔与梁的位移和内力影响。

4. 合龙梁段

（1）防止合龙梁段施工出现裂缝，应采用以下方法改善受力和施工状况。①在梁上下底板或两肋端部预埋临时连接钢构件或者设置临时纵向连接预应力索，还可以用千斤顶调节合龙口的应力和合龙口长度。②合龙两端高程在设计允许范围内时，可视情况进行适当压重。③观测合龙前连日的昼夜温度场变化与合龙高程及合龙口长度变化的关系，选定适当的合龙浇筑时间。

（2）合龙梁段浇筑后至纵向预应力索张拉前，应禁止施工荷载的超平衡变化。①预制梁段如设计无规定，宜选用长线台座（可分段设置），亦可采用多段的联线台座，每联宜多于 5 段，先预制顺序中的 1、3、5 段，脱模后再在其间浇 2、4 段，使各端面啮合密贴，端面不应随意修补。②应在底模上调整主梁分段形体所受竖曲线的影响。拼装中多段积累的超误差，可用湿接缝调整。③梁段拼合前应试拼，以便及时调整。④湿接缝拼合面应进行表面凿毛和清扫，干接缝应保持结合面清洁，黏合料应涂刷均匀。⑤采用垫片调整梁段拼装线形时，每次垫片调整的高程不应大于 20 mm。

5. 长拉索

在抗振阻尼支点尚未安装前，应采用钢索或杆件（平面索时）连接一侧拉索以抑制和减小拉索的振动。

6. 大跨径主梁

施工时，应缩短双向长悬臂的持续时间，尽快使一侧固定，以减少风振的不利影响，必要时应采取临时抗风措施。

7. 钢主梁

钢主梁包括叠合梁和混合梁，应注意：①钢主梁应由资质合格的专业单位加工制作、试拼，经检验合格后安全运至工地备用。堆放应无损伤、无变形、无腐蚀。②钢梁制作的材料应符合设计要求。③应进行钢梁的连日温度变形观测对照，确定适宜的合龙温度及实施程序，并应满足钢梁安装就位时高强螺栓定位所需的时间。

二、悬索桥施工特点

1. 锚锭大体积混凝土

锚锭大体积混凝土施工需采取下列措施进行温度控制，防止混凝土开裂。①采用低水化热品种的水泥，普通硅酸盐水泥应经过水化热试验比较后使用。②降低水泥用量，减少水化热，掺入质量符合要求的粉煤灰和缓凝型外掺剂。③降低混凝土入仓温度。可对砂石料加遮盖，防止日照，采用冷却水作为混凝土的拌和水等。④在混凝土结构中布置冷却水管，混凝土终凝后开始通水冷却降温。设计好水管流量、管道分布密度和进水温度。⑤大体积混凝土应采用分层施工的方法，每层厚度可为 1.0 ～ 1.5 m。

2. 猫道架设

中跨、边跨猫道的架设进度，要以塔的两侧水平力差异不超过设计要求为准。在架设过程中，必须监测塔的偏移量和承重索的垂度。

3. 索力调整

索力的调整以设计提供的数据为依据，其调整量应根据调整装置中测力计的读数和锚头移动量双控确定。

4. 试拼装

加劲梁应按拼装图进行厂内试拼装，试拼不少于 3 个节段，按架梁顺序试拼装。

5. 吊装

吊装过程应观察索塔变位情况，根据设计要求和实测塔顶位移量分阶段调整索鞍偏移量，以保证工程质量和施工安全。安装前应确定安装顺序，一般可以从中跨跨中对称地向两边进行，安装完一段跨中梁段后，再从两边跨对称地向索塔方向进行。钢箱梁水上运输必须由有经验的人员负责，架设前宜进行现场驳船定位试验，以保证定位精度。各工作面上，吊装第二节段起须与相邻节段间预偏一定间隙（0.5～0.8 m），至标高后，牵拉连接，避免吊装过程与相邻节段发生碰伤，影响吊装工作的顺利进行。安装合龙段前，必须根据实际的合龙长度，对合龙段长度进行修正。

三、刚构桥施工特点

1. 平衡悬臂施工

平衡悬臂施工法可分为平衡悬臂浇筑法与平衡悬臂拼装法。前者是当桥墩浇筑到顶以后，在墩顶安装脚手钢桁架，并向两侧伸出悬臂以供垂吊挂篮，实施悬臂浇筑（挂篮是主要施工设备）。后者是将梁逐段分成预制块件进行拼装，穿束张拉，自成悬臂。

2. 悬臂梁起步段施工

为拼装挂篮或起重机，需在墩柱两侧先采用支撑托架浇筑一定长度的梁段。其施工托架可根据墩身高度、承台形式和地形情况，分别支撑在墩身、承台或经过加固的地面上。挂篮由主桁架、悬吊系统、锚固系与平衡重、行走系统及工作平台底模架等组成。挂篮设置除应保证强度安全可靠外，还应满足变形小，行走方便，锚固、装拆容易，以及各项施工作业的操作要求，并注意安全防护设施。

3. 箱梁混凝土的浇筑（悬臂浇筑）

箱梁混凝土的浇筑可视箱梁截面高度情况采用一次或两次浇筑法。浇筑肋板混凝土时，两侧肋板应同时分层进行。浇筑顶板及翼板混凝土时，应从外侧向内侧一次完成，以防出现裂缝。

当箱梁截面较大（或靠近悬臂根部梁段），节段混凝土数量较多时，每个节段可分两次浇筑，先浇底板到肋板的倒角以上，再浇筑肋板上段和顶板，其接缝按施工缝要求处理。

4. 悬臂拼装

悬臂拼装的主要工序包括块件预制、移运、整修、吊装定位、预应力张拉、施工接缝处理等，各道工序均有其不同的要求，并对整个拼装质量有密切影响。

5. 块件拼装接缝

块件拼装接缝一般分为湿接缝与胶接缝两种。湿接缝用高强细石混凝土，胶接缝则采用环氧树脂作为接缝料。由于 1 号块的安装对控制该跨节段的拼装方向和标高非常关键，1 号块与 0 号块之间的接缝多采用湿接缝法，以利调整 1 号块的位置。

四、拱桥施工特点

（一）劲性骨架浇筑拱圈

大跨径劲性拱圈混凝土拱圈（拱肋）的浇筑，可采用分环多工作面均衡浇筑法、水箱压载分环浇筑法和斜拉扣挂分环连接浇筑法。浇筑前，应进行加载程序设计，正确计算和分析钢骨架及钢骨架与先期混凝土层联合结构的变形、应力和稳定安全度，并在施工过程中进行监控。

（二）装配式混凝土、钢筋混凝土拱圈

装配式混凝土、钢筋混凝土拱圈适用于箱形拱、肋拱及箱肋组合拱（以下均称箱形拱）的少支架或无支架施工。

1. 无支架安装拱圈

①构件拼装应结合桥梁规模、河流、地形及设备等条件，采用适宜的吊装机具，各项机具设备和辅助结构的规格、型号、数量等均应按有关规定经过设计计算确定。缆索起重机在吊装前必须按规定进行试拉和试吊。②拱肋吊装时，除了拱顶段，各段应设一组扣索悬挂。③扣架的布置应符合下列规定：扣架一般设在墩、台顶上，扣架底部应固定，架顶应设置风缆；各扣索位置必须与所吊挂的拱肋在同一竖直面内；扣架上索鞍顶面的高程应高于拱肋扣环高程；扣架应进行强度和稳定性验算。

2. 转体施工安装方法

①平转施工主要适用于刚构梁式桥、斜拉桥、钢筋混凝土拱桥及钢管拱桥。竖转施工主要适用于转体重量不大的拱桥或某些桥梁预制部件（塔、斜腿、劲性骨架）。②对混凝土拱肋、刚架拱、钢管混凝土拱，当地形、施工条件适合时，可选择竖转法施工。竖转法的转动系统由转动铰、提升体系（动、定滑轮组，牵引绳等）、锚固体系（锚索、锚碇顶板）等组成。③平、竖转结合。

3. 缆索吊装施工

预制的拱肋（箱），一般均有起吊、安装等过程，因此必须对吊装、搁置、悬挂、安装等状况下的拱肋进行强度验算，以保证拱肋（箱）的安全施工。拱肋如采用卧式预制，还需验算平卧运输或平卧起吊时截面的侧向应力。

4. 钢管拱肋（桁架）安装

钢管拱肋（桁架）安装采用少支架或无支架吊装、转体施工或斜拉扣索悬拼法施工。钢管拱肋成拱过程中，应同时安装横向连接泵，未安装连接泵的不得多于一个节段，否则应采取临时横向稳定措施。节段间环的焊缝的施焊应对称进行，施焊前须保证节段间有可靠的临时连接并用定位板控制焊缝间隙，不得堆焊。合龙口的焊接或栓接作业应选择在结构温度相对稳定的时间内尽快完成。

第五章　隧道工程施工

第一节　隧道的组成、围岩分级和施工

一、隧道的组成

（一）隧道种类

隧道通常指用作地下通道的工程建筑物，一般可分为两大类：一类是修建在岩层中的，称为岩石隧道；另一类是修建在土层中的，称为软土隧道。岩石隧道多修建在山体中，故又称为山岭隧道；软土隧道常常修建在水底和城市，故又称为水底隧道和城市道路隧道。

（二）隧道组成

1. 洞门类型及构造

（1）洞门类型

为了保护岩（土）体的稳定，使车辆不受崩塌、落石等威胁，确保行车安全，应该根据实际情况，选择恰当的洞门形式修筑洞门，并对边、仰坡进行适宜的护坡。洞门类型有端墙式洞门、翼墙式洞门、环框式洞门、遮光棚式洞门等。

（2）洞门构造

①洞口仰坡坡脚至洞门墙背的水平距离不应小于 1.5 m，洞门端墙与仰坡之间的水沟的沟底至衬砌拱顶外围的高度不应小于 1 m，洞门墙顶应高出仰坡坡脚 0.5 m 以上。②洞门墙应根据实际需要设置伸缩缝、沉降缝和泄水孔。洞门墙的厚度可按计算或结合其他工程类比确定。③洞门墙基础必须置于稳固的地基上，应视地形及地质条件埋置足够的深度，保证洞门的稳定性。

2. 明洞类型及构造

（1）明洞类型

洞顶覆盖层较薄，难以用暗挖法建隧道时，或隧道洞口或路堑地段受坍方、落石、泥石流、雪害等危害时，或道路之间或道路与铁路之间形成立体交叉，但又不宜做立交桥时，通常应设置明洞。明洞一般用明挖法施工，通常根据明洞的用途、地形、地质条件、荷载分布情况、运营安全、施工难易及条件等进行具体分析、比较，以确定明洞形式。明洞主要分为两大类，即拱式明洞和棚式明洞。按荷载分布，拱式明洞又可分为路堑对称型、路堑偏压型、半路堑偏压型和半路堑单压型。按构造，棚式明洞又可分为墙式、刚架式、柱式等。此外，还有特殊结构明洞，如支撑锚杆明洞、抗滑明洞、柱式挑檐棚洞、全刚架式棚洞、空腹肋拱式棚洞、悬臂棚洞、斜交托梁式棚洞、双曲拱明洞等，以适应特殊场合。

（2）明洞构造

①拱式明洞主要由顶拱和内外边墙组成混凝土或钢筋混凝土结构，整体性较好，能承受较大的垂直压力和侧压力。内外墙基础相对位移对内力影响较大，所以对地基要求较高，尤其外墙基础必须稳固，必要时还可加设仰拱。明洞通常用作洞口接长衬砌，用以抵抗较大的塌方推力、范围有限的滑坡下滑力，以及支撑边坡稳定等。②受地形、地质条件限制，难以修建拱式明洞时，或边坡有小量坍落掉块，侧压力较小时，可以采用棚式明洞。棚式明洞由顶盖和内外边墙组成。顶盖通常为梁式结构，内边墙一般采用重力式结构，并应置于基岩或稳固的地基上。当岩层坚实完整、干燥无水或少水时，为减少开挖工作和节约圬工，可采用锚杆式内边墙，外边墙可以采用墙式、刚架式、柱式结构。

3. 洞身类型及构造

洞身类型按隧道断面形状可分为曲墙式、直墙式和连拱式等。

洞身构造分为一次衬砌和二次衬砌、防排水构造、内装饰、顶棚及路面等。

4. 隧道的附属设施

隧道的附属设施是指为确保交通安全、顺利和舒适而设置的通风设施、照明设施、安全设施、应急设施及公用设施等。

二、围岩分级

（一）公路隧道围岩分级

公路隧道围岩分级见表 5-1。

表 5-1　公路隧道围岩分级

围岩级别	围岩或土体主要定性特征	围岩基本质量指标或修正的围岩基本质量指标 /MPa
Ⅰ	坚硬岩，岩体完整，巨整体状或厚层状结构	> 550
Ⅱ	坚硬岩，岩体较完整，块状或厚层状结构；较坚硬岩，岩体完整，块状整体结构	550～451
Ⅲ	坚硬岩，岩体较破碎，巨块（石）碎（石）状镶嵌结构；较坚硬岩或较软硬岩层，岩体较完整，块状体或中厚层结构	450～351
Ⅳ	坚硬岩，岩体破碎，碎裂结构；较坚硬岩，岩体较破碎至破碎，镶嵌碎裂结构；较软岩或软硬岩互层，且以软岩为主，岩体较完整至较破碎，中薄层状结构 土体：压密或成岩作用的黏土及砂性土；黄土（Q_1、Q_2）；一般钙质、铁质胶结的碎石土、卵石土、大块石土	350～251
Ⅴ	较软岩，岩体破碎；软岩，岩体较破碎至破碎；极破碎各类岩体，碎、裂状，松散结构 一般第四系的半干硬至硬塑的黏性土及稍湿至潮湿的碎石土、卵石土、网砾、角砾土及黄土（Q_3、Q_4）。非黏性土呈松散结构，黏性土及黄土呈松软结构	≤ 250
Ⅵ	软塑状黏性土及潮湿、饱和粉细砂层、软土等	

注：1. 本表不适用于特殊条件的围岩分级，如膨胀性同岩、多年冻土等。

2. 在工程可行性研究和初步勘测阶段，可采用定性划分的方法或工程类比的方法进行围岩级别划分。

（二）围岩分级的判定方法

1. 隧道围岩分级的综合评判方法宜两步分级

隧道围岩分级的综合评判方法按以下顺序进行：①根据岩石的坚硬程度和岩体完整程度两个基本因素的定性特征及定量的岩体基本质量指标，综合进行初步分级。②对围岩进行详细定级时，应在岩体基本质量分级的基础上考虑修正因素的影响，修正岩体基本质量指标值。按修正后的岩体基本质量指标，结合岩体的定性特征综合评判、确定围岩的详细分级。

2. 按岩石坚硬程度、岩体完整程度两个基本因素划分

岩石坚硬程度、岩体完整程度两个基本因素的定性划分和定量指标及其对应关系，应符合有关规定。

3. 围岩详细定级

如遇下列情况之一，应对岩体基本质量指标进行修正：①有地下水。②围岩稳定性受软弱结构面影响，且由一组起控制作用。③存在高初始应力。

三、隧道施工技术

（一）隧道施工的主要技术

隧道施工的技术与方法归纳如图 5-1 所示。

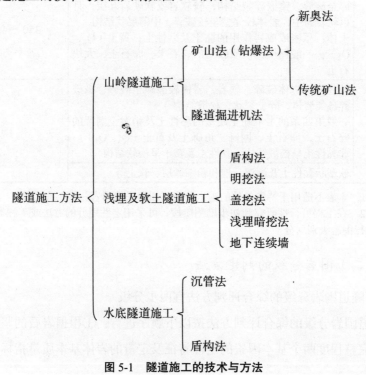

图 5-1　隧道施工的技术与方法

1. 新奥法

新奥法是新奥地利隧洞施工法的简称，是奥地利学者在长期从事隧道施工实践中，从岩石力学的观点出发而提出的一种合理的施工方法，是喷锚技术、监控量测等与岩石力学理论构成的一个体系，从而形成的一种新的工程施工方法。

2. 传统矿山法

传统矿山法是采用钻爆法开挖和用钢木构件支撑的施工方法。

3. 隧道掘进机法

隧道掘进机指装有破碎岩石的刀具，采用机械破碎岩石的方法开挖隧道，并将破碎的石碴传送到机外的一种开挖与出碴联合作业的掘进机械，能连续掘进。

4. 盾构法

盾构机械是指一种钢质的活动防护装置或活动支撑，是通过软弱含水层，特别是河底、海底及城市中心区修建隧道的一种机械。在其掩护下，头部可以安全地开挖地层，一次掘进相当于装配式衬砌一环的宽度。尾部可以装配预制管片或砌块，迅速地拼装成隧道永久衬砌，并将衬砌与土层之间的空隙用水泥压浆填实，防止周围地层的继续变形和围岩压力的增长。

5. 明挖法

明挖法指挖开地面，由上向下开挖土石方至设计标高后，自基底由下向上顺作施工，完成隧道主体结构，最后回填基坑或恢复地面的施工方法。

6. 盖挖法

盖挖法指由地面向下开挖至一定深度后，将顶部封闭，其余的下部工程在封闭的顶盖下进行施工。主体结构可以顺作，也可以逆作。

7. 浅埋暗挖法

浅埋暗挖法是参考新奥法的基本原理，开挖中采用多种辅助施工措施加固围岩，充分调动围岩的自承能力，开挖后即时支护，封闭成环，使其与围岩共同作用形成联合支护体系，能有效地抑制围岩过大变形的一种综合施工技术。

8. 地下连续墙

地下连续墙也称为混凝土地下墙、连续地中墙。其将分段施工的单元地下墙连接成连续的地下墙体，替代传统的木桩、钢桩、钢筋混凝土桩等，起挡土、承重、防水作用。

（二）山岭隧道施工技术

1. 山岭隧道的洞口、明洞与浅埋段施工技术

（1）洞口施工

隧道洞口各项工程应通盘考虑，妥善安排，尽快完成，为隧道洞身施工创造条件。隧道引道范围内的桥梁墩台、涵管、下挡墙等工程的施工应与弃渣需要相协调，尽早完成。洞口支挡工程应结合土石方开挖一并完成。当洞口可能出现地层滑坡、崩塌、偏压时，应采取相应的预防措施。开挖进洞时，宜用钢支撑紧贴洞口开挖面进行支护，围岩差时可用管棚支护，支撑作业应紧跟开挖作业，稳妥前进。

洞门衬砌拱墙应与洞内相连的拱墙同时施工，连成整体。如系接长明洞，则应按设计要求采取加强连接措施，确保与已成的拱墙连接良好。洞门端墙的砌筑与墙背回填应两侧同时进行，防止对衬砌边墙产生偏压。洞门衬砌完成后，应及时处置洞门上方仰坡脚受破坏处。当边（仰）坡地层松软、破碎时，应采取坡面防护措施。

（2）明洞施工

①当边坡能暂时稳定时，可采用先墙后拱法。②当边坡稳定性差，但拱脚承载力较好，能保证拱圈稳定时，可采用先拱后墙法。③半路堑型明洞施工时，可采用墙拱交替法，且宜先做外侧边墙，再做拱圈，最后做内侧边墙。④当路堑型明洞拱脚地层松软，不能采用先拱后墙法施工时，可待起拱线以上挖成后，采用跳槽挖井法先灌筑两侧部分边墙，再做拱圈，最后做其余边墙。⑤具备相应的机具条件时，可采用拱墙整体灌筑的方法。

（3）浅埋段施工

浅埋段和洞口加强段的开挖施工，应根据地质条件、地表沉陷对地面建

筑物的影响，以及保障施工安全等因素选择开挖方法和支护方式，并应符合下列规定：①根据围岩及周围环境条件，可优先采用单侧壁导坑法、双侧壁导坑法或留核心土开挖法。围岩的完整性较好时，可采用多台阶法开挖。严禁采用全断面法开挖。②开挖后，应尽快施作锚杆、喷射混凝土、敷设钢筋网或钢支撑。采用复合衬砌时，应加强初期锚喷支护。Ⅴ级以下围岩，应尽快施作衬砌，防止围岩出现松动。③锚喷支护或构件支撑，应尽量靠近开挖面，其距离应小于 1 倍洞跨。④浅埋段的地质条件很差时，宜采用地表锚杆、管棚、超前小导管、注浆加固围岩等辅助方法施工。

2. 山岭隧道的洞身开挖施工技术

开挖方法应考虑围岩条件，并与支护衬砌施工相协调，一般选择新奥法或传统矿山法。岩石隧道的爆破应采用光面爆破或预裂爆破技术。双洞（小间距隧道和连拱隧道）开挖时，应根据两洞的轴线间距、洞口里程距离、地质条件及其他自然条件，选择适宜的开挖方法，确定好两洞开挖的时间差，并采取措施防止后行洞开挖对先行洞周壁产生不良影响。

3. 山岭隧道的洞身衬砌施工技术

选择支护方式时，应优先采用锚杆、喷射混凝土或锚喷联合作为临时支护。在软弱围岩中采用锚喷支护时，应根据地质条件结合辅助施工方法综合考虑。对不同级别的围岩，应采用不同结构形式的施工支护。施作二次衬砌时，应采用模板台车。

4. 山岭隧道的排水与防护施工技术

（1）施工防排水

隧道两端洞口及辅助坑道洞（井）口应按设计要求及时做好排水系统，覆盖较薄和渗透性强的地层，地表积水应及早处理。洞内顺坡排水时，其坡度应与线路坡度一致；洞内反坡排水时，必须采用机械抽水。洞内有大面积渗漏水时，宜采用钻孔法将水集中汇流引入排水沟，对钻孔的位置、数量、孔径、深度、方向和渗水量等应做详细记录，以便在衬砌时确定拱墙背后排水设施的位置。洞内涌水或地下水位较高时，可采用井点降水法和深井井点降水法处理。严寒地区隧道施工排水时，宜将水沟、管埋设在冻结线以下，或采取防寒保温措施。洞顶上方设有高位水池时，应有防渗和防溢水设施。当隧道覆盖层厚度较薄且地层中水渗透性较强时，水池位置应远离隧道轴线。

（2）结构防排水施工

①洞内永久性防排水结构物施工时，防排水结构物的断面形状、尺寸、位置和埋设深度应符合设计要求。衬砌背后设置排水暗沟、盲沟和引水管时，应根据隧道的渗水部位和开挖情况适当选择排水设施位置，并配合衬砌进行施工。设在衬砌背后和隧底的纵横向排水设施，其纵横向坡应平顺，并配合其他作业同时施工。隧底岩层松软有裂隙水时，应视具体情况加深侧沟或中心水沟的沟底，或增设横向盲沟，铺设渗水滤层及仰拱等。衬砌背后采用压注水泥砂浆防水时，压浆地段混凝土衬砌达设计强度70％时，方可进行压浆，如遇流沙或含水土质地层，则不宜采用水泥砂浆作为防水层。注浆地段衬砌背面宜用干砌片石回填紧密，并每隔20 m左右用1 m厚浆砌片石或混凝土做阻浆隔墙，分段进行压浆。压浆顺序应从下而上，从无水、少水的地段向有水或多水处，从下坡方向往上坡方向，从两端洞口向洞身中间压浆。隧道衬砌采用防水混凝土时，必须经现场试验，达到规定要求后方可使用。②衬砌的施工缝和沉降缝采用橡胶止水带或塑料止水带防水时，止水带不得被钉子、钢筋和石子刺破。在固定止水带和灌注混凝土的过程中，应防止止水带偏移。应加强混凝土振捣，排除止水带底部气泡和空隙，使止水带和混凝土紧密结合。③复合式衬砌中防水层的施工，应在初期支护变形基本稳定后，二次衬砌施作前进行。防水层可在拱部和边墙按环状铺设，并视材质采取相应的接合方法。开挖和衬砌作业不得损坏防水层，发现层面有损坏时应及时修补。防水层纵横向一次铺设长度应根据开挖方法和设计断面确定。铺设前，宜先行试铺，并加以调整。防水层在下一阶段施工前的连接部分，应保护，不得弄脏和破损。防水层属隐蔽工程，二次衬砌灌筑前应检查防水层质量，做好接头标记，并填写质量检查记录。

第二节　隧道施工测量和监控量测技术

一、隧道施工测量技术

（一）隧道施工测量技术的一般规定

1. 控制测量的精度应以中误差衡量

最大误差（极限误差）规定为中误差的两倍。

2. 隧道施工时应做好的工作

①长隧道设置的精密三角网或精密导线网，应定期对其基准点和水准点进行校核。②洞外水准点、中线点应根据隧道平纵面、隧道长度等定期进行复核，洞内控制点应根据施工进度设定。

3. 洞内施工隧道测量

桩点必须稳定、可靠且通视良好。水准点应设在不易损坏处，并妥善保护。测量仪器、工具在使用前应做检校，保证仪器、工具的技术状态符合使用要求。使用光电测距仪时，应按其使用规定进行。

隧道平面控制测量的精度，隧道内两相向施工中线在贯通面上的极限误差，由洞外和洞口内控制测量误差使贯通面产生的贯通误差影响值，洞内导线测角，量距的精度及两洞口水准点间往返测高差不符值，均应符合现行的《规范》的规定。

隧道竣工后，应提交贯通测量技术成果书，贯通误差的实测成果和说明，净空断面测量和永久中线点、水准点的实测成果及示意图。

（二）洞内施工测量

洞内导线应根据洞口投点向洞内做引申测量，洞口投点应纳入控制网内，由洞口投点传递进洞方向的连接角测角中误差，不应超过测量等级的要求，后视方向的长度不宜小于 300 m。导线点应尽量沿路线中线布设，导线边长在直线地段不宜短于 200 m，在曲线地段不宜短于 70 m。无闭合条件的单导线，应进行两组独立观测，相互校核。用中线法进行洞内测量的隧道，中线点间距直线部分不宜短于 100 m，曲线部分不宜短于 50 m。特长隧道、长隧道及采用大型掘进机械施工的隧道，宜用激光设备导向。供导坑延伸和掘进用的临时点可用串线法标定，其延伸长度在直线部分不应大于 30 m，在曲线部分不应大于 20 m，串线法的两吊线间距不宜小于 5 m。用串线法标定开挖面中线时，其距离可用皮尺丈量。

开挖前，应在开挖断面标出设计断面尺寸线，在开挖工作完成后应及时测量并绘出断面图。采用上下导坑法施工的隧道，上部导坑的中线每引申一定距离后，应与下部导坑的中线联测一次，用以校核上部导坑的中线点或向上部导坑引点。供衬砌用的临时中线点，必须用经纬仪测定，其间距可视放样需要适当加密，但不宜大于 10 m。衬砌立模前，应复核中线和高程，标出拱架顶、边墙底和起拱线高程，用设计衬砌断面的支距控制架立拱模和墙模。立模后，必须进行检查和校正，以确保无误。洞内水准路线应由洞口高程控制点向洞内布设，结合洞内施工情况，测点间距以 200 ~ 500 m 为宜。洞内施工用的水准点，应根据洞外、洞内已设定的水准点，按施工需要加设。为方便施工，在导坑内拱部、边墙施工地段宜每 100 m 设立一个临时水准点，并定期复核。

（三）贯通误差的测定及调整

1. 贯通误差的测定

贯通误差的测定应按下列要求进行：①采用精密导线测量时，在贯通面附近定一个临时点，由进测的两个方向分别测量该点的坐标，所得的闭合差分别投影至贯通面及其垂直的方向上，得出实际的横向和纵向贯通误差，再置镜于该临时点测求方位角贯通误差。②采用中线法测量时，应由测量的相向两个方向分别向贯通面延伸，并取一个临时点，量出两点的横向和纵向距离，得出该隧道的实际贯通误差。③水准路线由两端向洞内进测，分别测至贯通面附近的同一水准点或中线点上，所测得的高程差值即实际的高程贯通误差。

2. 贯通误差的调整

①用折线法调整直线隧道中线。②对于曲线隧道，根据实际贯通误差，由曲线的两端向贯通面按长度比例调整中线。③采取精密导线法测量时，贯通误差用坐标增量平差来调整。④进行高程贯通误差调整时，贯通点附近的水准点高程采用由进出口分别引测的高程平均值作为调整后的高程。

3. 实际贯通误差的调整

隧道贯通后，施工中线及高程的实际贯通误差应在未衬砌的 100 m 地段（调线地段）内调整。该段的开挖及衬砌均应以调整后的中线及高程为标准进行放样。

（四）竣工测量

隧道竣工后，应在直线地段每 50 m、曲线地段每 20 m 及需要加测断面处，测绘以路线中线为准的隧道实际净空，标出拱顶高程、起拱线宽度、路面水平宽度。

隧道永久中线点，应在竣工测量后用混凝土包埋金属标志。直线上的永久中线点，每 200～250 m 设一个，曲线上应在缓和曲线的起终点各设一个，曲线中部，可根据通视条件适当增加。永久中线点设立后，应在隧道边墙上画出标志。

洞内水准点每 1 km 应埋设一个，短于 1 km 的隧道应至少设一个，并应在隧道边墙上画出标志。

（五）辅助坑道测量

经辅助坑道引入的中线及水准测量，应根据辅助坑道的类型、长度、方向和坡度等，按要求精度在坑道口附近设置洞外控制点。

平行导坑与横洞的引线方法和高程测量均与正洞相同。斜井中线的方向应由斜井口外直线引伸，可采用正倒镜分中的串线法进行。斜井量距应丈量斜距，测出桩顶高程，求出高差，按斜距换算成水平距离。

测量竖井时，应根据竖井的大小、深度、必要的测量精度决定测量方法。

经竖井引入中线的测量可使用钢弦吊锤、激光、经纬仪等，经竖井的高程可
将钢卷尺直接吊下测定。

二、隧道施工监控量测技术

（一）监控量测的目的

①掌握围岩和支护的动态信息并及时反馈，指导施工作业。②通过对围
岩和支护的变位、应力量测，修改支护系统设计。③分析各项量测信息，确
认或修正设计参数。

（二）采用复合式衬砌的隧道

采用复合式衬砌的隧道必须将现场监控量测项目列入施工组织设计量
测计划，应根据隧道的围岩条件、支护类型和参数、施工方法及所确定的
量测目的进行编制。同时，应考虑量测费用的经济性，并注意与施工的进
程相适应。

（三）量测数据处理与应用

应及时将现场量测数据绘制成时态曲线（或散点图）和空间关系曲线。
当位移－时间曲线趋于平缓时，应进行数据处理或回归分析，以推算最终
位移和掌握位移的变化规律。当位移－时间曲线出现反弯点时，则表明围
岩和支护已呈不稳定状态，此时应密切监视围岩动态，并加强支护，必要
时暂停开挖。二次衬砌的施作应在满足下列要求时进行：①各测试项目的
位移速率明显收敛，围岩基本稳定。②已产生的各项位移已达预计总位移
量的 80 % ～ 90 %。③周边位移速率或拱顶下沉速率小于规定值。

（四）量测管理

隧道现场监控量测应成立专门的量测小组，由施工单位或委托其他单位
承担量测任务。量测小组负责测点埋设、日常量测、数据处理和仪器保养维
修工作，并及时将量测信息反馈给施工和设计人员。现场监控量测应按量测

计划认真组织实施，并与其他施工环节紧密配合，不得中断工作。各预埋测点应牢固可靠，易于识别并妥善保护，不得任意撤换和破坏。

（五）竣工文件中应包括的量测资料

①现场监控量测计划。②实际测点布置图。③围岩和支护的位移－时间曲线图、空间关系曲线图及量测记录汇总表。④经量测变更设计和改变施工方法地段的信息反馈记录。⑤现场监控量测说明。

第三节　特殊地段施工技术

一、流沙地段施工

1. 施工调查

掌握流沙特性、规模，了解地质构成、贯入度、相对密度、塑性指数、地层承载力、滞水层分布、地下水压力和透水系数等，并制定处治方案。

2. 治理措施

在流沙地段开挖隧道，可采取的治理措施如下：①加强防排水工作，防止沙层稀释和挟走沙粒，必要时采取井点法降低地下水位，其集水管可用加气砂浆填充。②当隧道很长时，可在洞内合适位置设蓄水池，将泥水在该池内处理沉淀后抽出洞外，池内沉积的淤泥定期清除。③采用化学药液注浆固结围岩时，注剂可采用悬浮型或溶液型浆液。④应自上而下分部开挖，先护后挖，边挖边密封，遇缝必堵。流沙出现后，应尽快用板材封闭开挖面。⑤可采用工字钢支撑或木支撑，设置底梁，支撑的上下、纵横均应连接牢固。架设拱架时，拱脚应用方木或厚板铺垫。支撑背面应用木板或槽型钢板遮挡，严防流沙从支撑间溢出。⑥在流沙溢出口附近较干燥的围岩处，应尽快打入锚杆或施作喷射混凝土层，加固围岩，防止溢出扩大。

3. 流沙地段开挖边墙马口

流沙地段开挖边墙马口，其长度不得大于 2 m，并应采取措施防止拱圈两侧不均匀下沉。拱部和边墙衬砌混凝土的灌筑应尽量缩短时差，以尽快形成封闭环。

二、涌水地段施工

1. 施工调查

对隧道可能出现涌水地段的涌水量大小、补给方式、变化规律及水质成分等进行详细调查，选择既经济合理，又能确保围岩稳定，并保护环境的治水方案。处理涌水可用下列辅助施工办法：辅助坑道或超前钻孔排水；超前围岩预注浆堵水；井点降水及深井井点降水。

2. 采用辅助坑道排水

采用辅助坑道排水应符合以下要求：①坑道应和正洞平行或接近平行。②坑道底标高应低于正洞底标高。③坑道应超前正洞 10 ～ 20 m，至少应超前 1 ～ 2 个循环进尺。

3. 超前钻孔排水

采用超前钻孔排水应符合以下要求：①使用轻型探水钻机或凿岩机钻孔。②钻孔孔位（孔底）应在水流上方，钻孔时孔口应有保护装置，以防人身及机械事故。③采取排水措施，保证钻孔排出的水迅速排出洞外。④超前钻孔的孔底应超前开挖面 1 ～ 2 个循环进尺。

4. 超前围岩预注浆堵水

采用超前围岩预注浆堵水应符合以下要求：①注浆段的长度应根据地质条件、涌水量、机具设备能力等因素确定，一般宜为 30 ～ 50 m。②钻孔及注浆顺序应由外圈向内圈进行，同一圈钻孔应间隔施工。③浆液宜采用水泥浆液或水泥－水玻璃浆液。

5. 井点降水施工

采用井点降水施工应符合以下要求：①井点的布置应符合设计要求。当降水宽度小于 6 m，深度小于 5 m 时，可采用单排井点，井点间距宜为 1 ～ 1.5 m。②有地下水的黄土地段，当降水深度为 3 ～ 6 m 时，可采用井点降水；当降水深度大于 6 m 时，可采用深井井点降水。③滤水管应深入含水层，各滤水管的高程应齐平。④井点系统安装完毕后，应进行抽水试验，检查有无漏气、漏水情况。⑤抽水作业开始后，宜连续不间断地进行抽水，并随时观测附近区域地表是否产生沉降，必要时应采取防护措施。

6. 深井井点降水施工

采用深井井点降水施工应符合以下要求：①在隧道两侧地表布置井点，间距为 25～35 m，井底应在隧底以下 3～5 m。②做好深井抽水时地面的排水工作。

三、塌方地段施工

（一）塌方地段应加强预报工作

在处理塌方前，应详细调查其范围、形状、塌穴的地质构造，查明其诱发原因和塌方类型，据此确定处理方案。

（二）隧道塌方后的治理

1. 隧道塌方后

隧道塌方后，应先加固未塌方地段，防止塌穴扩大。

2. 塌方规模较小

如塌方规模较小，应首先加固塌体两端洞身，并尽快施作喷射混凝土，或锚喷联合支护封闭塌穴顶部和侧部，然后清渣。在保证安全的前提下，亦可在塌渣上架设施工临时支架，稳定顶部，然后清渣。临时支架待灌注衬砌混凝土达到要求强度后，方可拆除。

3. 塌方规模很大

如塌方规模很大，塌渣体完全堵死洞身，此时宜采取先护后挖的方法。在查清塌穴规模大小和穴顶位置后，可采用管棚法或注浆固结法稳固围岩体和渣体，待其基本稳定后，按先上部后下部的顺序清除渣体，亦可用全断面法按短进尺、弱爆破、早封闭的原则开挖塌体，并尽快完成衬砌。

4. 塌方冒顶

在清渣前，应支护陷穴口。地层极差时，在陷穴口附近地面应打设地表锚杆，洞内可采用管棚支护和钢架支撑。

5. 塌方支撑

在塌方处，模筑衬砌背后与塌穴洞孔周壁间必须紧密支撑。塌方规模较小时，可用浆砌片石或干砌片石将其充填；塌方规模较大时，可用浆砌片石回填，厚度宜为2 m，其以上空间应采用钢支撑等顶住稳定围岩；特大塌穴应做特殊处理。衬砌厚度应按松散体荷载计算确定。

6. 塌方地段防排水

塌方地段防排水除应遵守有关规定外，还应遵守下列规定：①对于地表沉陷和裂缝，应采用不透水土夯填密实，并开挖截水沟，防止地表水下渗到塌穴和塌渣体内。②塌方冒顶时，应在陷穴口地表四周挖沟排水，并设棚遮盖穴顶，防止雨水流入。陷穴口回填标高应高出地面并封口。

7. 岩爆引起塌方

如果是岩爆引起的塌方，应采取以下措施：①迅速将人员和机械撤至安全地段。②采用摩擦型锚杆进行支护，增大锚杆的初锚固力。③采用钢纤维喷射混凝土，抑制开挖面拱部围岩的剥落。④挂钢筋网，必要时可用钢支撑加固。⑤充分做好岩爆现象观察记录，可采取声波探测的方法，加强岩爆预报工作。

第四节　隧道工程通风防尘及水电作业

一、隧道工程通风防尘

（一）通风

实施机械通风，必须有通风机和风道，按照风道的类型和通风安装位置分，通风方式有如下三种。

1. 风管式通风

风管式通风的风流经由管道输送，分为压力式、抽出式、混合式三种方式。风管式通风的优点是设备简单、布置灵活、易于拆装，故为一般隧道施工所采用。但由于管路的增长及管道的接头或多或少漏风，若不保证接头的质量，就会因风管过长而达不到要求的风量。

2. 巷道式通风

巷道式通风适用于有平行坑道的长隧道。其特点是通过最前面的横洞和平行导坑组成一个风流循环系统，在平行导坑洞口附近安装通风机，将污浊空气由导坑抽出，新鲜空气由正洞流入，形成循环风流。另外，对平行导坑和正洞前面的独头巷道，会辅以局部的内管式通风。这种通风方式断面大、阻力小，可提供较大的风量，是目前解决长隧道施工通风比较有效的方法。

3. 风墙式通风

风墙式通风适用于较长隧道。当巷道式通风难以解决，又无平行导坑可以利用时，可利用隧道成洞部分较大的断面，用砖砌或木板隔出一条 2 ~ 3 m 的风道，以减小风管长度，增大风量，满足通风要求。

（二）防尘

1. 湿式凿岩标准化

湿式凿岩，即打"水风钻"，根据风钻内的供水方式不同，又分为旁侧供水和中心供水两种。中心供水是高压水从机尾进入，经过水针（安在机体的中心）流向钻钎，最后达钻头。钻眼时，破碎的岩粉湿润成浆，从炮眼流出。为了使湿式凿岩能正常进行，应注意以下几点：①水压标准（高压水到达工作面处的压力不小于 300 Pa），水量充足（每台风钻每分钟不少于 3 t）。②钎尾标准，其长度一般为 107 mm，钎孔正中。钎尾淬火硬度与凿岩机内活塞应一致。③水针安装端正，拧紧螺丝，垫圈密贴，不漏水。④操作正规，应先开水后开风，先关风后关水。凿岩时，机体与钻钎方向应一致，不得摆动，以免卡断水针。⑤在特别缺水的地区，可用"干式捕尘"装置来代替湿式凿岩，但效果欠佳。

2. 机械通风正常化

机械通风可稀释空气中的粉尘含量，是降低洞内粉尘含量的重要手段。因此，在一般主要作业（钻眼、装渣等）进行期间应始终保持风机的运转。

3. 喷雾洒水正规化

喷雾洒水不仅能减少因爆破、出渣等产生的粉尘，而且能溶解少量的有害气体（二氧化碳、硫化氢等），并能降低温度，使空气清新。

4. 个人防护普遍化

要求作业人员戴防尘口罩。

二、隧道工程水电作业

（一）供水

隧道施工期间的生产用水和生活用水主要包括凿岩机用水、喷雾洒水防尘用水、衬砌施工用水、混凝土养护施工用水、空压机冷却用水、施工人员的生活用水等，因此需要设计相应的供水设施。供水方案的选择及设备的配置应符合以下要求：①水源的水量应满足工程和生活用水的需要，有高山自然水源时应蓄水利用，水池高度应能保证洞内最高用水点的水压。②水池的容量应有一定的储备量，保证洞内外集中用水的需要。③采用机械站供水时，应有备用的抽水机。④应充分利用洞内地下水源，通过高压水箱送到工作面。⑤工程和生活用水使用前必须进行水质鉴定，鉴定结果合格才可使用。

（二）供电

1. 隧道供电电压

隧道供电电压应符合以下要求：①应采用 400/230 V 三相四线系统两端供电。②动力设备应采用三相 380 V。③隧道照明、成洞段和不作业地段可用 220 V，瓦斯地段不得超过 110 V，一般作业地段不宜大于 36 V，手提作业灯为 12～24 V。④选用的导线截面应使线路末端的电压降不大于 10 %，36 V 及 24 V 线不大于 5 %。

2. 变压器容量

变压器容量应按电气设备总用电量确定，当单台电动设备容量超过变压器容量的 1/3 时，应适当考虑增加启动附加容量。

3. 洞外变电站

洞外变电站宜设在洞口附近，且应靠近负荷集中地点，设在电源来线一侧。

4. 供电线路布置和安装的要求

①成洞地段固定的供电线路，应使用绝缘良好胶皮线架设；施工地段的临时输电线路宜采用橡套电缆；竖井、斜井宜使用铠装电缆；瓦斯地段的输电线路必须使用密封电缆，不得使用皮线。②照明和动力线路安装在同一侧时，必须分层架设。电线悬挂高度距人行地面的距离，110 V 以下不应小于 2 m，400 V 应大于 2.5 m，6～10 kV 不应小于 3.5 m。瓦斯地段的电缆应沿侧壁铺设，不得悬空架设。③涌水隧道的电动排水设备、瓦斯隧道的通风设备，以及斜井、竖井内的电气装置，应采用双回路输电，并有可靠的切换装置。④36 V 低压变压器应设在安全、干燥处，机壳接地，输电线路长度不应大于 100 m。⑤动力干线上的每一分支线，必须装设开关及保险丝具。禁止在动力线路上加挂照明设施。

5. 不同长度隧道的供电

短隧道应采用高压至洞口，再低压进洞；长、特长隧道成洞地段应用 6～10 kV 高压电缆送电；洞内设置（6～10）/0.4 kV 变电站供电时，应有保证安全的措施。

6. 不同地段的照明要求

隧道作业地段必须有足够的照明；洞外照明按一般建筑工地要求；瓦斯地段的照明器材应采用防爆型，开关应设在送风道或洞口。

7. 施工用电的来源

对于施工用电，靠近城镇时应优先利用外来电源；山岭重丘区没有电力来源时，可根据工程规模、施工需要、机具等配套设置自行发电；采用大型掘进机械施工时，必须用外来电源。应设置预备电源或应急电源，确保停电时有必要的动力和照明。

8. 供电检修

对各种电气设备和输电线路，应有专人经常进行检查维修。作业时，应参照《电业安全工作规程　第1部分：热力和机械》（GB 26164.1—2010）的规定进行。

第六章　公路工程监理

第一节　公路工程监理理论

一、工程监理的概念

工程监理是监理人员依据监理合同对工程质量、安全、环保、费用、进度实施的监督和管理活动。具体来说，工程监理是监理单位依据法律、法规、文件，以及监理合同和施工合同中相关条款约定的职责与权限，对工程质量、安全、环保、费用、进度实施监督管理。

监理单位是具有法人资格并取得交通主管部门颁发的公路工程监理资质证书的企业，是依法成立的、独立的、智力密集型的、从事工程监理业务的经济实体，与建设单位签订合同，并受委托承担工程建设单位的监理业务。

二、工程监理的工作性质

（一）工程监理是针对项目建设实施的监督管理

工程监理是围绕着工程项目建设而展开的，离开了工程项目，其行为就不属于工程建设的范围。监理单位代表业主的利益，依据法律法规、合同文件、科学技术、现代方法和手段，对工程项目建设进行程序化管理。

（二）工程监理的行为主体是监理单位

工程监理的行为主体是明确的，即监理单位。监理单位是具有社会化、专业化特征的，专门从事工程监理技术服务活动的组织。监理单位受业主的委托，履行合同中规定的职权，对工程施工质量、安全、环保、进度、费用等实施监督和管理。因此，工程监理的行为主体只能是监理单位。

（三）工程监理的实施需要业主委托和授权

工程监理的产生源于市场经济条件下社会的需求，业主的委托和授权使监理发展为一项制度。通过业主委托和授权方式实施工程监理，是工程监理与政府对工程建设进行的行政性监督管理的重要区别。这种方式决定了在实施工程监理的项目中，业主与监理的关系是委托与被委托、授权与被授权的关系，也决定了业主与监理是合同关系，是需求与供给关系，是一种委托与服务的关系。

（四）工程监理是有明确依据的工程建设行为

工程监理实施的依据主要有：国家和交通主管部门颁发的法律、法规、规章和有关政策；国家有关部门颁发的技术规范、技术标准；政府主管部门批准的工程项目建设文件；监理合同；施工合同；工程设计文件和图纸；等等。

（五）现阶段工程监理主要发生在项目建设的实施阶段

在项目建设实施阶段，监理单位的服务活动是否是监理活动，要看业主是否授予监理单位监督管理权。因为工程监理是"第三方"的监督管理行为，它的发生不仅要有委托方，要与项目业主建立委托与服务关系，而且要有被监理方，要与只在项目实施阶段才出现的设计、施工和材料设备供应单位等承包商建立监理与被监理的关系。同时，工程监理的目的是协助业主在预定的质量、进度、投资目标内建成项目，主要内容是进行质量、进度、投资控制，合同管理，组织协调，这些活动也主要发生在项目建设的实施阶段。

（六）工程监理是微观性质的监督管理活动

工程监理活动是针对个别具体工程项目展开的监督管理活动，项目业主委托监理的目的就是期望监理单位能够协助业主实现项目投资目标。它是紧紧围绕着工程项目建设的各项投资活动和生产活动进行的监督管理，并注重具体工程项目的实际效益。当然，根据工程监理制的宗旨，这些活动的开展过程中应体现对社会公众利益和国家利益的维护。

三、工程监理中各方的关系

（一）与工程监理有关的行为主体

1. 建设单位

建设单位有时也称为业主，在招标阶段则称为"招标单位"。建设单位是指某项工程的投资者或资金筹集者，即在工程建设的前期、实施阶段对工程建设的费用、进度、质量等重大问题有决策权的国有单位、集体单位或个人。

2. 承建单位

承建单位又称承包单位或承包商，在招标阶段则称为"投标单位"，中标后称为"中标单位"。承建单位是指通过投标或其他方式取得某项工程的施工权，材料、设备的制造、供应权，并和建设单位签订合同，承担工程费用、进度、质量责任的单位或个人。

3. 监理单位

监理单位是指依法成立的、独立的、智力密集型的从事工程监理业务的社会经济实体，是受建设单位的委托与其签订监理合同，并承担工程建设监理业务的单位。

（二）工程监理中行为主体之间的相互关系

1. 业主与监理单位的关系

业主与监理单位应签订监理合同，二者是委托与被委托的合同关系，应做到各负其责、独立工作、相互尊重、密切合作。业主不得干涉监理工作，否则是侵权违约；监理单位必须保持工作，不得与承包人有经济联系，更不得串通承包人侵犯业主利益，否则业主可根据合同采取法律手段，追究监理单位的经济和法律责任。

2. 业主与承包人的关系

业主与承包人应签订施工合同，二者是发包与承包的合同关系。业主将工程发包给承包人，承包人按合同约定完成工程，双方必须按合同履行所有的承诺，违约者要承担相应的违约责任。

3. 监理单位与承包人的关系

监理单位与承包人不签订任何合同，二者是监理与被监理的关系，这个关系在业主与承包人签订的施工合同中予以明确。监理单位代表业主对承包人的建设行为进行监理，但也要维护承包人的合法权益；承包人应按合同规定接受监理单位的监督和管理，若监理人员的行为不公正，承包人有权向有关部门申诉。

需要特别指出的是，行使政府监督职能的各级质量监督机构在整个工程建设活动中将对业主、承包人和监理单位实施有效的监督。

第二节　公路工程质量保证体系

为了适应我国公路工程建设管理体制改革的需要，提高工程质量管理水平，保护国家及社会公共利益，交通运输部在总结我国过去公路建设历史经验的基础上，根据公路建设的特点，科学地制定了公路工程"政府监督、法人管理、社会监理、企业自检"的质量保证体系。

一、政府监督

政府监督是指政府建设主管部门对参与建设各方的建设行为实行的强制性监理，以及对监理单位实行的监督管理。政府监督是公路工程质量保证体系中极其重要的质量监督环节之一，是政府部门强化对工程质量的管理的具体体现。

（一）政府监督的性质

1. 强制性

政府的管理行为象征着国家机构的运转，国家机构的管理职能是通过授权于法来实现的。因此，政府实施的管理监督行为，对于被管理者、被监督者来说，只能是强制性的、必须接受的。

2. 执法性

政府监督主要依据国家法律、法规、方针、政策，以及国家和交通运输部颁布的技术规范、标准进行监督，并严格遵照有关规定的监督程序行使监督、检查、许可、纠正、强制执行等权力。监督人员每一个具体的监督行为都有充分的依据，带有明显的执法性，显著区别于通常的行政领导和行政指挥等一般性的行政管理行为。

3. 全面性

政府监督是针对整个工程建设活动的监督。就管理空间来说，政府监督覆盖了全社会；就一个工程项目的建设过程来说，政府监督则贯穿工程建设的全过程。但是，我国工程建设的决策咨询、施工监理等不同阶段的监督管理，是由我国不同的政府职能部门分别负责、共同完成的。

4. 宏观性

政府监督侧重于宏观的社会效益，主要保证工程建设行为的规范性，维护社会公众的利益和工程建设各参与者的合法权益。就一项具体的工程建设来说，政府监督不同于后述监理工程师直接的、连续的、不间断的监理。

（二）政府监督的依据、职责及内容

1. 政府监督的依据

①国家有关公路工程建设的方针、政策、法律、法规和规章。②政府批准的工程建设计划、规划、设计文件。③国家和交通运输部等有关部门颁发的有关技术标准、规范和规程等。

2. 政府监督的职责

①监督国家有关公路建设工作方针、政策、法律、法规、规章，以及强制性技术标准的执行。②监督公路建设者履行国家基本建设程序。③监督公路建设市场秩序。④监督公路工程质量和工程安全。⑤监督公路建设资金的使用。⑥依法查处公路建设中的违法行为。

3. 政府监督的内容

①工程质量管理的法律、法规、规章、技术标准和规范的执行情况。

②从业单位的质量保证体系及其运转情况。③勘察、设计质量情况，工程施工质量情况，使用的材料、设备的质量情况。④工程试验检测工作情况。⑤工程质量资料的真实性、完整性、规范性、合法性等情况。⑥从业单位在工程实施过程中的行为。⑦完工项目的质量检测和质量鉴定等。

二、法人管理

为了建立投资约束机制，规范业主的行为，建设工程应当按照政企分开的原则，组建项目法人，实行项目法人责任制，即由项目法人对项目的策划、资金筹措、建设实施、生产经营、债务偿还和资产的保值增值，实行全过程负责的制度。

实行项目法人责任制，应贯彻执行"谁投资、谁决策、谁承担风险"的市场经济条件下的基本原则。项目法人作为工程建设投资行为的主体，应当承担投资风险，承担公路建设相关责任和义务，承担建设项目质量、投资、工期等的管理责任。工程建设项目管理是一项专业性很强的工作，工程项目法人通常缺乏工程建设方面的专业知识，缺乏工程项目管理的经验。因此，为了提高工程建设投资效益，确保工程质量、进度、费用等目标的实现，项目法人必然要根据需要和有关法律法规的规定，委托高智能的监理单位，将公路施工活动中的各项管理工作交给监理单位。监理单位根据项目法人的授权，发挥专长优势，有效地对工程质量、施工安全、环境保护、进度、费用等进行监控，使工程项目的建设总目标得以最优化地实现。

法人管理指项目法人通过招标，择优选择监理单位、承包人，以合同的形式明确建设各方的质量、进度、费用、安全、环保等职责，并通过对监理单位、承包人履约检查，来对工程质量、进度、费用、安全、环保等进行管理和承担管理责任，确保质量等目标的实现。因此，项目法人在质量保证体系中处于主体地位。

项目法人的职责如下：①筹措建设资金。②编制项目实施计划和年度计划。③依法选择勘察、施工、监理单位和设备、材料供应单位。③向交通主管部门提交开工报告。④按照合同约定，对工程质量、进度、投资、安全生产和环境保护进行监督管理，审查施工组织设计、重要施工工艺和标准试验，以及工程分包等事项，保证工程处于受控状态。⑤接受交通主管部门和公路工程质量监督机构的监督检查，按时报送项目建设的有关信息资料。⑥执行国家档案管理规定，建立健全建设项目的所有档案。⑦及时组织交工验收，做好竣工验收的准备工作。⑧组织项目后评价，给出项目后评价报告。⑨按照有关技术标准和规范的要求，做好公路养护管理工作，负责收费管理，按期偿还贷款。

三、社会监理

社会监理是指具有法人资格的社会监理单位对工程实施进行的监理。这是随着我国经济体制改革的深化，在引进国外建设资金的过程中，逐步认识并结合我国国情而实施的一种工程建设管理的新体制和新模式。

（一）社会监理的实质

社会监理的实质就是确定监理工程师在工程施工管理过程中的核心地位。作为建设单位、承包单位以外独立的第三方，监理工程师运用建设单位委托赋予的权力，对工程质量、工程进度、工程费用实行全面监理。

在总监理工程师或专业监理工程师的指导下，监理员按照设计图及相关标准，对承包单位的施工进度、工程计量情况、工程施工工艺和施工工序进行监理，以保证工程施工符合工程建设的三大目标。

（二）社会监理的依据

公路工程施工监理的依据是业主委托监理工程师监督承包人执行其与业主形成的施工契约，即签订的合同。它是依法成立的反映工程费用、进度，以及按国家有关部委颁布的技术规范标准和质量要求，或者由业主提出的要求而规定的工程质量这三大目标的文件。

工程监理的依据，除了前述国家有关公路工程建设的政策、法律和法规，以及政府批准的建设计划、规划、设计文件，更重要的是业主和承包人签订的合同文件。监理工程师应按照与业主签订的监理委托合同，在委托的范围内执行。否则，应事先征得业主的同意。另外，在合同执行期间，凡是监理工程师和承包人与工程实施有关的会议记录、函电和其他文字记载，以及经监理工程师同意的所有图纸、监理工程师发出的所有指令等，都是工程监理的依据。

（三）社会监理的性质

社会监理是业主（或建设单位）委托社会监理单位从事工程建设项目授权范围内的监督和管理。因此，社会监理具有服务性、公正性和独立性、科学性等显著特点。

1. 服务性

监理单位是智力密集型的组织，本身不是建设产品的直接生产者和经营者，其为建设单位提供的是智力服务。监理工程师通过对工程施工进行组织、协调、监督和控制，可以保证工程施工合同的顺利实施，实现建设单位的建设意图。

监理单位的劳动与相应的报酬是技术服务性的，与施工企业不同。监理单位不承包工程，不参与工程承包的盈利分配，而是根据支付技术服务劳动量的大小而取得相应的监理报酬。

2. 公正性和独立性

公正性和独立性是监理单位顺利实施监理职能的重要条件。监理单位在工程监理过程中必须具备组织各方协作配合，以及调解各方利益的职能，监理单位必须坚持公正性原则，而公正性又必须以独立性为前提。因此，监理单位首先必须保持其独立性。

监理单位与建设单位的关系是平等的合同约定关系。监理单位可以不承担合同以外建设单位随时指定的任务。监理委托合同一经确定，建设单位就不得干涉监理工程师的正常工作。

在实施监理的过程中，监理单位是处于工程承包合同签约双方即建设单位和施工单位之间的独立一方，依法行使签订的监理委托合同赋予的职权，承担相应的职业道德责任和法律责任。

3. 科学性

监理单位必须能发现与解决工程建设中存在的技术和管理方面的问题，能够提供高水平的专业服务。这是监理单位区别于其他一般服务性组织的重要特征，也是其赖以生存的重要条件。

监理人员的高素质是监理单位科学性的前提条件。监理工程师都必须具有相当高的学历，并有长期从事工程建设工作的丰富实践经验，精通技术与管理，通晓经济与法律。否则，监理单位将不能正常开展业务。

四、企业自检

（一）企业自检的含义

企业自检，是施工企业按照与业主签订的施工合同文件的要求，为保证工程质量，通过建立内部质量自检系统，开展工程质量控制与质量管理的活动。

公路工程施工企业作为公路工程建设的参与主体之一，是公路工程建筑产品的直接生产者，对保证公路工程的建设质量具有决定性的作用。公路工程施工企业建立良好的工程质量自检系统是形成公路工程质量保证体系的前提，是政府监督和社会监理职能体现的基础。

（二）施工企业自检系统的建立

为了按照合同约定实现建设工程项目的目标，施工企业必须根据工程的具体情况，建立健全工程质量自检系统。

1. 确定质量控制的目标

施工企业应根据施工合同中对工程质量的要求，确定质量自控的总目标，然后将其分解，明确各职能部门及各施工班组的质量自控目标，从而形成质量自控的目标体系。

2. 建立质量控制的组织机构

施工企业应根据工程项目规模大小、结构特点、质量自控目标等建立质量控制的组织机构。各职能部门及各施工班组也应根据各自承担的质量目标建立相应的自控小组，同时制定工作制度，从而建立一个上下贯通的质量自检组织体系。

3. 配备相应职称的自检人员

施工企业应根据工程规模的大小和工程结构特点等确定质量负责人，配备相应职称的自检人员，明确各自检人员的职责分工。施工的每一道工序都应由施工企业的自检人员按照监理工程师规定的程序，提供自检报告和试验报表。

4. 配备能满足要求的试验检测设备

作为工程质量控制的技术手段，施工企业必须配备与工程规模和结构特点相适应的试验设备。试验设备的类型、规格应符合合同文件中有关试验标准的规定，并应对一些关键性设备，如核子密度仪、压力机等进行核定。此外，对某些试验设备的数量应进行核实，分析其在施工高峰期能否满足工程试验和检测的需要。

5. 明确质量检验标准

企业自检应以国家和交通运输部颁布的有关标准、规范、规程、规定、办法等为依据，明确相应的工作方法和手段，使企业自检工作标准化、规范化。

第三节　公路工程监理阶段划分

公路工程项目施工监理一般划分为三个阶段，即施工准备阶段监理、施工阶段监理、交工验收与缺陷责任期阶段监理。

一、施工准备阶段监理

从监理服务合同签订之日至总监理工程师签发合同工程开工令之日为施工准备阶段，监理服务合同签订后，即进入施工准备阶段监理。

（一）准备工作

1. 配备试验室设备

总监办中心试验室应按监理合同要求配备常规的试验检测设备；驻地试验室应按监理合同要求配备现场抽查常用的试验检测设备。

2. 熟悉合同文件

监理机构应组织监理人员熟悉以下法律、法规及文件：国家和地方法律、法规；国家和行业、地方有关标准、规范、规则；监理合同；施工合同；工程前期有关文件；工程设计文件和图纸；工程实施过程中有关的函件。

当发现有关文件不一致或有错误时，应及时书面报告建设单位。

3. 调查施工环境条件

监理工程师应对施工合同规定的施工环境条件进行调查，掌握有关情况。

4. 编制监理计划

总监理工程师应在合同规定的期限内主持编制监理计划，按合同规定报批后执行编制监理计划。应明确监理目标、依据、范围和内容，监理机构各部门及岗位职责，监理人员和设备的配备及进退场计划，监理方案，监理制度，监理程序及表格，监理设施，等等。

5. 编制监理细则

驻地监理工程师应根据监理计划，在相应工程开工前主持编制监理细则，明确监理的重点、难点、具体措施及方法、步骤，经总监理工程师同意后实施。

（二）监理工作内容

1. 参加设计交底

监理工程师应参加设计交底，掌握本工程的设计意图、设计标准和要点，熟悉对材料与工艺的要求，施工中应特别注意的事项，以及对施工安全、环保工作的要求。监理工程师还应澄清有关问题，收集资料并记录。

2. 审批施工组织设计

总监理工程师应在合同规定的期限内及时审批施工单位提交的施工组织设计，重点包括：施工组织设计的审批手续是否齐全有效；施工质量、安全、环保、进度、费用目标是否与合同一致；质量、安全和环保等保证体系是否健全有效；安全技术措施、施工现场临时用电方案及工程项目应急救援抢险方案是否符合要求；施工总体部署与施工方案和安全、环保等应急预案是否合理可行。技术复杂或采用新技术、新工艺，或在特殊季节施工的分项、分部工程，以及危险性较大的分部工程，应要求施工单位编制专项施工方案，并由驻地监理工程师审核，总监理工程师批准后实施。

3. 检查保证体系

监理工程师应检查施工单位质量、安全和环保等保证体系是否落实，重点检查项目经理、技术负责人、工地试验室负责人的资格，以及质量、安全、环保人员的履约情况。

4. 审核工地试验室

监理工程师应审核施工单位工地试验室的人员、设备和试验检测能力是否满足合同要求，管理制度是否健全。

5. 审批复测结果

监理工程师应对施工单位提交的原始基准点、基准线和基准高程的复测结果进行审核和平行复测。当双方复测结果一致并满足规范要求时，监理工程师应在合同规定的期限内批复。

6. 验收地面线

监理工程师应监督施工单位在原始地面线未被扰动前测定地面线，并对测定结果进行抽测。抽测频率应能判定施工单位测定结果是否真实可靠，且不低于施工单位测点的 30 %。监理工程师应对施工单位提交的土石方工程量计算资料进行审核。

7. 审批工程划分

总监理工程师应于总体工程开工前对施工单位提交的分项、分部、单位工程划分予以批复，并报建设单位备案。

8. 确认场地占用计划

监理工程师对施工单位提交的场地占用计划及临时增减的用地计划应予以确认，并及时提交建设单位。

9. 核算工程量清单

监理工程师应对工程量清单复核结果进行核算。

10. 签发开工预付款支付证书

总监理工程师应在施工单位提交预付款担保后，按合同规定的金额签发开工预付款支付证书，并报建设单位审批。

11. 召开监理交底会

总监理工程师应在合同工程开工前主持召开有施工单位项目经理、技术负责人及相关人员参加的监理交底会，介绍监理计划的相关内容。

12. 召开第一次工地会议

总监理工程师应主持召开第一次工地会议。会议的组织和要求应符合以下规定：第一次工地会议上，各方应介绍各自的人员、组织结构、职责范围及联系方式；建设单位应宣布对监理工程师的授权；总监理工程师应宣布对驻地监理工程师授权；施工单位应书面提交对工地代表（项目监理）的授权书；施工单位应陈述开工的各项准备情况；监理工程师应就施工准备及安全、环保等予以评述；建设单位应就工程占地、临时用地、临时道路、拆迁、工程支付担保情况，以及其他与开工条件有关的内容及事项进行说明；监理单位应就监理工作准备情况及有关事项做出说明；监理工程师应就主要监理程序、质量和安全事故报告程序、报表格式、函件往来程序、工地例会等进行说明；总监理工程师应进行会议小结，明确施工准备工作还存在的主要问题及解决措施。

13. 签发合同工程开工令

监理工程师收到施工单位提交的合同工程开工申请后，应对合同工程的开工条件进行核查，具备开工条件的，由总监理工程师签发合同工程开工令，并报建设单位备案。

二、施工阶段监理

施工阶段监理的主要任务是监理工程师必须抓好质量控制、安全控制、环境保护控制、费用控制、进度控制、合同管理、信息管理和组织协调等工作。

监理工程师须根据监理工作职责，认真履行施工合同规定的具体要求，充分运用建设单位授权，采取符合施工合同规定的组织、技术、合同和经济措施，对工程质量、安全、环保、费用、进度实行全面监理，严格合同管理和高效的信息管理，保证合理地实现工程建设的质量、安全、环保、费用、进度五大预期目标。

（一）质量监理

工程建设的关键是质量，由于影响工程质量的因素很多，监理工程师应按照合同规定和要求对影响工程质量的各个因素从原材料、施工工艺等方面进行全过程检查、监督和管理控制，因为任一环节出现疏忽都会对公路工程的质量造成影响。监理工程师必须对整个工程实行全过程监理，以确保施工单位提交的工程符合合同、技术规范中使用要求和验收标准的规定。《公路工程施工监理规范》（JTG G10—2016）规定，质量监理工作内容如下。

1. 审查工程分包

监理工程师应按规范规定对工程分包进行审查。

2. 审批施工测量放线

监理工程师应检查施工单位使用的测量仪器是否按规定进行了校准，审查其提交的施工测量放线数据、图表及放线成果并予以批复。

监理工程师应对从基准点引出的工程控制桩进行复测，对施工放线的重点桩位进行 100% 复测，对其他桩位进行不低于 30% 抽测。

3. 审批工程原材料与混合料

监理工程师应审查施工单位申报的原材料、混合料试验资料，对原材料应独立取样进行平行试验，对混合料可在施工单位标准试验的基础上进行试验验证，必要时做标准试验，在合同规定的期限内予以批复。

监理工程师应对施工单位申请使用的商品混凝土或商品混合料配合比进行审查，并进行试验验证。

4. 审查施工组织及人员配备

分项工程开工前，监理工程师应审查该分项工程的施工组织，包括项目负责人，技术负责人，质量、安全、环保等施工管理、自检人员，以及主要施工操作人员的配备是否符合合同要求并满足施工要求。

5. 审查施工机械设备

监理工程师应审查施工单位进场的施工机械设备是否满足合同要求，重点审查机械设备是否满足施工质量、安全、环保、进度等要求。如施工单位使用合同约定外的施工机械设备，监理工程师应要求施工单位另行提出使用申请。

6. 审查施工方案及主要工艺

监理工程师应审查施工单位提交的分项、分部工程的施工方案及主要工艺，对技术复杂或采用新技术、新工艺、新材料、新设备的工程，应根据试验工程结果进行审批。

7. 审批分项、分部工程的开工申请

监理工程师应要求施工单位提交分项、分部工程的开工申请，在合同规定的时间内重点按上述第1～6条规定审查其是否具备开工条件，以确定是否批复其开工申请。

8. 验收构件、配件或设备

对施工单位外购或定做的用于永久工程的构件、配件或设备，监理工程师应要求施工单位提交产品合格证和自检报告。对可采用常规仪器设备进行检测的，监理工程师应按不低于施工单位自检频率20％的频率进行抽检，合格后方可准许使用。

9. 巡视

监理工程师应重点巡视：正在施工的分项、分部工程是否已批准开工；质量检测、安全管理人员是否按规定到岗；特种作业人员是否持证上岗；现场使用的原材料或混合料、外购产品、施工机械设备及采用的施工方法与工艺是否与批准的一致；质量、安全及环保措施是否实施到位；试验检测仪器、设备是否按规定进行了校准；是否按规定进行了施工自检和工序交接。监理工程师每天对每道工序的巡视应不少于1次，并详细做好巡视记录。

10. 旁站

监理工程师应对试验工程、重要隐蔽工程和完工后无法检测其质量或返工会造成较大损失的工程进行旁站。旁站监理工程师应重点对旁站项目的工艺过程进行监督，并按上述第 9 条进行检查，对发现的问题应责令立即改正。当项目出现的问题可能危及工程质量、安全或环境时，旁站监理工程师应予以制止并及时向驻地监理工程师或总监理工程师报告。

旁站监理工程师应如实、准确、详细地做好旁站记录。

旁站项目完工后，监理工程师应按规定格式组织检查验收，验收合格方可进行下道工序的施工。

11. 抽检

监理工程师应按规定重点对施工过程中使用的水泥、钢材、沥青、石灰、粉煤灰、砂砾、碎石等主要原材料及各种混合料进行抽检，抽检频率应不低于施工单位自检频率的 20 %，对其余材料的抽检频率应不低于 10 %，对已完工工程实体质量的抽检频率应不低于施工单位自检频率的 20 %。

监理工程师在对材料或工程的质量有怀疑时，应进行进一步的判定。

12. 关键工序签认

完工后无法检验的关键工序，须经监理工程师签认，并留存相应的图像资料，未经签认不得进行下道工序的施工。

13. 质量事故处理

当发生可由监理工程师机构处理的质量缺陷、质量隐患时，监理工程师应立即向施工单位发出工程暂时停工指令，并要求其立即书面报告质量缺陷、质量隐患的发生时间、部位、原因及已采取的措施和进一步处理方案。监理工程师应对处理方案进行审核后报建设单位批准，对处理方案的实施进行监理并予以验收，处理合格、隐患消除后可发出复工指令。

当发生不属于监理机构处理的质量事故时，监理工程师应要求施工单位按规定速报有关部门。监理机构应和施工单位一起保护事故现场，抢救人员和财产，防止事故扩大，并积极配合调查。对加固、返工或重建的工程，除特殊规定外，应视同正常施工工程进行监理。总监办应建立专门台账，记录质量事故发生、处理和返工验收的过程和结果。

14. 中间交工验收

监理工程师收到分项工程中间交工申请后，应检查各道工序的施工自检记录、交接单及监理工程师签认的关键工序的交验单，检查分项工程的质量自检和质量等级评定资料，检查质量保证资料的完整性。驻地办应按合同规定对交工的分项工程进行质量等级评定，并签发中间交工证书。

15. 质量评定

监理工程师应按有关规定及时对已完工程进行质量评定。

（二）安全生产监理

监理工程师应审批施工方提交的安全生产保证体系，并要求其有效、可行、可靠，以达到安全生产的目标。《公路工程施工监理规范》（JTG G10—2016）规定，安全生产监理具体工作内容如下。

1. 工程开工前

监理工程师应审查施工单位编制的施工组织设计中的安全技术措施或专项施工方案是否符合强制性标准，审查合格后方可同意工程开工。审查重点包括：安全管理和安全保证体系的组织机构，包括项目经理、专职安全管理人员、特种作业人员配备的数量及安全资格培训持证上岗情况；是否制定了施工安全生产责任制、安全管理规章制度、安全操作规程；施工单位的安全防护用具、机械设备、施工机具是否符合国家有关安全规定；是否制定了施工现场临时用电方案的安全技术措施和电气防火措施；施工现场布置是否符合有关安全要求；生产安全事故应急救援预案的制定情况，针对重点部位和重点环节制定的工程项目危险源监控措施和应急预案；施工人员的安全教育计划、安全交底安排；安全技术措施费用的使用计划。

2. 分包合同

监理工程师应审查分包合同，审查其是否明确了施工单位与分包单位各自在安全生产方面的责任。

3. 按专项安全施工方案组织施工

监理工程师在巡视、旁站过程中应监督施工单位按专项安全施工方案组织施工，若发现施工单位未按有关安全法律、法规和工程强制性标准施工，违规作业，应予制止。监理工程师对危险性较大的工程作业等要定期巡视检查，如发现安全事故隐患，应立即书面指令施工单位整改，情况严重的应签发工程暂停令，要求施工单位暂停施工，并及时报告建设单位。若施工单位拒不整改或者不停止施工，监理工程师应及时向有关主管部门报告。

监理工程师应督促施工单位进行安全生产自查工作，落实施工生产安全技术措施，参加施工现场的安全生产检查。监理机构应建立施工安全监理台账，并由专人负责。监理人员应将每次巡视、检查、旁站中发现的涉及施工安全的情况、存在的问题、监理的指令及施工单位处理的措施和结果及时记入台账。总监理工程师的驻地监理工程师应定期检查施工安全监理台账的记录情况。分项、分部工程交工验收时，如安全事故的现场处理未完成，不得签发中间交工证书。

（三）工程费用监理

监理工程师应在工程质量、工期符合合同要求的基础上，对工程费用进行监理。工程费用包括合同文件中工程量清单内所列费用，以及因工程变更、施工单位索赔或建设单位未履行义务而涉及的一切费用，监理工程师应尽可能减少工程量清单中所列费用以外的附加支出，使工程总费用控制在预定额度之内。

（四）进度监理

一个工程项目在合同文件内会规定具体的施工工期，施工单位应根据实际情况制订切实可行的工程进度计划，提交监理工程师进行审批。监理工程师根据施工合同规定的工期对施工单位施工组织、资源投入、施工方案、工期安排进行监督与管理，采取具体措施努力减小计划进度和实际进度的差距，协调整条路线的平衡进度，保证在合同期限内全面完成并交付工程。

（五）合同管理及其他事项管理

监理工程师应依照合同约定，对执行施工合同过程中发生的包括工程分包、工程变更、工程延期、费用索赔、争端与仲裁、工程保险、违约和转让等有关合同的问题进行检查和处理。

三、交工验收与缺陷责任期阶段监理

自合同工程交工验收申请受理之日至缺陷责任终止证书签发之日止为交工验收与缺陷责任期阶段。交工验收是指检查施工合同的执行情况，评价工程质量是否符合技术标准及设计要求，是否可以移交下一阶段施工或是否满足通车要求，对各参建单位进行初步评价。设计缺陷责任期的主要目的是在工程的使用条件下，证明合同的各项规定已得到遵守。在此，承包人除必须完成工程交工证书中所列的尚未完成的工作项目外，还必须修补在使用条件下因施工质量而出现的任何缺陷。《公路工程施工监理规范》（JTG G10—2016）规定，在交工验收与缺陷责任期阶段，监理工程师应按合同及有关规定要求，审查施工单位提交的合同工程交工验收申请，重点检查合同约定的各项内容的完成情况、施工自检结果、各项资料的完整性、工程数量核对情况，以及工程现场清理情况。监理工程师应及时汇总、整编监理资料，对工程的质量等级进行评定，按有关规定编制监理工作报告，并提交建设单位。监理工程师应参加建设单位组织的合同工程交工验收，接受对监理独立抽检资料、监理工作报告及质量评定资料的检查，协助建设单位检查施工单位的合同执行情况，核对工程数量，评定各合同段的工程质量。合同工程交工验收证书签发后，监理工程师应认真审核施工单位提交的合同工程交工结账单，并在规定期限内签认合同工程交工结账证书，报建设单位审批。在合同工程缺陷责任期内，监理工程师应检查施工单位剩余工程的实施情况，巡视检查已完工程，记录发生的工程缺陷，指示施工单位进行修复，并对工程缺陷发生的原因、责任及修复费用进行调查、确认，督促施工单位按合同规定完成竣工资料。

在合同工程缺陷责任期结束，收到施工单位向建设单位提交的终止缺陷责任的申请后，监理工程师应进行检查。符合条件时，经建设单位同意，监理工程师应在合同规定的时间内签发合同工程缺陷责任终止证书，并按规定向建设单位提交缺陷责任期监理工作总结。监理工程师收到施工单位提交的最后结账单及所附资料后应进行审核，审核后的最后结账单经施工单位认可后，由总监理工程师签认并报建设单位审批。监理单位应参加工程竣工验收工作，负责提交监理工作报告，提供工程监理资料，并配合竣工验收检查工作。

第四节　公路工程监理人员与组织

一、监理工程师

（一）监理工程师的分类

在监理机构中，具有交通运输部核准的公路工程监理工程师或专业监理工程师资格的人员统称为监理工程师。监理工程师按岗位职责和专业性质一般可分为总监理工程师、驻地监理工程师、专业监理工程师。总监理工程师是具有交通运输部公路工程监理工程师资格，经项目建设单位同意，在监理机构中负责项目工程全部监理工作的总负责人。驻地监理工程师是具有交通运输部公路工程监理工程师资格，经总监理工程师授权，负责项目部分工程监理工作的驻地监理负责人。专业监理工程师是根据项目监理岗位进行职责分工，经总监理工程师或驻地监理工程师的授权，负责实施某一专业或某一方面监理工作的监理工程师。

（二）监理工程师的素质要求

工程监理是高层次的咨询工作，也是一项技术性、政策性、经济性、社会性很强的综合管理工作，这就要求从事监理工作的监理工程师必须具备较高的职业素质。

1. 具有较高的知识理论水平

随着现代科学技术的发展，建设工程项目的规模越来越大，结构越来越复杂，项目管理所涉及的领域和理论也越来越广泛，因此监理工程师必须具备较高的专业知识理论水平，才能对监理过程中出现的复杂技术、经济问题进行深入分析，抓住事物的本质，从根本上处理、解决问题。此外，监理工程师不仅应具有较深厚的专业理论知识、经济管理理论知识和一定的法律知识，还要有较高的政策理论水平，能正确理解有关工程建设的方针、政策，高水平地处理监理工作中的有关政策问题。

2. 具有较高的专业技术水平和能力

监理工程师除要具有较高的知识理论水平外，还应具有较高的专业技术水平和能力。在实施监理的过程中，监理工程师不仅应及时发现工程设计单位和承包人未能发现的技术问题，而且应及时有效地解决工程实施中出现的各种复杂的技术、经济、安全等问题。

3. 具有合理的知识结构

建设工程监理不仅是技术服务，还具有管理职能，因此监理工程师既要懂技术，又要懂经济、管理、法律，其知识结构包括专业技术、经济、管理和法律四个方面。在专业技术方面，主要是指路基、路面、桥梁结构、隧道、机电、试验检测等相关的专业知识；在经济方面，主要是指进行技术方案的经济比较，进行可行性研究、概预算的编制与审核等的有关知识；在管理方面，主要是指项目管理的知识，如组织学、控制论等；在法律方面，主要是指与工程监理有关的法律、法规和各项规章等，如《中华人民共和国公路法》《中华人民共和国合同法》《中华人民共和国招标投标法》《建设工程质量管理条例》《建设工程安全生产管理条例》《公路工程施工监理招标投标管理办法》《公路工程施工监理规范》（JTG G10—2016）等。

4. 具有较强的组织协调能力和良好的协作精神

监理工程师在项目建设中责任大、任务繁重，因而较强的组织协调能力和良好的协作精神是监理工程师的必备素质。监理工程师要力求把参加工程建设的各方组织成一个集体，还要处理各种矛盾、纠纷，这就要求其具备较强的组织协调能力和良好的协作精神。

5. 具有较高的外语水平和涉外工作经验

监理工程师如果从事国际工程的监理，则必须具备较高的外语水平和丰富的涉外工作经验，即具有会话、谈判、阅读（招标文件、合同条件、技术规范等）及写作（公函、合同、电传等）方面的外语能力。同时，还要具有国际工程合同管理的经历，以及与国际金融、国际贸易和国际经济技术合作有关的法律方面的基础知识。随着我国的进一步对外开放，人们对监理工程师的外语水平和涉外工作经验提出了更高的要求。

6. 具有健康的体魄和充沛的精力

尽管工程监理是一种高智能的技术服务，以脑力劳动为主，但是也要求监理人员具有健康的身体和充沛的精力，这样他们才能胜任繁忙、严谨的监理工作。尤其在工程施工阶段，由于露天作业，工作条件艰苦，工期往往紧迫，业务繁忙，更需要监理人员有健康的身体，否则难以胜任工作。

（三）监理工程师的职业道德准则

各行各业都有职业道德规范，这些规范都是由职业特点决定的。为了确保公路工程监理事业的健康发展，监理工程师应遵守以下职业道德准则：①热爱工作，认真负责，具有对工程建设的高度责任感。②严格按照合同实施对工程项目的监理，既要保护业主的利益，又要公平合理地对待承包人。③监理工程师自身要严格地遵守国家及地方的各种法律法规的规定，同时也要求承包人严格地遵守，以此保护业主的正当权益。④监理工程师要为业主严格保密。监理工程师了解和掌握业主的相关资料，必须严格保密，不得泄露。⑤当监理工程师认为自己正确的判断或决定被业主否决时，应阐明自己的观点，并且要以书面的形式通知业主，说明可能给业主一方带来的不良后果。监理工程师认为业主的判断或决定不可行时，应书面向业主提出劝告。⑥当监理工程师发现自己处理问题有错误时，应及时向业主承认错误，同时提出改进意见。⑦监理单位和监理工程师个人，不得经营或参与经营承包施工，也不得参与采购、营销设备和材料，更不得在政府部门、承包人，以及设备、材料供应单位任职或兼职。监理工程师不得以个人名义接受委托，开展工程监理任务，只能由监理单位承担。⑧监理工程师为监理的工程项目聘请外单位监理人员时，须征得业主的同意。⑨监理工程师应接受职业继续教育，努力学习专业技术和监理知识，不断提高业务能力和监理水平。

（四）对监理工程师违规行为的处罚

监理工程师在执业过程中必须严格遵纪守法。政府建设行政主管部门对于监理工程师的违法违规行为，将追究其责任，并根据不同情节给予必要的行政处罚。对监理工程师违规行为的处罚在相关的法律、法规和部门规章中都有明确的规定。

《建设工程质量管理条例》规定：监理工程师等注册执业人员因过错造成质量事故的，责令停止执业 1 年；造成重大质量事故的，吊销执业资格证书，5 年以内不予注册；情节特别恶劣的，终身不予注册。

《建设工程安全生产管理条例》规定：注册执业人员未执行法律法规和工程建设强制性标准的，责令停止执业 3 个月以上 1 年以下；情节严重的，吊销执业资格证书，5 年内不予注册；造成重大安全事故的，终身不予注册；构成犯罪的，依照刑法有关规定追究刑事责任。

《公路建设监督管理办法》规定，公路建设从业单位有关人员，具有行贿、索贿、受贿行为，损害国家、单位合法权益，构成犯罪的，依法追究刑事责任。

《注册监理工程师管理规定》规定：注册监理工程师在执业活动中有下列行为之一的，由县级以上地方人民政府建设主管部门给予警告，责令其改正。没有违法所得的，处以 1 万元以下罚款，有违法所得的，处以违法所得 3 倍以下且不超过 3 万元的罚款；造成损失的，依法承担赔偿责任；构成犯罪的，依法追究刑事责任。①以个人名义承接业务的。②涂改、倒卖、出租、出借或者以其他形式非法转让注册证书或者执业印章的。③泄露执业中应当保守的秘密并造成严重后果的。④超出规定执业范围或者聘用单位业务范围从事执业活动的。⑤弄虚作假提供执业活动成果的。⑥同时受聘于两个或者两个以上的单位，从事执业活动的。⑦其他违反法律、法规、规章的行为。

二、监理单位

（一）监理单位的概念

监理单位是具有法人资格并取得交通主管部门颁发的公路工程监理资质证书的企业。监理单位必须具有自己的名称、组织结构和场所，有与承担监理业务相适应的经济、法律、技术及管理人员，有完善的组织章程和管理制度，并具有一定数量的资金和设施。

（二）监理单位的组织形式

按照我国现行法律法规的规定，工程监理企业有可能存在的企业组织形式包括公司制监理企业、合伙监理企业、个人独资监理企业、中外合资经营监理企业和中外合作经营监理企业。以下主要介绍公司制监理企业、中外合资经营监理企业与中外合作经营监理企业的特点。

1. 公司制监理企业

监理公司是以营利为目的，依照法定程序设立的企业法人。我国公司制监理企业的特征如下：必须是依照《中华人民共和国公司法》的规定设立的社会经济组织；必须是以营利为目的的独立企业法人；自负盈亏，独立承担民事责任；是完整纳税的经济实体；采用规范的成本会计和财务会计制度。

我国监理公司的种类有两种，即监理有限责任公司和监理股份有限公司。

（1）监理有限责任公司

监理有限责任公司，是指由 50 人以下的股东共同出资，股东以其认缴的出资额对公司行为承担有限责任，公司以其全部资产对其债务承担责任的企业法人。

（2）监理股份有限公司

监理股份有限公司是指全部资本由等额股份构成，并通过发行股票筹集资本，股东以其所认购的股份对公司承担责任，公司以其全部资产对公司债务承担责任的企业法人。

设立监理股份有限公司可以采取发起设立或者募集设立的方式。发起设立，是指由发起人认购公司应发行的全部股份而设立公司。募集设立，是指由发起人认购公司应发行股份的一部分，其余部分向社会公开募集而设立公司。

2. 中外合资经营监理企业与中外合作经营监理企业

中外合资经营监理企业是指以中国的企业或其他经济组织为一方，以外国的公司、企业、其他经济组织或个人为另一方，在平等互利的基础上，根据《中华人民共和国中外合资经营企业法》，签订合同，制定章程，经中国政府批准，在中国境内共同投资、共同经营、共同管理、共同分享利润、共同承担风险，主要从事工程监理业务的监理企业，其组织形式为有限责任公司。在合营企业的注册资本中，外国合营者的投资比例一般不低于 25 %。

中外合作经营监理企业是指中国的企业或其他经济组织同外国的企业、其他经济组织或者个人，按照平等互利的原则和中国的法律规定，用合同约定双方的权利和义务，在中国境内共同举办的主要从事工程监理业务的经济实体。

（三）监理单位的设立

1. 监理单位设立的基本条件

①有自己的名称和固定的办公场所。②有自己的组织机构，如决策机构、财务机构、技术机构等。③有一定数量的专门从事监理工作的工程经济、技术人员，而且专业基本配套，技术人员数量、业绩和职称符合要求。④有符合国家规定的注册资金。⑤有完善的企业章程和制度。⑥有主管单位的，要有主管单位同意设立监理单位的批准文件。⑦拟从事监理工作的人员中，有一定数量的人已取得国家交通行政主管部门颁发的监理工程师资格证书。

⑧有符合要求的公路工程试验检测设备和测量放样等仪器，具备建立工地试验室的条件。

2. 监理单位设立的申报与许可程序

工程建设监理单位的设立应先申领企业法人营业执照，再申报专业资质。

新设立的工程监理单位，应根据法人设立的条件，先向工商行政管理部门申请登记注册。工商行政管理部门对申请登记注册的监理单位进行审查，经审查合格者，给予登记注册，并签发企业法人营业执照。监理单位营业执照的签发日期为监理单位的成立日期。

监理单位资质是监理企业的人员组成、专业配置、测试仪器的配备、财务状况、管理水平、管理业绩等方面的综合实力的体现。新设立的工程监理单位在获得营业执照后，应向交通行政主管部门的资质许可机关提交申请，交通行政主管部门按照行政许可流程对具备条件的申请单位进行审核，核定监理企业的业务范围和资质等级，颁发相应的监理资质证书。

（四）监理单位资质等级和从业范围

公路工程专业监理资质分为甲、乙、丙三个等级和特殊独立大桥专项、特殊独立隧道专项、公路机电工程专项。

获得公路工程专业甲级监理资质的，可在全国范围内从事一、二、三类公路工程、桥梁工程、隧道工程项目的监理业务。

获得公路工程专业乙级监理资质的，可在全国范围内从事二、三类公路工程、桥梁工程、隧道工程项目的监理业务。

获得公路工程专业丙级监理资质的，可在企业所在地的省级行政区域内从事三类公路工程、桥梁工程、隧道工程项目的监理业务。

获得公路工程专业特殊独立大桥专项监理资质的，可在全国范围内从事特殊独立大桥项目的监理业务。

获得公路工程专业特殊独立隧道专项监理资质的，可在全国范围内从事特殊独立隧道项目的监理业务。

获得公路工程专业公路机电工程专项监理资质的，可在全国范围内从事各等级公路、桥梁、隧道工程通信、监控、收费等机电工程项目的监理业务。

（五）监理单位经营活动的基本准则

监理单位从事工程监理活动，应当遵循"守法、诚信、公正、科学"的基本准则。

1. 守法

守法，即遵守国家的法律、法规。对于工程监理单位来说，守法就是要依法经营，主要体现为：只能在核定的业务范围内开展经营活动；不伪造、涂改、出租、转让、出卖监理资质证书；按照合同的规定认真履行义务，不无故或故意违背自己的承诺；遵守国家关于企业法人的其他法律法规的规定；在工程监理活动中，自觉接受政府主管部门的监督。

2. 诚信

简单地讲，诚信就是诚实、守信用。监理单位是向社会提供技术服务的，而技术服务水平的高低弹性变化很大，在通常的情况下，很难做出全面合理的合同约定，所以诚信准则对实施监理活动具有重要意义。

监理单位在承揽监理业务时，不得夸大自己的能力，不得擅自分包或转让监理业务。在监理活动中，监理单位应当做到忠诚老实、重信誉、竭诚为业主服务，提供与其资质水平相适应的技术服务。信用是企业的一种无形资产，良好的信用能为企业带来巨大的效益。监理单位应当树立良好的信用意识，使企业成为讲道德、讲信用的市场主体。

3. 公正

公正是指监理单位在监理活动中既要维护业主的权益，又不能损害承包人的合法权益，并依据合同公平合理地处理业主与承包商之间的矛盾和争议。监理单位要做到公正，必须做到以下几点：①培养监理人员良好的职业道德，不接受可能导致判断不公的报酬，不为私利而违心地处理问题。②监理人员坚持实事求是的原则，不偏袒任何一方。③全面提高监理人员的专业技术和综合分析问题的能力，正确处理工程监理中出现的各种技术问题。④监理人员要不断提高自己的专业技术能力和合同意识，尤其是要尽快提高综合理解、熟练运用工程建设项目合同条款的能力，以便以合同为依据，恰当地协调、处理问题。

公正性以独立性为前提，所以监理单位必须保持自己的独立性。

4. 科学

监理单位应当按照科学的思想、理论、方法和手段开展工程建设监理活动及其他技术服务活动。在实施某项具体的监理活动时，要有科学的方案，要运用科学的手段，采取科学的方法。工程项目监理结束后，还要进行科学的总结。只有这样，才能提供高智能的、科学的服务，并符合工程监理事业发展的需要。

三、监理机构

（一）监理机构的概念及设置

监理机构是由监理单位派出并代表监理单位履行合同的现场监理组织。

监理单位与业主签订监理合同后，应根据监理合同规定的监理服务任务、服务内容、服务期限、工程组成、工程规模、技术复杂程度、现场条件及施工条件等因素，建立现场监理机构。现场监理机构组织形式和规模可视工程情况设置一级监理机构或二级监理机构。

一级监理机构设置总监理工程师办公室（简称"总监办"）。

二级监理机构设置总监理工程师办公室和驻地监理工程师办公室（简称"驻地办"）。

《公路工程施工监理规范》（JTG G10—2016）规定，高速公路和一级公路可设置二级监理机构，开工里程在 20 km 以下的宜设置一级监理机构。二级和二级以下的低等级公路可根据工程规模、难易程度、合同工期安排、现场条件等因素设置一级监理机构或二级监理机构。独立大桥或独立隧道工程可设置一级监理机构。

（二）监理机构的监理模式

1. 直线式监理模式

直线式监理模式适用于能划分为若干相对独立的合同段的工程，总监理工程师负责整个工程的规划、组织和指导，并负责整个工程范围内各个方面的指挥、协调工作，各合同段分别负责各合同段的目标值控制，具体领导现场专业工程的施工。直线式监理模式结构简单，有呆板、权力集中、命令统一、决策迅速、指挥灵便、专业分工差、横向联系困难的特点，适用于技术简单、专业分工不细的中小型项目。

2. 职能式监理模式

职能式监理组织设置时，需注意各职能办公室的职责与权限划分，以避免各职能办公室间职责不清、协调困难的情况出现。公路工程监理组织采用此种组织模式，可以充分发挥监理机构内各职能办公室的作用。

职能式监理模式能发挥各职能部门的专长，有利于生产专业化和人才培养，但有政出多门、责任不清、互相矛盾、协调困难的问题，适用于工作内容多、技术专业化强、管理分工细的企业组织。

3. 直线－职能式监理模式

直线－职能式监理模式既可以发挥监理机构内各职能部门的作用，又可以发挥集中领导、统一指挥、分工明确、高效有序的优点，但是有信息差、部门间易产生矛盾的问题，应注意协调，适用范围十分广泛。

4. 矩阵式监理模式

当监理单位承担一个大型项目或同时承担多个项目，对专业技术和管理人才需要量很大，而单位人才资源又有一定限度，且复杂项目又要求多部门、多专业配合实施，对人才资源利用率要求很高时，最适合采用矩阵式监理模式。我国有关世界银行贷款公路项目的监理组织普遍采用此种组织模式。

矩阵式监理模式有弹性，适用于资源不均衡，对效率、协调要求高的项目，以及大型复杂项目。

（三）监理人员配备

《公路工程施工监理规范》（JTG G10—2016）规定，监理机构中监理人员的数量和专业结构，应根据监理内容、工程规模、合同工期、工程条件和施工阶段等因素，按保证有效监理的原则确定。高速公路、一级公路等宜按每年每7500万元建安费配备监理工程师1名；独立大桥、特长隧道工程宜按每年每3000万元建安费配备具交通运输部核准资格的监理工程师1名，并可根据工程特点和实际需要在0.8～1.2的系数范围内调整。

高速公路机电工程，每50 km每系统宜配备具交通运输部核准资格的监理工程师1名，根据工程情况，如系统复杂或隧道机电工程内容较多，可适当增加。如遇重大工程变更等情况，上述人员配备应根据需要进行调整，并就工程内容的变化、人员的调整事宜签订补充合同。

总监办应配备1名总监理工程师和若干名专业监理工程师。总监理工程师应具有相应专业的高级技术职称，有5年以上的现场工程监理经历，担任过两项以上同类工程的驻地或总监职务。

驻地办应根据工程复杂程度配备1～2名驻地监理工程师和若干名专业监理工程师。驻地监理工程师应具有相应专业的中级或高级技术职称，有同类工程3年以上监理经历。

（四）监理机构的职责

《公路工程施工监理规范》（JTG G10—2016）规定：当采用二级监理机构和监理总承包时，应由中标的监理单位划分各级监理机构及监理人员的职责和权限；当对监理机构分别进行招标时，应由建设单位划分确定各监理机构各自的职责和权限。

1. 总监办的职责

①主持编制监理计划。②主持召开监理交底会议、第一次工地会议。③按合同要求建立中心试验室。④审批施工组织设计、总体进度计划、重要工程材料和混合料配合比。⑤签发支付证书、合同工程开工令、单位或合同工程的暂停令和复工令。⑥审核变更单价和总额，以及延期与费用索赔。

⑦协助建设单位审查交工验收申请，评定工程质量。⑧组织编制监理月报、监理竣工文件、监理工作报告。

2. 驻地办的职责

①主持编制监理细则。②主持召开工地会议。③按合同要求建立工地试验室。④审批一般工程原材料和混合料配合比、施工单位的机械设备方案、施工方案。⑤审批施工单位测量基准点的复测、原地面线测量及施工放线成果。⑥审批分项工程开工申请，签发分项和分部工程暂停令和复工令。⑦组织、安排日常巡视、旁站、抽检，检查相关记录、日志。⑧核算工程量清单，负责对已完工程进行计量。⑨组织分项、分部工程中间验收和质量评定，签发中间交工证书。⑩审批月进度计划，编制合同段监理工作报告。

（五）各级监理人员的职责

监理人员是工程监理的主体，岗位不同，对知识结构要求亦不相同，但配备的监理人员应满足工程监理的需要。监理机构设置岗位分为总监理工程师、驻地监理工程师、监理工程师（包括专业监理，如测量、试验、计量、环保、安全等）、监理员（主要指现场旁站人员）和行政文秘人员。各个岗位上的监理人员必须在总监理工程师的统一领导下开展工作，既分工负责，又相互配合。

1. 总监理工程师的职责

①全面负责和领导所在项目的监理工作。②负责向公司提出总监代表、驻地监理组织的任免建议，确定各监理机构的人员编制。③行使对整个监理工作的最终认证与否决权。④审批施工单位的重要报告，签发各种指令、证书和文件。⑤审批监理代表处、驻地监理组的重要报告和文件。⑥主持重大质量事故的调查和处理。⑦负责各种监理规章制度的制定、修改、补充和解释。

副总监理工程师按总监理工程师授权的职责范围，协助总监理工程师工作，在总监理工程师不在时，代行总监理工程师的职责。

2. 驻地监理工程师的职责

①驻地监理工程师对总监理工程师代表负责，全面负责和领导本合同段的监理工作。②对合同中出现的问题和异议提出解释与修正意见，并报总监理工程师代表处。③详审施工单位的施工组织、施工方案和施工工艺，提出审查意见，报总监理工程师代表处批准。④核实施工单位主要管理人员和技术人员组成，核实并随时监督施工单位人员及劳动力进场和在场情况。⑤核实施工单位施工机械，并随时监督施工单位机械进场情况和完好率。⑥核实施工单位开工准备，审批施工单位施工图，签批分项工程开工申请报告。⑦签发中间交工证书，核实并签认中间计量证书，提出付款证书。⑧尽可能地防止索赔，对发生的索赔、工期延误、争端等问题及时做出反应，同时上报总监理工程师代表处，并收集和提供所有相关资料，提出处理意见。⑨及时呈报所有工程变更至总监理工程师代表处，提供所需资料，提出处理建议。⑩监督施工单位的施工管理和施工安全，控制、评价工程质量和工程进度，及时向总监理工程师代表处汇报有关情况。⑪审查施工单位材料来源和进场材料。⑫初审施工单位的工程分包，并提出审查意见。⑬对工程质量事故及时做出反应，并协助总监理工程师代表妥善处理。⑭下令使用计日工，同时上报总监理工程师代表处备案（事先经总监理工程师代表处同意）。⑮执行总监理工程师代表处的一切业务指示。

3. 监理员的职责

（1）一级监理机构

一级监理机构的监理员在驻地监理工程师的领导下，应完成以下工作：①负责所辖合同段各分项工程的现场监理工作。②熟悉合同条款、规范及设计文件，在施工过程中对进度质量进行全面控制，对施工中出现的问题，要按规范要求提出处理意见。③填写监理日志和监理日报，并负责制定施工过程中的监理细则。④审查施工单位的施工计划、施工组织、施工方案，提出审查意见，供驻地工程师审批时参考，并对计划的执行情况进行检查和监督。⑤对施工单位提供的测量资料、设计图纸及工程位置进行审查，检查施工单位的测量成果及绘制的施工和竣工图纸等。⑥审查施工单位的检验申请单，对施工单位施工的工程进行检验，对于施工单位施工中出现的问题，应建议驻地监理工程师签发工作指令或监理通知单。⑦审查施工单位提出的各项资料，安排制定控制施工质量及施工进度的各种图表，管理好施工监理原始记录、技术档案。⑧现场核实工程数量，做好合同计量支付工作，审查施工单位的支付月报，审查计日工的数量，经驻地工程师审查后上报。⑨对施工中发生的工程问题，以及合同索赔、延期等问题，应及时提出处理意见供驻地工程师参考，并上报总监理工程师代表处。⑩对工程重点部位和重点路段，要制定详细的施工技术方案、技术措施和质量保证措施。⑪完成驻地监理工程师交办的其他工作。

（2）二级监理机构

二级监理机构的监理员在驻地监理工程师的领导下，应完成以下工作：①协助驻地监理工程师工作。②负责对现场施工全过程及各工序施工质量进行监督。③检查并记录施工单位的工序施工质量。

四、监理设施

为确保公路工程质量控制的检验测试及各项管理工作的顺利进行，必须在监理单位承担的工程项目工地配备足够数量和相应质量水平的监理设施。监理设施包括办公设施和用品、生活设施和用品、试验设施、测量和气象仪器、交通设施及通信设施等。

（一）办公及生活设施

办公设施除一般办公条件（办公桌椅、文具等）外，还应配备计算机、打印机、复印机、传真机、照相机、摄像机、资料柜及必要的试验设备等。生活设施除一般生活用品（床、棉被、蚊帐等）外，还应有洗衣机、电风扇、空调、淋浴器、冰柜、消毒柜等。

办公生活场所宜选在距离所监理工程工地较近、交通便利的路段中间位置，具备通信和水、电、暖供应条件（试验室应具备三相电条件），应有安置压力机、万能试验机等的大型设备用房（必要时可建临时简易用房），并尽量将生活区、办公区、试验区分开设置。

（二）交通及通信设施

公路工程施工路线长、内容多、任务重、要求严、时间紧，为了有效地对工程实施监理，随时沟通各方信息，及时协调配合处理问题，应配置必要的监理用车和通信设备。交通工具配备数量应根据工程情况确定，车型以越野车、双排座客货车为主，不宜配备轿车。长 100 km 左右的公路工程项目，采用二级监理机构时，总监理工程师办公室可配备车辆 5 部；负责 20 km 左右路段（约两个施工合同段）的驻地工程师办公室，可配备车辆 3 ~ 4 部。

一般情况下，总监理工程师办公室配备程控电话两部，驻地工程师办公室配备程控电话一部，总监理工程师、总监代表（副总监）、驻地监理工程师、副驻地监理工程师应配有手机等通信设备。

（三）试验室设备

在公路工程中，只有把好试验关，通过可靠的试验设备、严格的试验操作和符合规范要求的试验成果，才能实现监理目的。为此，总监理工程师办公室、驻地监理工程师办公室均应设置独立的中心试验室和工地试验室，并拥有相应的试验检测资质。

1. 土建试验设备

土建试验仪器设备应满足路基、路面、桥涵、隧道、防护、交通工程等试验检测工作的需要（个别频率较低的试验可以采用对外委托的方式），保证规范规定的独立、平行的试验检测频率。

2. 测量仪器及设备

公路路线的平纵指标、大中桥隧、路基、路面等工程几何尺寸的控制是否符合标准，以及工程量的收方计量，都必须进行测量检查、验收。为此，配备各类精密的测量仪器和设备是监理工作的重要保证之一。

3. 气象设备

公路工程施工受气候条件影响较大，监理工程师要随时掌握和记录施工期间的气温及降水信息，以便要求施工单位采取相应的施工措施，避免不必要的损失。同时，恶劣的气候条件也是施工单位提出工程延期的主要因素之一，因此可视现场具体情况设立气象观测人员，配备适当的气象设备。在有气象站的地区，各施工合同段的气象资料应由建设单位、监理工程师与当地气象部门签订合同，由当地气象部门提供距合同段最近的气象站（哨）的气象资料。

4. 照相、摄像器材

施工现场、施工过程、施工技术及覆盖前的隐蔽工程和基础状况，都需要一定数量的工程照片或录像作为原始记录和档案保存下来。为此，可视项目情况配置适当的照相、摄像器材。一般来说，照相设备是监理组必须配置的。

各种监理设备的规格和数量，应根据工程规模、工程种类、监理数额及通行条件等实际情况，由监理工程师与建设单位共同商定，在施工合同文件或监理合同文件中列出清单。监理设施一般应在施工合同规定的实际开工期以前基本准备完善，以保证在监理工作中的正常使用。

第七章 公路工程施工成本管理

第一节 公路工程施工成本概述

一、施工项目成本及成本管理的概念

公路施工企业的基本活动是建造公路建筑产品，如公路、桥梁及其他交通工程设施等。在建造公路建筑产品的过程中，会产生各种耗费，包括劳动对象的耗费、劳动手段的耗费及劳动力的耗费等，这些耗费的货币表现为生产费用。

施工成本是指建设工程项目的施工过程中产生的全部生产费用的总和。施工项目成本是施工企业的主要产品成本，亦称工程成本，一般以项目的单位工程作为成本核算对象，通过对各单位工程成本的核算来综合反映施工项目成本。

施工项目成本管理就是要在保证工期和质量满足要求的情况下，采取相应的管理措施，包括组织措施、经济措施、技术措施、合同措施，以把成本控制在计划范围内，并进一步寻求最大限度的成本节约。

公路项目施工成本，是指在施工现场产生的全部生产费用的总和（制造成本），包括消耗的原材料、辅材、构配件等的费用，周转材料的摊销费或租赁费，施工机械的使用费或租赁费，支付给生产工人的工资、奖金、津贴，施工组织与管理过程中的全部费用支出，等等。

施工项目成本的研究对象是财务成本（现金成本），是以货币或资金的形式来表现的。非财务成本则是一种不能通过资金形式直接表示的成本。非财务成本虽然耗费了资金，不能马上表现出资金支出，但是日后会通过其他途径最终表现在资金形态上，如精神成本、企业形象和企业信誉等。因此，

施工成本管理既是对资金要素的管理，又是对各项施工要素的综合管理，与其他生产要素管理密不可分。

二、施工项目成本的分类

（一）按成本管理的要求分类

1. 预算成本

公路工程项目的产品具有多样性、固定性和生产周期长的特点，工程项目的建设需要通过编制预算来确定产品价格。预算成本是根据施工图，按分部、分项工程的预算单价和取费标准计算的工程预算费用。预算成本加间接费、利润和税金，即为工程项目的预算造价。在招标投标时，预算造价是施工企业与发包单位签订承包合同和进行工程价款结算的主要指标。

预算成本是确定工程造价的基础，也是编制计划成本的依据和评价实际成本的依据。

2. 计划成本

计划成本是施工项目经理部根据计划期有关资料（如工程的具体条件和施工企业实施该项目的各项技术组织措施），在实际成本发生前预先计算的成本，也就是施工企业考虑降低成本措施后的计划成本。

计划成本反映了企业在计划期内应达到的成本水平，对于加强施工企业和项目经理部的经济核算，建立和健全施工项目成本管理责任制，控制施工过程中的生产费用，降低施工项目成本具有十分重要的作用，是施工项目成本分析考核的重要依据之一。

3. 实际成本

实际成本是施工项目在报告期内实际产生的各项生产费用的总和，是反映施工企业施工管理水平和考核企业成本降低任务完成情况的重要依据。

比较实际成本与计划成本，可揭示成本的节约和超支情况；考核企业施工技术水平及技术组织措施的贯彻执行情况和企业的经营效果，可反映工程盈亏情况。计划成本和实际成本都反映施工企业成本水平，受企业本身的生产技术、施工条件及生产、经营、管理水平的制约。

（二）按计入成本的方法分类

按照《公路工程基本建设项目概算预算编制办法》的规定，公路施工项目成本可分为直接费、间接费和税金三大类。

1. 直接费

直接费是指施工过程中直接耗费的构成工程实体和有助于工程形成的各项费用，包括人工费、材料费、施工机械使用费和其他工程费，是施工项目成本的主要部分，是成本管理的重点。

（1）人工费

人工费是指列入概预算定额的直接从事建筑安装工程施工的生产工人开支的各项费用。

（2）材料费

材料费是指施工过程中构成工程实体的原材料、辅助材科、构（配）件、零件、半成品、成品的耗用量和周转材料的摊销量，按工程所在地的材料预算价格计算的费用。材料费在直接费中占有较大的比重。

（3）施工机械使用费

施工机械使用费是指列入概预算定额的施工机械台班数量，按相应台班费用定额计算的施工机械使用费和小型机具使用费。随着施工机械化程度的提高，该项费用占直接费的比重也在逐步增大。

（4）其他工程费

其他工程费指除人工费、材料费和施工机械使用费外，施工过程中产生的直接用于工程的费用，包括冬季施工增加费、雨季施工增加费、夜间施工增加费、特殊地区施工增加费、高原地区施工增加费、风沙地区施工增加费、沿海地区工程施工增加费、行车干扰工程施工增加费、安全及文明施工措施费、临时设施费、施工辅助费、工地转移费。通过合理的施工组织，尽量避开冬、雨季施工，减少施工的干扰因素，可以减少其他工程费的开支，降低工程成本。

2. 间接费

间接费由规费和企业管理费组成。

（1）规费

规费是指法律、法规、规章、规程规定施工企业必须缴纳的费用，包括养老保险费、失业保险费、医疗保险费、住房公积金、工伤保险费。各项规费以各类工程的人工费之和为基数，按国家或工程所在地法律、法规、规章、规程规定的标准计算。

（2）企业管理费

企业管理费由基本费用、主副食运费补贴、职工探亲路费、职工取暖补贴和财务费用5项组成。其中，基本费用是指施工企业组织施工生产和经营管理所需的费用，包括管理人员工资、办公费、差旅交通费、固定资产使用费、工具用具使用费、劳动保障费、工会经费、职工教育经费、保险费、工程保修费、工程排污费、税金及其他费用。

3. 税金

税金指按国家规定应计入工程造价内的营业税、城市建设维护税及教育费附加，有一个固定的数额标准。

上述分类方法能正确反映施工项目成本的构成，考核各项生产费用的使用是否合理，便于找出降低成本的途径。

三、施工项目成本管理的环节

施工项目成本是一项综合指标，其管理贯穿施工生产经营活动的全过程，涉及物资消耗、劳动效率、技术水平、施工管理等方面，内容十分广泛。施工项目经理部在项目施工过程中，对各种成本信息，有组织、有系统地进行预测、计划、控制、核算和分析等一系列工作，促使施工项目正常运行，使施工项目的实际成本控制在预定的计划成本范围内。成本管理的好坏直接影响企业创造利润的多少，影响企业的经济效益。

从成本管理的角度看，施工项目成本管理的主要环节包括施工项目成本

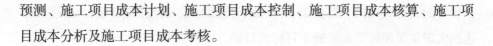

预测、施工项目成本计划、施工项目成本控制、施工项目成本核算、施工项目成本分析及施工项目成本考核。

（一）施工项目成本预测

施工项目成本预测指采用科学的预测方法，根据掌握的各类信息资料，对未来生产经营活动进行定性研究和定量分析，从而预测未来的成本水平及其变动趋势。成本预测可以使项目经理部在满足业主和企业要求的前提下，选择成本低、效益好的最佳成本方案，并能够在施工项目的成本形成过程中，针对薄弱环节，加强成本控制，克服盲目性，提高预见性。因此，施工项目成本预测是施工项目成本决策与计划的依据。

（二）施工项目成本计划

施工项目成本计划是项目经理部对施工项目成本进行计划管理的工具，是以货币形式编制施工项目在计划期内的生产费用、成本水平、成本降低率，以及为降低成本采取的主要措施和规划的书面方案。它是施工项目降低成本的指导性文件，是建立施工项目成本管理责任制、开展成本控制和核算的基础，也是设立目标成本的依据。施工企业应当在认真总结上期成本计划完成情况的基础上，根据企业计划期内计划完成的施工生产任务和相应的技术组织措施、施工组织设计及成本预测等资料，制订既切实可行又具有先进性的成本计划。

编制成本计划，既要以有关的计划为依据，又要与有关计划，特别是利润计划相衔接。成本计划的实现，对于实现企业经济效益提高具有重要意义。因此，成本计划提出的降低成本的目标，对于动员企业职工、挖掘潜力、控制消耗、降低成本具有指导作用。

（三）施工项目成本控制

施工项目成本控制指按照成本计划制定的成本水平和降低成本目标，对成本形成过程的生产耗费进行严格的计算、调节和监督，及时发现与预定的成本目标之间的差异，并采取措施解决存在的问题，使工程的实际成本控制在预定的目标范围内，促使成本降低的管理活动。通过成本控制，最终可以达到实现甚至超过预期的成本目标的目的。

施工项目成本控制应贯穿施工项目从招投标阶段开始直到项目竣工验收的全过程，是企业全面成本管理的重要环节。成本费用涉及企业生产经营活动的各个方面和各个环节，因此必须实施全面的成本控制。全面的成本控制是指在生产经营全过程实施成本控制，对全部生产耗费实施成本控制，全体职工都参与成本控制。实施成本控制还必须采取一定的组织形式，建立有效的成本责任制，即将构成成本的生产耗费按生产耗费发生的范围进行分解，具体落实到有关职责部门或个人。实行成本责任制，要采取责任与权利相结合、成本控制与业绩考核相结合的办法，促使成本得到控制，实现降低成本、提高经济效益的目标。

（四）施工项目成本核算

施工项目成本核算指对企业工程施工产生的生产费用进行事后核算，以便确定产品实际制造成本和归集期间的费用，及时反映成本目标和成本计划的完成情况。在进行工程成本核算时，一方面，应对发生的费用进行审核，确认其是否属于生产耗费，能否计入工程成本，应计入哪类产品的成本，等等；另一方面，还要将确认的生产费用按用途进行归集、分配，按既定的成本核算对象分别计算其制造成本，确定最终产品的成本。

施工项目成本核算提供的各种成本信息，是施工项目成本预测、成本计划、成本控制、成本分析及成本考核等环节的依据。因此，加强施工项目成本核算工作，对降低施工项目成本，提高企业的经济效益有积极的作用。

（五）施工项目成本分析

施工项目成本分析是指在成本形成过程中，对施工项目成本进行的对比评价和剖析总结工作。也就是说，施工项目成本分析主要利用施工项目的成本核算资料（成本信息）与目标成本（计划成本）、预算成本及类似的施工项目的实际成本等进行比较，了解成本的变动情况，同时分析主要技术经济指标对成本的影响，系统地研究成本变动的因素，检查成本计划的合理性。

成本分析可以揭示成本变动规律，寻找降低施工项目成本的途径。成本分析应贯穿施工项目成本管理的全过程。

（六）施工项目成本考核

施工项目成本考核就是在施工项目完成后，对施工项目成本形成中的各责任者，按施工项目目标责任制的有关规定，将成本的实际指标与计划、定额、预算进行对比和考核，评定施工项目成本计划的完成情况和各责任者的业绩，并以此给予相应的奖励和处罚。通过成本考核，做到有奖有惩、赏罚分明，才能有效地调动企业的每一个职工在各自的岗位上努力完成目标成本的积极性，为降低施工项目成本和增加企业的积累做出自己的贡献。

综上所述，施工项目成本管理系统中的每一个环节都是相互联系和相互作用的。成本预测是成本计划的前提；成本计划是成本目标的具体化；成本控制则是对成本计划的实施进行监督的手段，以保证成本目标的实现；成本核算是对成本计划是否实现的最后检验，它提供的成本信息又为下一个施工项目的成本预测和决策提供基础资料；成本考核是实现成本目标责任制的保证，也是实现决策目标的重要手段。

四、施工项目成本管理的基本原则

施工项目成本管理是企业成本管理的基础和核心，在对项目施工过程进行成本管理时，必须遵循以下基本原则。

（一）成本管理科学化原则

成本管理是企业管理学中的一个重要内容，企业管理要想实行科学化，必须把有关自然科学和社会科学中的理论、技术和方法运用于成本管理。例如，在施工项目成本管理过程中，可以运用预测与决策方法、目标管理方法、量本利分析方法及价值工程方法等。

（二）成本管理最低化原则

施工项目成本管理的根本目的是通过运用成本管理的各种手段，不断降低施工项目的成本，实现最低目标成本的要求。但是，在实行成本最低化原则时，应注意研究降低成本的可能性和成本最低的合理性。一方面，要挖掘各种降低成本的潜力，使可能性变为现实；另一方面，要从实际出发，制定通过主观努力可能达到的合理的最低成本水平目标，并据此进行分析、考核和评比。

（三）成本管理责任制原则

为了实行全面成本管理，施工管理人员应对企业下达的指标负责，班组和个人应对施工管理人员的成本目标负责，做到层层分解，以分级、分工、分人的成本责任制为保证，定期考核评定。成本责任制的关键是划清责任，并与奖惩制度挂钩，使各部门、各班组和个人都关心施工项目成本。

（四）成本管理有效化原则

成本管理有效化主要有两层含义：一是以最少的人力和财力，完成较多的管理工作，提高工作效率；二是促使施工管理人员以最少的投入，获得最大的产出。

提高成本管理有效性的方法：一是采用行政方法，通过行政隶属关系，下达指标，制定实施措施，定期检查监督；二是采用经济方法，利用经济杠杆、经济手段实行管理；三是用法制方法，根据国家的政策、方针和规定，制定具体的规章制度，使人照章办事，用法律手段进行成本管理。

（五）成本管理全面性原则

全面成本管理是全企业、全员和全过程的管理，亦称"三全"管理。长期以来，在施工项目成本管理的过程中，存在"三重三轻"问题：重实际成本的核算和分析，轻全过程的成本管理和对其影响因素的控制；重施工成本的计算分析，轻采购成本、工艺成本和质量成本；重财会人员的管理，轻群众性的日常管理。为了确保施工项目成本不断降低，达到成本最低化的目的，必须实行全面成本管理。

五、施工项目成本管理的措施

为取得施工成本管理的理想成效，应当从多方面采取措施实施管理，通常可以将这些措施归纳为组织措施、技术措施、经济措施及合同措施。

（一）组织措施

一方面，组织措施是从施工成本管理的组织方面采取的措施。施工成本控制是全员的活动，如实行项目经理责任制，落实施工成本管理的组织机构和人员，明确各级施工成本管理人员的任务、职能分工、权力和责任。施工成本管理不仅是专业成本管理人员的工作，各级项目管理人员都负有成本控制责任。

另一方面，组织措施是编制施工成本控制工作计划，确定合理、详细的工作流程。要做好施工采购计划，通过生产要素的优化配置、合理使用、动态管理，有效控制实际成本；要加强施工定额管理和施工任务单管理，控制活劳动和物化劳动的消耗；要加强施工调度，避免因施工计划不周和盲目调度造成窝工损失、机械利用率降低、物料积压等。成本控制工作只有建立在科学管理的基础之上，具备合理的管理体制、完善的规章制度、稳定的作业秩序，实现完整准确的信息传递，才能取得成效。组织措施是其他各类措施的前提和保障，而且一般不需要增加额外的费用，运用得当即可取得良好的效果。

（二）技术措施

在施工过程中，降低成本的技术措施包括：进行技术经济分析，确定最佳施工方案；结合施工方法，进行材料使用的比选；在满足功能要求的前提下，通过代用、改变配合比、使用外加剂等方法降低材料消耗的费用；确定最合适的施工机械、设备使用方案；结合项目的施工组织设计及自然地理条件，降低材料的库存成本和运输成本；应用先进的施工技术，运用新材料，使用先进的机械设备；等等。在实践中，也要避免仅从技术角度选定方案而忽视对其经济效果的分析论证的情况。

（三）经济措施

经济措施是最易为人们所接受和采用的措施。管理人员应编制资金使用计划，确定、分解施工成本管理目标，对施工成本管理目标进行风险分析并制定防范性对策。对各种支出，应认真做好资金的使用计划，并在施工中严格控制各项开支，及时、准确地记录、收集、整理、核算实际降低支出的费用。对各种变更，应及时做好增减账，落实业主签证并结算工程款。通过偏差分析和未完工程预测，可发现一些潜在的可能引起未完工程施工成本增加的问题，对这些问题应以主动控制为出发点，及时采取预防措施。因此，经济措施的运用不仅仅是财务人员的事情。

（四）合同措施

采用合同措施控制施工成本，应贯穿整个合同周期，即从合同谈判开始到合同终结的全过程。对于分包项目，首先应选用合适的合同结构，对各种合同结构模式进行分析、比较，在合同谈判时，要争取选用适合工程规模、性质和特点的合同结构模式。其次，在合同的条款中，应仔细考虑一切影响成本和效益的因素，特别是潜在的风险因素。通过对引起成本变动的风险因素的识别和分析，采取必要的风险对策，如通过合理的方式增加承担风险的个体数量以降低损失的比例，并最终将这些策略体现在合同的具体条款中。

第二节　公路工程施工项目成本计划与控制

一、施工项目成本计划

在施工企业的综合经营计划中，不仅要有工作量完成计划、机械使用计划和劳动力调配计划等，而且要有成本计划、利润计划。施工企业的施工项目成本计划是在成本预测的基础上进行的，是施工企业确定计划年度降低成本水平和成本目标的指导性计划，是计划年度施工企业各项降低成本措施及其经济效益的综合反映。

编制施工项目成本计划，首先需要广泛收集相关资料并进行整理，将这些资料作为施工成本计划编制的依据。其次，在此基础上，根据有关技术文件、工程承包合同、施工组织设计、施工成本预测资料等，按照施工项目应投入的生产要素，结合各种因素变化的预测和拟采取的各种措施，估算施工项目生产费用支出的总水平，进而提出施工项目成本计划控制指标，确定总目标成本。总目标成本确定后，应分解落实到各级部门，以便有效地进行控制。最后，通过综合平衡，编制完成施工项目成本计划。编制施工项目成本计划，必须指标先进、切实可行、有科学论证、能具体落实。

施工项目成本计划的编制依据包括以下十二个方面：①投标报价文件。②企业定额、施工预算。③施工组织设计或施工方案。④人工、材料、机械台班的市场价格。⑤企业颁布的材料指导价、企业内部机械台班价格、劳动力内部挂牌价格。⑥周转设备内部租赁价格、摊销损耗标准。⑦已签订的工程合同、分包合同。⑧结构件外加工计划和合同。⑨有关的财务成本核算制度和财务历史资料。⑩施工成本预测资料。⑪拟采取的降低施工成本的措施。⑫其他相关资料。

（一）施工项目成本计划的编制程序

1. 施工项目成本计划的编制过程

施工项目成本计划的编制过程是充分利用资料、研究分析资料、利用各种资料对规划计划年度降低成本水平和成本目标进行决策分析的过程。资料是编制施工项目成本计划的基础和主要信息来源。编制施工项目成本计划必需的基础资料：①国家和上级主管部门下达的降低成本计划指标及其相关指标。②施工单位年度与指定成本计划有关的各项经营管理计划，主要包括施工生产计划、劳动工资计划、物资供应计划、技术组织措施方案、年度报表、成本报表、施工预算、施工组织计划等资料。③材料、公式、施工机械台班消耗等市场信息的各项技术经济定额和费用开支标准。④施工单位之前年度有关施工项目的成本计划、实际资料和分析资料。⑤其他有关资料。

收集上述资料后，要进行初步整理与分析，检查资料的真实性、完整性、代表性，剔除虚假因素并排除偶发因素，认真比对，分析历史成本资料之间的差异，从中找出成本变化的一般规律。

2. 确定施工项目成本计划目标

财务部门掌握了丰富的资料后，应对其加以整理分析，特别是在对计划期成本计划完成情况进行分析的基础上，根据有关的设计、施工等计划，按照工程项目应投入的物质、材料、劳动力、机械及各种设施等，结合计划期内各种因素的变化和准备采取的各种节约措施，进行反复测算、修订、平衡，估算生产费用支出的总水平，进而提出全项目的成本计划控制指标，以确定目标成本，然后把目标成本及总的目标分解落实到各个部门、班组。

3. 编制施工项目成本计划草案

对于大中型项目，项目管理人员批准下达成本计划指标后，各职能部门应充分发动员工进行认真的讨论，在总结上期成本计划完成情况的基础上，结合本期计划指标，找出完成本期计划的有利和不利因素，提出挖掘潜力、克服不利因素的具体措施，以保证计划任务的完成。为了使指标真正落实，各部门应尽可能地将指标分解落实下达到各班组及个人，使得目标成本的降低额和降低率得到充分讨论、反馈、再修订，使成本计划既能切合实际，又能成为员工共同奋斗的目标。

各职能部门亦应认真讨论项目管理人员下达的费用控制指标，拟订具体的技术经济措施方案，编制各部门的费用预算。

4. 综合平衡，编制正式的施工项目成本计划

在各职能部门上报部门成本计划和费用预算后，项目管理人员首先应结合技术经济措施，检查各计划和费用预算是否合理可行，并进行综合平衡，使各部门计划和费用预算之间协调、衔接。其次，要从全局出发，在保证实现企业下达的成本降低任务或本项目目标成本的情况下，以生产计划为中心，分析研究成本计划与生产计划、劳动工时计划、材料成本与物资供应计划、工资成本与工资基金计划、资金计划等的协调平衡。经反复讨论、多次综合平衡，最后确定的成本计划指标，即可作为编制正式成本计划的依据。正式

编制的施工项目成本计划，上报企业有关部门后即可正式下达至各职能部门执行。

（二）施工项目成本计划的编制方法

由项目经理主要负责编制施工项目成本计划。编制施工项目成本计划的核心是确定目标成本，这也是成本管理要达到的目的。施工项目成本计划的编制方法主要有以下三种。

1. 按施工成本构成编制施工项目成本计划

按照成本构成要素进行划分，施工成本可以分解为人工费、材料费、施工机具使用费、措施项目费和企业管理费等。可以按施工成本的构成编制施工项目成本计划。

2. 按施工项目组成编制施工项目成本计划

大中型工程项目通常是由若干个单项工程构成的，而每个单项工程包括多个单位工程，每个单位工程又由若干个分部、分项工程构成。因此，首先要把项目总施工成本分解到单项工程和单位工程中，再进一步分解到分部工程和分项工程中。

编制施工项目成本计划时，要从项目总的方面考虑总的预备费，也要在主要的分项工程中安排适当的不可预见费，避免在具体编制成本计划时，发现个别单位工程或工程量中某项内容的工程量计算有较大出入的情况，让原来的成本预算失实。因此，应在项目实施过程中对其尽可能地采取一些措施。

3. 按施工进度编制施工项目成本计划

按照施工进度编制施工项目成本计划，通常可利用网络图进一步扩充。在建立网络图时，一方面要确定完成各项工作所需的时间，另一方面要确定完成这一工作合适的施工成本支出计划。

通过对施工成本按时间进行分解，在网络计划的基础上，可获得项目进度计划的横道图，并在此基础上编制成本计划。

二、施工项目成本控制

成本控制是指在施工过程中，对生产经营所消耗的人力资源、物质资源和费用开支进行指导、监督、检查和调整，及时纠正将要发生和已经发生的偏差，把各项生产费用控制在计划成本的范围内，以实现降低成本的目标。施工项目成本控制具有三个方面的含义：一是对目标成本本身的控制；二是对目标成本形成过程的控制和监督；三是在过程控制的基础上，着眼未来，为之后降低成本指明方向。

（一）施工项目成本控制的依据

1. 工程承包合同

施工项目成本控制要以工程承包合同为依据，以降低工程成本为目标，从预算收入和实际成本两方面，研究节约成本、增加效益的有效途径，以获得最大的经济效益。

2. 施工项目成本计划

施工项目成本计划是根据施工项目具体情况制定的成本控制方案，包括预定的具体成本控制目标和实现控制目标的措施和规划，是施工项目成本控制的指导性文件。

3. 进度报告

进度报告提供了对应时间节点的实际工程完成量、工程施工成本实际支付情况等重要信息。把实际情况与施工成本计划进行比较，可以找出二者之间的差别，分析产生偏差的原因，从而采取改进措施，以进行施工项目成本的控制。

4. 工程变更

在项目实施的过程中，由于各种原因，施工变更很难避免。一旦变更出现，工程量、工期、成本都有可能变化。因此，需要对变更要求的各类数据进行计算、分析，及时掌握变更情况，判断变更及变更可能带来的索赔额度，等等。

除了上述几种施工成本控制的主要依据，施工组织设计、分包合同等有关文件资料也都是施工项目成本控制的依据。

（二）施工项目成本控制的对象与内容

1. 以施工项目成本形成的过程为控制对象

（1）工程投标阶段

在工程投标阶段，应根据工程概况和招标文件，进行项目成本的预测，提出投标决策意见。

（2）施工准备阶段

在施工准备阶段，应结合设计图纸的相关资料，编制施工组织设计，通过多方案的技术经济比较，从中选择经济合理、先进可行的施工方案，还应编制具体的成本计划，对项目成本进行事前控制。

（3）施工阶段

在施工阶段，以施工图预算、施工预算、劳动定额、材料消耗定额和费用开支标准等，对实际发生的成本费用进行控制。

（4）竣工交付使用及保修期阶段

在竣工交付使用及保修期阶段，应对竣工验收过程产生的费用和保修费用进行控制。

2. 以施工项目的职能部门、施工队和生产班组为控制对象

成本控制的具体内容是各个部门和生产班组日常发生的各种费用和损失。各职能部门、施工队和班组应对自己承担的责任成本进行自主控制，同时接受项目经理和企业有关部门的指导、监督、检查和考评。

3. 以分部、分项工程为控制对象

为把成本控制工作做得扎实、细致，落到实处，还应对分部、分项工程进行项目成本的控制。在正常情况下，应根据分部、分项工程的实物工程量，参照施工预算定额及相关成本计划，编制包括工、料、机消耗数量、单价、金额的施工预算，作为对分部、分项工程成本进行控制的依据。

4. 以对外经济合作为控制对象

施工项目的对外经济业务以经济合同为纽带建立关系，明确双方的权利和义务。在签订经济合同时，除了要根据业务要求规定时间、质量、结算方

式和履（违）约奖罚等条款，还必须强调将合同的数量、单价、金额控制在预算范围内。

（三）施工项目成本控制方法

施工阶段是施工项目成本控制发生的主要阶段。在该阶段，应按计划成本进行施工，合理配置资源，对施工现场产生的各项成本费用进行有效控制。具体的控制方法如下。

1. 人工费的控制

人工费的控制实行"量价分离"的方法，将作业用工及零星用工按定额工日的一定比例综合确定用工数量与单价，通过劳务合同进行控制。

（1）人工费的影响因素

人工费的影响因素有社会平均工资水平，生产消费指数，劳动力市场供需变化，政府推行的社会保障和福利政策，经会审的施工图、施工定额、施工组织设计等。其中，生产消费指数的提高会导致人工单价提高，政府推行的社会保障和福利政策也会影响人工单价。

（2）控制人工费的方法

加强劳动定额管理，提高劳动生产率，降低工程耗用人工工日，是控制人工费支出的主要方法。

制定先进合理的企业内部劳动定额，严格执行劳动定额，并将安全生产、文明施工及零星用工下达到作业队。全面推行全额计件的劳动管理办法和单项工程集体承包的经济管理办法，以不超出施工图预算人工费指标为控制目标，实行工资包干制度。

提高生产工人的技术水平和作业队的组织管理水平，根据施工进度、技术要求，合理搭配各工种工人的数量，减少和避免无效劳动，不断地改善劳动组织，创造良好的工作环境，改善工人的劳动条件，提高劳动效率。

加强职工的技术培训和多种施工作业技能的培训，不断提高职工的业务技术水平和熟练操作程度，培养一专多能的技术工人，提高作业工效。

实行弹性需求的劳务管理制度。施工生产各环节上的业务骨干和基本的

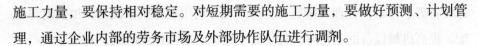

施工力量，要保持相对稳定。对短期需要的施工力量，要做好预测、计划管理，通过企业内部的劳务市场及外部协作队伍进行调剂。

2. 材料费的控制

材料费的控制同样按照"量价分离"的原则，在保证符合设计要求和质量标准的前提下，有效控制材料用量和材料价格，减少材料物资消耗。

（1）材料用量的控制

①定额控制。对于消耗定额的材料，以消耗定额为依据，实行限额领料制度。在规定限额内，分期分批领用，超过限额的需查明原因，经过审批后方可领料。

②指标控制。对于没有消耗定额的材料，实行计划管理和按指标控制的方法。根据以往经验，结合实际情况，制定领用材料的指标，以控制发料，超过指标的材料需经过审批后方可领用。

③计量控制。准确做好材料物资的收发计量检查和投料计量检查。

④包干控制。在材料使用过程中，对部分小型及零星材料，根据工程量计算所需材料量，将其折算成费用，由作业者包干使用。

（2）材料价格的控制

材料价格主要由材料采购部门控制。材料价格由买价、运杂费、运输中的合理损耗等组成。主要通过掌控市场信息、应用招标和询价等方式控制材料、设备的采购价格。

3. 施工机械使用费的控制

合理使用施工机械设备对成本控制有着十分重要的意义。不同机械设备有着不同的特点，因此在选择机械设备时，首先应根据工程特点和施工条件确定采取的机械设备类型与组合方式。在确定采用何种组合方式时，首先应满足施工需要，其次要考虑费用的高低和综合经济效益。

施工机械使用费主要由台班数量和台班单价两方面决定，因此为有效控制施工机械使用费支出，应主要从这两方面进行控制。

（1）台班数量

根据施工方案和现场实际情况，选择适合项目施工特点的施工机械，制订设备需求计划，合理安排施工生产，充分利用现有机械设备，加强内部调配，提高机械设备的利用率。保证施工机械设备的作业时间，安排好生产工序的衔接，尽量避免停工、窝工，尽量减少施工中消耗的机械台班数量。核定设备台班定额产量，实行超产奖励办法，加快施工生产进度，提高机械设备单位时间的生产效率和利用率。加强设备租赁计划管理，减少不必要的设备闲置和浪费，充分利用社会闲置机械资源。

（2）台班单价

加强现场设备的维修、保养工作，降低大修、经常性修理等各项费用的开支，提高机械设备的完好率，最大限度地提高机械设备的利用率，避免因使用不当造成机械设备的停置。加强机械操作人员的培训工作，不断提高其操作技能，以提高施工机械台班的生产效率。加强配件的管理，建立健全配件领发料制度，严格按油料消耗定额控制油料消耗，做到修理有记录，消耗有定额，统计有报表，损耗有分析。通过经常分析总结，提高修理质量，降低配件消耗，减少修理费用的支出。降低材料成本，做好施工机械配件和工程材料采购计划。成立设备管理领导小组，负责设备调度、检查、维修、评估等具体事宜，对主要部件及其保养情况建立档案，分清责任，便于尽早发现问题并找到解决问题的办法。

第三节　施工项目成本核算、分析与考核

一、施工项目成本核算

施工项目成本核算，是把一定时期内企业施工过程中产生的费用，按照其性质分类归集、汇总、核算，计算该时期生产经营的费用总额，并分别计算各种产品的实际成本和单位成本的管理活动。施工项目成本核算所提供的各种成本信息，是成本预测、成本计划、成本控制、成本分析及成本考核等成本管理各环节的依据。

施工项目成本核算是施工项目成本管理中最基本的职能，离开了成本核

算，就谈不上成本管理，也就谈不上其他职能的发挥。施工项目成本核算在施工项目成本管理中的这种重要地位体现在两个方面：第一，它是施工项目进行成本预测、制订成本计划和实行成本控制所需信息的重要来源；第二，它是施工项目进行成本分析和成本考核的基本依据。工程项目成本核算包括两个环节：一是按照规定的成本开支范围对施工费用进行归集和分配，计算施工费用的实际发生额；二是根据成本核算对象，采用适当的方法，计算该施工项目的总成本和单位成本。

（一）施工项目成本核算对象

施工项目成本核算对象是指在计算工程成本中，确定、归集和分配生产费用的具体对象，即生产费用承担的客体。合理划分施工项目成本核算对象，是设立工程成本明细分类账户、归集和分配生产费用，以及正确计算工程成本的前提条件。

应以每一独立施工图预算所列的单位工程为依据，并结合施工现场条件和施工管理要求，因地制宜地确定成本核算对象。实际成本核算中，施工项目成本核算对象的确定一般有以下几种方法：①一般应以每一独立编制施工图预算的单位工程为成本核算对象。②一个单位工程由几个施工单位分包施工时，各施工单位都应以同一单位工程为成本核算对象，各自核算其自行施工的部分。③对于规模较大、工期较长或者采用新技术、新工艺、新材料、新结构的单位工程，可将工程划分为若干分项，每一分项工程作为一成本核算对象。④同一施工项目，同一施工地点，同一结构类型，开、竣工时间接近的若干个单位工程，合并为一个成本核算对象。⑤改建、扩建的零星工程，可以将开、竣工时间接近，属于同一施工项目的几个单位工程合并为一个成本核算对象。⑥土石方工程、打桩工程，可以根据实际情况和管理需要，以一个单位工程为成本核算对象，或将同一施工地点的若干个工程量较小的单位工程合并为一个成本核算对象。

公路工程的成本核算，原则上按月进行，由于条件限制，也可按季度进行。工程竣工后，应结算全部工程成本，其实际成本的核算范围、项目设置和计算口径应与国家有关财务制度、施工图预算、施工预算或成本计划一致。投标承包和投标包干的工程，应与中标价或合同价编制的施工预算一致。

成本核算对象确定以后，在成本核算过程中不能随意变更，所有原始记录都必须按照确定的成本核算对象填写清楚，以便归集和分配施工生产费用。为了集中反映和计算各个成本核算对象本期应负担的施工费用，财会部门应为每一成本核算对象设置工程成本明细账目，并按照成本项目分设专栏来组织成本核算。

（二）施工项目成本核算的内容及工作流程

项目经理部在承建工程项目并收到设计图纸以后，一方面要进行现场"三通一平"等施工前期准备工作，另一方面还要组织力量分头编制施工图预算、施工组织设计、成本降低计划和控制措施。工程施工过程中的各项施工费用，应按照确定的成本核算对象和成本项目进行归集，能直接计入有关核算对象的直接计入，不能直接计入的按照一定的分配方法，分配计入各成本核算对象的成本，计算各施工项目的实际成本，最后将实际成本与预算成本、计划成本进行对比考核。

对比核算的内容，包括项目总成本和各个成本项目的相互对比，用以观察分析成本升降情况，同时作为考核的依据。比较的方法有两种：①通过实际成本与预算成本的对比，考核工程项目成本的降低水平。②通过实际成本与计划成本的对比，考核工程项目成本的管理水平。

二、施工项目成本分析的方法

施工项目成本分析是在成本形成过程中，对施工项目成本进行的对比评价和总结工作。施工项目成本分析是施工项目成本管理的重要组成部分。通过施工项目成本分析，一方面，可以确定实际成本的水平，查明影响成本升降的因素，解释节约或浪费的原因，寻找进一步降低成本的方法；另一方面，可从账簿、报表反映的成本现象看清成本的实质，从而增强项目成本的透明度和可控性，为加强成本控制、实现项目成本创造条件。

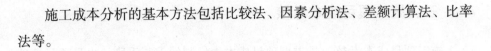

施工成本分析的基本方法包括比较法、因素分析法、差额计算法、比率法等。

（一）比较法

比较法又称指标对比分析法，是指对比技术经济指标，检查目标的完成情况，分析产生差异的原因，进而挖掘降低成本的途径的方法。这种方法具有通俗易懂、简单易行、便于掌握的特点，因而得到了广泛的应用。但在应用时，必须注意各技术经济指标的可比性。比较法的应用主要有以下三种。

1. 实际指标与目标指标对比

通过实际指标与目标指标的对比，检查目标完成情况，分析影响目标完成的积极因素和消极因素，以便及时采取措施，保证成本目标的实现。在进行实际指标与目标指标的对比时，还应注意目标本身有无问题，如果目标本身出现问题，则应调整目标，重新评价工作。

2. 本期实际指标与上期实际指标对比

通过本期实际指标与上期实际指标的对比，掌握各项技术经济指标的变动情况，了解施工管理水平的提高程度。

3. 与本行业平均水平、先进水平对比

通过与本行业平均水平、先进水平的对比，了解本项目的技术和经济管理水平与行业的平均及先进水平的差距，进而采取措施提高项目管理水平。

（二）因素分析法

因素分析法又称连环置换法，可用来分析各种因素对成本的影响程度。在进行分析时，假定众多因素中的一个因素发生变化，其他因素不变，然后逐个替换，分析比较计算结果，确定各个因素变化对成本的影响。

因素分析法的计算顺序如下：用实际指标与计划指标（或上期实际数）进行对比，确定差异总额；科学地确定构成某经济指标的因素；确定各个因素与指标的关系（加减关系、乘除关系等）；根据分析的需要，再用适当的方法测定各组成因素的变动对该项经济指标变动的影响方向和程度。

三、施工项目成本考核

施工项目成本考核，是贯彻项目成本责任制的重要手段，也是项目管理激励机制的体现。施工项目成本考核的目的是通过衡量项目成本降低的实际成果，对成本指标的完成情况进行总结和评价。

项目成本考核的内容应包括责任成本完成情况考核和成本管理工作业绩考核。施工成本考核的做法是分层进行，企业对项目经理部进行成本管理考核，项目经理部对项目内部各岗位及各作业层进行成本管理考核。因此，企业和项目经理部都应建立健全项目成本考核的组织，公正、公平、真实、准确地评价项目经理部及管理人员的工作业绩和问题。

项目成本考核应按照下列要求进行：①企业对施工项目经理部进行考核时，应以确定的责任目标成本为依据。②项目经理部应以控制过程的考核为重点，控制过程的考核应与竣工考核相结合。③各级成本考核应与进度、质量、成本等指标完成情况相联系。④项目成本考核的结果应形成文件，为奖罚责任人提供依据。

第八章　公路工程质量管理

第一节　质量管理相关方及其活动

一、政府对公路建设工程质量的管理

（一）政府管理机构及其职责

1. 中央级

中央级政府管理机构负责对全国公路建设工程质量实施统一管理。交通运输部管理工程质量的主要职责是：颁布并贯彻国家有关公路建设工程质量的法律、法规、政策；制定工程质量管理的有关规定和实施细则；指导全国公路建设工程质量的管理工作；组织全国公路工程质量检查及各类执法检查。

2. 省、自治区和直辖市级

省、自治区和直辖市级政府管理机构的主要职能是贯彻国家有关公路建设的法律、法规和强制性规范、标准，结合本地区的实际情况，制定区域性的政策法规和地方标准。

3. 地方级

地方级即省、自治区和直辖市所属的地（市）一级的公路建设行政主管部门。交通局的主要职责是贯彻国家有关工程建设的法律法规和强制性规范、标准，以及上一级规定的政策法规和地方标准，制定本地实施细则，具体实施对本地区公路建设工程质量的管理。

（二）政府对公路建设工程质量的管理

政府对公路建设工程质量的管理以保证工程使用安全和环境质量为主要

目的，以法律、法规和强制性标准为依据，落实质量责任制，规范建设活动，使工程建设在保证质量的前提下有序地进行。

1. 制定公路建设工程质量法规

市场经济是法治经济，确保工程质量的根本是依靠法治，通过建立健全法律法规，把工程建设纳入法制化轨道。公路建设质量法规可分为行政法规和工程技术规范两大类别。

（1）行政法规

行政法规是为公路工程质量活动提供管理基础，确保其沿着规范、高效的轨道健康发展而制定的法律、规定和规范性文件。例如，《中华人民共和国公路法》《建设工程质量管理条例》《中华人民共和国招标投标法》，以及有关公路建设市场主体从业资格、工程承发包、工程质量管理监督、勘察设计管理、建设监理、施工管理等方面的规定。根据我国行政法规的层次和立法机关的地位，行政法规可以划分为法律、法规、行政规章、部门规章、地方法规及地方规章六个层次，分别由全国人民代表大会，国务院，交通部和国务院相关部门，省、自治区和直辖市人民代表大会，以及地方人民政府按规定的立法程序制定发布。

（2）工程技术规范

工程技术规范是指为了促进技术进步，保证工程质量，保障人身和财产安全，以及满足产品标准化的要求而制定的技术规范、操作工艺、验收标准等技术文件，如工程设计规范、工程施工和验收规范、工程质量检验评定标准等。这些技术性文件由交通运输部或有关部门组织制定和修订，由交通运输部统一发布实施，其中强制性标准具有法律效力。

2. 建立和落实工程质量责任制

工程质量管理贯穿建设的全过程，参与建设的各方都直接或间接地从事与质量形成有关的活动。为了达到预期的质量目标，参与建设的各方必须按要求履行各自的责任，建立健全质量管理体系就是工程质量的组织保证。工程质量责任制就是对参与建设的各单位、各部门和各岗位，在保证质量方面应承担的责任和义务做出规定并进行监督的制度。质量管理的核心是质量责任，关键是建立和落实工程质量责任制。

3. 公路建设活动主体资格的管理

公路建设活动不同于一般经济活动，具有较强的专业性和技术性，从业单位的条件和从业人员的水平直接影响工程质量和安全生产。因此，国家对从事建设活动的单位实行严格的从业许可证制度，对从事建设活动的专业技术人员实行严格的执业资格制度，从市场准入着手，禁止不符合要求的单位和个人进入公路建设市场，参与工程建设活动，从而促进从业单位和人员努力提高工程技术和管理水平，从根本上保证工程勘察、设计、施工和监理的质量。

4. 工程承发包管理

（1）工程承发包和招标的概念

工程承发包是指建设单位委托（发包）从事勘察、设计或施工的单位负责完成（承包）工程建设任务量而形成的相互关系。确定上述承发包关系的相关制度，通称承发包制。我国自20世纪80年代开始推行工程建设招投标制，由具备招投标资格的建设单位或招标代理单位拟建工程编制招标文件和标底，邀请投标单位前来投标，经过对施工方案、质量实力、企业信誉、业绩等的综合评价，择优确定中标单位，并与其签订承包合同，建立承发包关系。这种制度是反对垄断，保护平等竞争，减轻发包风险，有效控制质量，促进承包人不断采用先进技术提高经营管理水平的一种国际通用方式，受国家法律的约束和保护。

（2）招标发包的监督

各级公路建设行政主管部门和专业部门应对建设单位的发包活动进行监督。招标发包单位必须事先向招标投标管理机构提出招标申请书，经批准后，方可依法定程序和方式按公开、公平、公正和择优、诚信的原则有序进行。例如，由招标管理机构对招标文件和标底进行审查，然后由建设单位组织招标、开标、评标、定标，保证评价工作接受政府有关行政部门和其授权机构的监督检查。对有应实行招标的工程不招标，利用发包权索贿受贿、收回扣，将工程发包给资质等级不合条件的单位承担，将单项工程设计或单位工程施工等业务肢解发包等这些违反规定行为的建设单位，政府主管部门要依法进行查处。

要监督承包企业在资质许可的范围内承担任务，根据招标文件的要求申请投标，提交资格审查资料，严禁中标单位转包或非法分包。目前，各地正在逐步建立的有形建设市场是建立公开、公正、公平竞争机制的基础和需要，对整顿和规范公路建设市场、确保工程质量而言是一种重要的探索和有力的措施。

（3）建设工程合同管理

建设单位通过发包确定承包单位。建设工程合同管理主要负责对合同签订是否损害社会公众利益进行审查，监督检查合同履行，保证工程建设的质量、工期和效益，以及依法处理存在的问题并查处违法行为。

5. 工程项目的管理

为规范管理建设工程项目，保证工程顺利进行和工程质量的稳定，政府主要抓工程报建、施工许可、工程质量监督、工程竣工验收等主要环节的管理。

（1）工程报建管理

工程报建管理制度是政府了解固定资产投资和工程项目建设情况，以及进行调控管理的重要手段。建设工程立项文件批准后，大中型建设项目的建设单位须持有关批准文件，向工程所在地的省、自治区、直辖市公路建设行政主管部门或授权的机构办理报建手续，然后进行勘察、设计、施工任务的发包活动。报建申请书应载明工程名称、建设地点、投资规模、当年投资额、资金来源、工程规模、开竣工日期、发包条件、工程筹建情况等。

（2）施工许可管理

施工许可管理制度是指建设行政主管部门根据建设单位的申请，依法对建设工程是否具备施工条件进行审查，准许符合条件的工程开始施工，并颁发施工许可证的一种制度。设立和实施施工许可管理制度的目的是，通过对建设工程施工应具备的基本条件进行审查，避免不具备条件的工程盲目开工而造成损失，保证工程开工后的顺利建设。施工许可目前有施工许可证和开工报告两种形式。

二、建设单位的质量管理

（一）建设单位的质量责任和义务

为规范建设单位的市场行为，《建设工程质量管理条例》和《公路工程质量管理办法》对建设单位的质量责任和义务做了较详尽的规定。

①建设单位应根据国家和交通主管部门有关规定设立，并应当按照国家规定建立健全质量保证体系，建立质量管理制度，落实质量岗位责任制。②建设单位应严格履行基本建设程序，根据公路工程特点和技术要求，确定合理标段、合理工期、合理造价，并按国务院交通主管部门规定，通过项目招标选择具有相应资格的勘测设计、施工和监理单位，并分别签订合同，实行合同制管理。③公路工程的合同文件，必须有工程质量条款，明确各项工程和材料的质量标准和合同双方的质量责任。④承担工程项目同一合同段的施工和监理单位不得隶属于同一管理单位，招标代理机构不得参加工程投标。⑤建设单位应主动接受质监机构对其质量保证体系的监督检查。工程开工前，应按规定向质监机构办理工程质量监督手续；工程施工过程中，应主动接受质监机构对工程质量的监督检查；工程完工后，应由质监机构对工程质量进行鉴定。⑥建设单位应依照有关公路工程建设的法律、法规、规章、技术标准、规范和合同文件，组织设计、监理。开工前，应组织施工图设计审查和设计交底；施工中，应对工程质量进行检查；工程完工后，应及时组织交工验收，并做好竣工验收的准备工作。⑦建设单位应加强档案管理，所有建设项目都要按照《中华人民共和国档案法》的有关规定，建立健全项目档案，从项目筹划到工程竣工验收各环节的文件资料，都要严格按照规定收集、整理、归档。⑧建设单位必须向有关的勘察、设计、施工、工程监理等单位提供与建设工程有关的原始资料，原始资料必须真实、准确、齐全。⑨建设工程发包单位不得迫使承包方以低于成本的价格竞标，不得任意压缩合理工期。

⑩建设单位不得明示或者暗示设计单位或者施工单位违反工程建设强制性标准，降低建设工程质量。⑪实行监理的建设工程，建设单位应当委托具有相应资质等级的工程监理单位进行监理，也可以委托具有工程监理相应资质等级并与被监理工程的施工承包单位没有隶属关系或其他利害关系的设计单位进行监理。下列建设工程必须实行监理：国家重点建设工程；大中型公用事业工程；利用外国政府或者国际组织贷款、援助资金的工程；国家规定必须实行监理的其他工程。⑫按照合同约定，由建设单位采购建筑材料、建筑构配件和设备的，建设单位应当保证建筑材料、建筑构配件和设备符合设计文件和合同要求。⑬建设单位不得明示或者暗示施工单位使用不合格的建筑材料、建筑构配件和设备。

（二）建设单位对项目质量的管理和控制

建设单位要对建设项目全过程的质量负责，对工程质量进行检查和监督，或者委托监理单位对工程项目实行有效的管理，重点是勘察、设计与施工质量的管理和控制。

1. 勘察设计阶段项目质量的管理和控制

（1）委托勘察设计任务

建设单位应根据主管部门审批的或在有关部门备案的投资项目可行性研究报告等文件，办理设计委托，与确定的勘察设计单位签订合同。建设单位根据设计单位提出的勘察资料要求即勘察任务书，委托勘察单位并签订合同，明确双方职责。勘察设计任务的委托，可以一次性办理，也可分阶段进行。建设监理单位应协助选择勘察设计单位，设计合同，并组织实施。

（2）收集和提供设计基础资料

设计基础资料是设计的重要依据之一，必须满足工程设计的要求。建设单位应按合同规定的时间及时、准确地向设计单位提供设计的要求和设计基础资料。

（3）建设过程中勘察设计工作的组织与控制

建设单位在建设过程中，要同勘察设计单位经常联系，做好工程勘察设计的管理与调控工作：组织协调勘察与设计单位之间，勘察设计单位与科研机构之间，以及勘察设计单位与物资供应、施工、监理等单位之间的工作配合；主持研究、讨论、评选和确认重大设计方案；督促勘察单位按合同规定日期交付勘察资料，以满足设计需要；督促设计单位按合同规定的进度交付设计文件，满足建设准备和施工需要，若发生问题和矛盾，应及时组织协商解决；组织、审查和上报设计文件（初步设计等），按照规定程序报请有关部门审查批准；组织设计、施工单位进行设计交底，会审施工图纸，重点审查各专业设计之间是否衔接，图面是否统一，图纸是否齐全，审查中发现的问题由原设计单位负责解释或按一定程序进行修改；配合和协助设计单位处理好施工中的设计问题，包括方案更改、施工图设计修改、合理化建议和材料代用等，并要保证建设进度和施工的不间断进行；认真做好工作勘察设施的维护管理工作，对工程测量控制点必须妥善维护和保管，未经批准不得毁坏，对这些设施的移动或销毁必须建立严格的管理制度。

2. 施工阶段项目质量的管理和控制

在整个施工阶段，建设单位应当自始至终处于组织领导地位，起到督导作用。监理单位协助选择施工承包单位，设计合同，并组织实施。

（1）施工任务分包的控制

严禁施工单位将承接的公路工程建设项目转包，严格控制公路工程的分包。工程分包单位必须具有相应的资质等级，且不得二次分包。施工合同分包必须经监理单位审查，经建设单位批准。

分包单位必须按照分包合同的约定，对工程质量负责，接受总承包单位的质量管理。总承包单位按照总承包合同的约定，对全部工程质量负责，对分包工程的质量与分包单位承担连带责任。

（2）施工过程的控制

建设单位应严格执行建设程序和工程施工程序，组织设计、施工及监理单位进行施工图会审和技术交底；参与施工及监理单位施工方案的审定；组织和参与有关工程的工作会议，协调解决工程建设参与各方及有关方面的矛盾和问题；组织联系落实应由建设单位供应的材料、构配件和设备等建设物资；填写施工日记，收集整理文件资料，做好归档准备工作。

（3）竣工验收阶段项目质量的管理和控制

工程项目按设计文件和合同规定的内容和标准全部建成。对竣工工程，应由各方按照设计与施工验收规范进行技术检验。建设单位应督促和协调各单位对所有技术文件资料进行系统整理，对不符合要求的，应限期修改、补齐甚至重做。对原材料、构配件和设备的质量证明材料、试验检验资料、隐蔽工程验收记录及施工记录等各种技术资料和工程档案，进行审核并按规定分类立卷，准确、完整地绘制竣工图，且要符合档案管理的有关规定。重大工程还要请上级单位或地方政府派员参加，列为国家重点工程的大型建设项目往往由国家有关部委邀请有关方面参加，并组成工程验收委员会进行验收。工程项目验收完毕并确认符合竣工标准和合同条款规定要求以后，建设单位向承包单位签发竣工验收证明书，并办理竣工备案和工程移交手续。

三、勘察设计单位的质量管理

（一）勘察设计工作概述

1. 工程勘察设计在工程建设中的地位和作用

在工程建设过程中，勘察设计是质量控制的主要环节，也是关键环节。勘察设计质量不好，会使工程质量先天不足，后天很难弥补，因此抓工程质量首先要抓勘察设计质量。

勘察设计工作，勘察是先行，是设计的依据，设计是整个工程建设的灵魂，是施工的依据。我国工程质量事故统计资料说明，由设计不合理、违反科学引起的路基沉陷、路面破坏、桥梁垮塌等质量事故占总事故相当大的比例，设计造成的质量问题往往是恶性的。勘察设计的质量和水平对保证工程质量、保障国家财产和人身安全、促进技术进步、提高工作效益而言具有决定性的作用。

2. 工程勘察设计的阶段划分

勘察设计工作一般分阶段进行。我国现行规定，一般建设项目按初步设计和施工图设计两个阶段进行。

3. 工程勘察设计的程序

任何项目的建设都必须坚持先勘察、后设计、再施工的程序，而勘察设计阶段又有自己特定的程序。

工程勘察的一般步骤和程序：收集相关资料，现场踏勘，编制勘察纲要，出工前准备，野外调查，测绘、勘察、试验和分析资料，编制图件和报告，等等。

设计工作是一个逐步深入和循序渐进的过程，其一般程序可分为四个步骤：第一，根据主管部门或建设单位委托，进行建设项目可行性研究，编制可行性研究报告；第二，参加建设规划和试验研究等前期工作，进行必要的资源普查、工程地质勘查、水文勘察等方面的准备工作，掌握情况，收集有关的设计基础资料，为编制设计文件做必要的准备；第三，由浅入深，循序渐进，编制初步设计和施工图设计，配合施工和参加竣工验收工作，监督工程建设，为施工服务，参加由建设单位组织的工程竣工验收；第四，做好与设计有关的全部建设项目的工程设计文件、资料的清理和归档工作。

4. 工程设计周期

工程设计周期是指完成项目工程设计所需的时间，即某项工程编制初步设计和施工图设计等全部设计文件所需的时间。工程设计周期的长短，取决于建设项目的类型、性质、设计规模、难易程度、技术要求和工作量大小等因素。合理的设计周期是保证设计深度和质量的一个重要因素。

（二）勘察设计单位的质量责任和设计内容及深度要求

1. 勘察设计单位的质量责任

从事建设工程勘察设计的单位应当依法取得相应等级的资质证书，并在其资质等级许可的范围内承揽工程，主动接受质监机构对其承担设计工作的资格和质量保证体系的监督检查。勘察设计单位不得超过其资质等级许可的范围或者以其他勘察设计单位的名义承揽工程；勘察设计单位不得允许其他单位或者个人以本单位的名义承揽工程；勘察设计单位不得转包或者违法分包承揽的工程。

勘察设计单位须按照工程建设强制性标准进行勘察设计，并对其勘察设计的质量负责。设计单位应建立健全设计质量保证体系，强化设计过程的质量控制，建立完整的设计文件的编制、复核、审核、会签和批准制度，明确责任人。勘察单位提供的地质、测量、水文等勘察成果必须真实、准确。设计依据的基本资料应完整、准确、可靠，设计方案应论证充分，计算成果应可靠，并符合结构安全要求。

设计单位应当根据勘察成果文件进行建设工程设计。设计文件应当符合深度要求，注明工程合理使用年限。

设计单位在设计文件中选用的建筑材料、构配件和设备，应当注明规格、型号、性能等技术指标，其质量必须符合国家的标准。设计单位应当就审查合格的施工图设计文件向施工单位做出详细说明。设计单位应当参与建设工程质量事故分析，并对因设计造成的质量事故提出相应的技术处理方案。设计单位应在施工现场设立代表处或派驻设计代表，随时掌握施工现场情况，解决设计的有关问题，并及时获得反馈。

2. 设计的内容和深度

建设项目各个设计阶段的内容和应达到的设计深度，国家和地方都有一定的规定和要求，它是勘察设计质量的重要方面。

（1）初步设计的内容和深度

初步设计的内容和深度应能满足设计方案的比较和确定、项目投资的控制、施工图的编制、施工组织设计的编制、施工准备和生产准备等要求。

（2）技术设计的内容和深度

技术复杂而缺乏设计经验的建设项目，一般要进行技术设计。技术设计是根据批准的初步设计和更详细的勘察、调查、资料研究与技术经济计算编制而成的。技术设计的内容应视建设项目具体情况、特点和需要而定，国家不做硬性的规定。技术设计的深度一般应能满足有关特殊工艺的试验、研究，以及某些复杂技术问题的研究。

（3）施工图设计的内容和深度

施工图设计是初步设计的进一步具体化和形象化，是把前期设计中所有的设计内容和方案绘制成可用于施工的图纸。

施工图设计根据批准的初步设计文件编制，其内容主要包括总说明、总平面图、纵断面图、横断面图、路基设计表、征地拆迁表、防护工程图、桥梁工程图、通道与涵洞图、立体交叉和平面交叉图、纵向排水设施图、路面结构图、交通工程图等。施工图的设计深度应能满足现代化技术水平的需要，满足新工艺、新材料、新技术推广应用的需要，满足业主和广大人民群众的需要，满足施工和监理的需要，满足行车稳定、安全、舒适的需要，满足经济美观的要求，满足规范、标准的要求。

（三）勘察设计单位的工作质量管理

勘察设计成果的质量特殊复杂，影响因素众多，概括起来，它是一个多层次的概念。勘察设计单位只有建立健全质量保证体系，健全勘察设计技术责任制，加强勘察设计全过程各阶段的工作质量控制，切实抓好事前布置、中间检查、成果审核、质量评定等关键环节，才能确保向建设单位提供优秀勘察设计成果，在建设过程中提供优质服务。

为了发挥工程勘察设计应有的作用，总结国内外实践经验，并结合我国实际情况，勘察设计应当遵守以下主要原则：贯彻经济、社会发展规划，城乡规划和产业政策环保要求；实行资源综合利用、节约资源、保护环境的措施；遵守强制性工程建设技术标准；采用新技术、新工艺、新材料、新设备；重视技术和经济结合；注意环境协调和美观。

保证和提高勘察设计质量的基本措施：①编制好勘察纲要等指导性文件，对大型或地质条件复杂的工程勘察纲要应组织会审。文件应体现规划、设计意图，符合规范、规程的规定，满足可行性报告和勘察设计任务书的要求，依据齐全可靠，方案合理可行，统一技术条件与工作安排，同时积极改革传统的勘察设计方法和手段，提高勘察设计质量和效率。②建立健全原始资料，落实自检、互检和专检职责等相关制度。勘察原始资料必须符合规范、规程的规定，及时编录、核对、整理，不得遗失或任意涂改。设计单位也要及时收集施工和竣工后对设计质量的意见，建立工程设计质量档案，进行分析研究，不断改进工作，提高设计质量。③建立健全成品校审制度。对阶段性成果和最终成果的质量，按规定程序进行严格校审并签字，具体包括计算依据的可靠性，成果资料、数据和计算结果的准确性，论证证据和结论的合理性，现行标准规范的执行情况，各阶段勘察设计文件的内容和深度，文字说明的准确性，图纸的清晰程度与准确性，成果资料的规范化和标准化，等等。对大型或地质条件复杂的工程，应组织会审。对检查、验收或审核不符合质量要求的勘察设计成果要推倒重来，不得盖章出图。④加强设计标准化工作。重视企业标准的编制，推广标准设计的应用和对国际专业标准的附和，采用先进设计技术和设计方法，以保持设计质量和水平稳定提高。⑤通过开展优秀勘察设计竞赛评比等活动，激励勘察设计人员加强基本训练，不断提高技术业务水平，鼓励勘察设计人员增强创新意识，积极吸收应用新技术、新工艺，提出合理化建议，促进勘察设计质量的提高。

（四）设计文件的审批

设计文件审批也是分阶段的。大中型项目的初步设计，按隶属关系由国务院主管部门或省、自治区、直辖市审查；小型项目的初步设计审批权限，由各部门和各省、自治区、直辖市自行规定；国务院部门在地方安排的项目，以部门为主，由各省、自治区、直辖市审批。施工图设计除按规定由当地建设行政主管部门审查外，一般不再审批。设计文件经批准后，不得任意修改，如需修改应经原审批机关批准。

四、施工单位的质量管理

（一）施工单位在工程质量管理中的作用和责任

1. 施工单位在工程建设中的地位和作用

施工单位是工程项目任务的最终完成者，施工单位通过生产活动，把各种工程材料和构件建成不同等级的公路和构筑物，为国民经济的发展提供物质技术基础，为发展生产和改善人民生活服务。

工程施工是使建设工程设计意图最终实现并形成工程载体的阶段，也是最终确定工程质量和工程产品功能与使用价值的关键阶段。因此，施工单位质量的管理和控制是工程项目质量管理和控制的重点。

2. 施工单位的质量责任

根据《中华人民共和国公路法》《建设工程质量管理条例》《公路工程质量管理办法》的规定，施工单位主要有以下质量责任。①施工单位必须按资质、资信等级确定的业务范围参加投标，承揽工程施工任务，并接受质监机构对其资质和质量体系的监督检查。②施工单位必须依据有关公路工程建设的法律、法规、规章、技术标准和规范的规定，按照设计文件、施工合同和施工工艺要求组织施工，并对其施工的工程质量负责。③施工单位应当建立质量责任制，确定工程项目的项目经理、技术负责人和施工管理负责人。建设工程实行总承包的，总承包单位应当对全部建设工程质量负责；建设工程勘察、设计、施工、设备采购的一项或者多项实行总承包的，总承包单位应当对其承包的建设工程或者采购的设备的质量负责。④施工单位必须建立施工质量保证体系，推行全面质量管理责任制，制定和完善岗位质量责任、质量规范及考核办法，建立工地试验室，加强施工过程中的自检、互检和交接检工作。对交付监理签认的工程，要落实质量责任制。总承包单位依法将建设工程分包给其他单位的，分包单位应当按照分包合同的约定对其分包工程的质量向总承包单位负责，总承包单位对分包工程的质量承担全部责任。⑤施工单位必须按照工程设计图纸和施工技术标准施工，不得擅自修改工程设计，不得偷工减料。施工单位在施工过程中发现设计文件和图纸有差错时，应当及时提出意见和建议。⑥施工单位必须按照工程设计要求、施工技术标准和合同约定，对建筑材料、构配件、设备和商品混凝土进行检验，检验应当有书面记录和专人签字，未经检验或者检验不合格的不得使用。⑦施工单位必须建立健全施工质量的检验制度，严格工序管理，做好隐蔽工程的质量检查和记录。隐蔽工程在隐蔽前，施工单位应当得到建设单位和监理单位的检查认可。⑧施工人员对涉及结构安全的试块、试件及有关材料，应当在建设单位或者工程监理单位的监督下现场取样，并送具有相应资质等级的质量检测单位进行检测。⑨施工单位对施工中出现质量问题的建设工程或者工程验收不合格的建设工程，应当负责返修。⑩施工单位应当建立健全教育培训制度，加强对职工的教育培训。未经教育培训或者考核不合格的人员，不得上岗作业。⑪工程发生质量事故，施工单位必须按规定向监理单位、建设单位及有关部门报告，并保护施工现场，接受调查，认真进行事故处理工作。⑫竣工的公路工程项目必须符合有关公路工程标准及设计文件要求，并按规定向建设单位提交完整的技术档案、试验成果及有关资料。

3. 施工项目经理的质量责任

施工项目经理是企业法人在建设工程项目上的代表人，应经建设行政主管部门或专业部门考试合格并取得相应的资格等级证书。其责任包括：负责对参加本项目施工的人员进行质量管理教育；贯彻执行国家和企业颁发的保证工程质量的规定、规程、制度和措施；认真选择合适的材料供应厂商和工程分包队伍，不采用不正当的手段采购物资、分包工程；组织质量自检、互检和专检，及时处理、协调有关质量的矛盾和问题，确保项目质量目标的实现。

（二）工程项目施工质量控制的内容和措施

工程项目施工是一个从投入原材料开始，直到完成工程质量验收和交工为止的系统过程，应建立健全工程项目施工质量管理工作体系。

下面针对施工准备、施工、竣工验收交付三个阶段，分别介绍质量控制的内容和措施。

1. 施工准备阶段施工质量控制

从技术质量的角度讲，施工准备工作主要包括图纸学习与会审、编制施工组织设计、组织技术交底及控制物资采购，以为确保施工生产和工程质量创造必要的条件。

（1）图纸学习与会审

图纸学习与会审是进行质量控制和规划的重要而有效的方法。一方面，图纸学习使施工人员熟悉和了解工程特点、设计意图，掌握关键部位工程质量技术要求，以更好地做到按图施工。另一方面，通过图纸审查，施工人员可以及时发现存在的问题和矛盾，提出修改意见，帮助设计单位减少差错，提高设计质量，避免产生技术事故或工程质量问题。

图纸会审由建设单位或监理单位主持，设计单位、施工单位参加。设计单位介绍图纸的设计意图、设计特点和施工的要求，施工单位提出图纸中存在的问题和对设计单位的要求。三方讨论和协商，解决存在问题，写出会审纪要，设计人员在会后通过书面形式进行解释，或提出设计变更文件及图纸。图纸审查必须抓住关键，特别注意对构造和结构的审查，必须形成文件，并作为档案保存。

（2）编制施工组织设计

高质量的工程和有效的质量体系不是偶然达到的，往往需经过精心的策划和周密的计划。施工组织设计就是对施工的各项活动做出全面的构思和安排，指导施工准备和施工全过程的技术经济文件。它的基本任务是使工程施工建立在科学合理的基础上，保证项目取得良好的经济效益和社会效益。公路建设工程项目的单体性决定了对每个项目都必须根据其设计特点和施工特点进行施工组织，并编制满足需要的施工组织设计。

根据设计阶段和编制对象的不同，施工组织设计大致可分为施工组织总设计、单位工程施工组织设计，以及难度较大、技术复杂或采用新技术项目的分部分项工程施工组织设计三个大类。施工组织设计的内容因工程的性质、规模、复杂程度等情况的不同而异，通常应包括质量措施、安全文明施工措施、各项资源需要量计、施工平面图、技术经济指标等基本内容。施工组织设计编制和修改要按照施工单位隶属关系及工程性质实行分级审批制度，实施监理的工程，要经监理单位审批。

在施工组织设计中，对质量控制起主要作用的是施工方案，主要包括施工程序的安排，主要项目的施工方法、施工工艺、施工机械的选择，以及保证质量、安全施工、冬季和雨季施工等方面的预控方法和针对性的技术组织措施。选择施工方案时，应以国家和地方规程、标准、技术政策为基础，以质量第一、确保安全为前提，按技术上先进、经济上合理的原则，对主要项目拟定几个可行的方案，突出主要矛盾，摆出主要优缺点，采用建设、监理、设计和施工单位相结合的形式讨论和比较，不断优化，选出最佳方案。对主要项目关键部位和难度较大的项目，如新结构、新材料、新工艺、大跨度、高填方、深基础和高度大的工程部位，在制定方案时要反复讨论，并制定能确保质量、安全的技术措施。

（3）组织技术交底

技术交底是指单位工程、分部工程、分项工程在正式施工前，对参与施工的有关管理人员、技术人员和工人进行的不同重点和技术深度的技术性交代和说明。其目的是使参与项目施工的人员对施工对象的设计情况、结构特点、技术要求、施工工艺、质量标准和技术安全措施等方面有较详细的了解，做到心中有数，以便科学地组织施工，合理地安排工序，避免产生技术错误或操作错误。

技术交底是一项经常性的技术工作，可分阶段进行。项目经理根据施工进度，分阶段向工长及职能人员交底；工长在每项任务施工前，向操作班组交底。技术交底应以设计图纸、施工组织设计、质量检验评定标准、施工验收规范、操作规程和工艺卡为依据，编制交底文件，必要时可用图表、实样、现场示范操作等形式进行，并做书面交底记录。对重点、特殊工程和特殊部位，以及"四新"技术的交底，内容要全面，重点要明确，要求具体而详细，注重可操作性。

（4）控制物资采购

施工所需的物资，包括原材料、构配件和设备等，除由建设单位提供外，其余均需施工单位自行采购、订货。如果生产、供应单位提供的物资不符合质量要求，施工企业在采购前和施工中又没有有效的质量控制手段，往往会埋下工程隐患，甚至酿成质量事故。因此，采购前应着重掌握生产、供应单位的质量保证能力，选择合适的供应厂商和外加工单位。可按先评价、后选择的原则，由熟悉物资技术标准和管理要求的人员对拟选择的分供方，通过对其技术、管理、质量检测、工序质量控制、售后服务等质量保证能力信誉的调查，以及产品质量的实际检验评价、各分供方之间的比较，做出综合评价，再选择合格的分供方建立供求关系。对已建立供求关系的分供方，还要根据情况的变化和需要，定期进行评价和更新，以使采购的物资持续保持符合质量要求的水平。

2. 施工阶段施工质量控制

施工阶段是形成工程项目实体的过程，也是确定最终产品质量的重要阶段。

在施工过程中解决质量问题是最经济的，是非常重要的。因此，应按照施工组织设计的规定，通过把好材料、质量验收关，做好施工中的巡回检查，对主要分部分项工程和关键部位进行质量监控，严格进行工序检查验收和隐蔽验收及工程预检，加强设计变更管理，及时记录、收集和整理施工技术资料等，以保持施工过程的工程总体质量处于稳定受控状态。

（1）严格进行材料、构配件检验和试验与施工试验

为避免不合格的原材料、构配件、设备、半成品，如钢材、水泥、钢筋连接接头、混凝土、砂浆、预制混凝土构件等进入施工现场，必须按规范、标准和设计的要求，根据对质量的影响程度和使用部位的重要程度，在使用前采用抽样检查或全数检查等形式，通过检验和试验手段，判断原材料质量的可靠性。

检验和试验的方法有书面检验、外观检验、理化试验和无损检验等四种。书面检验是对提供的质量保证资料、试验报告等进行审核，予以认可。外观检验是对品种、规格、标志、外形尺寸等进行直观检查。理化试验是借助试验设备和仪器对样品的化学成分、机械性能等进行性能测试和鉴定，如钢材的抗拉强度、混凝土的抗压强度、水泥的安定性等，应委托具备法定资格的检测机构进行。无损检验是在不破坏样品的前提下，利用超声波、X射线、探伤仪等进行检测，如钢结构焊缝缺陷的检验。

严禁将未经检验和试验或检验不合格的材料、构配件、设备、半成品等投入使用。

（2）实施工序质量监控

工程项目的施工过程，是由一系列相互关联、相互制约的工序构成的，如混凝土工程由搅拌、运输、浇灌、振捣、养护等工序组成。工序质量直

接影响项目整体质量。为了指导工程质量从事后检查把关转向事前和事中控制，达到以预防为主的目的，必须加强对施工工序的质量监控。

工序质量监控的对象是影响工序质量的因素，而且是主导因素，其核心是管因素、管过程，而不是单纯管结果。工序质量监控的重点内容包括以下四个方面：①设置工序质量控制点，即对影响工序质量的重点或关键部位、薄弱环节，在一定时期内和一定条件下进行强化管理，使之处于良好的控制状态。可作为质量控制点的对象涉及面较广，它可能是技术要求高、施工难度大的结构部位，如桩基工程等，也可能是对质量影响大的关键工序、操作或某一个环节，如预应力结构的张拉工序、模板的支撑与固定、大体积混凝土的浇捣、水泥稳定土和沥青混凝土的拌和与摊铺。②严格遵守工艺规程。施工工艺和操作规程是施工操作的依据和法规，是确保工序质量的前提，任何人都必须严格执行，不得违犯。③控制工艺活动条件的质量。主要对影响质量的五大因素，即施工操作者、材料、施工机械设备、施工方法和施工环境，进行切实有效的控制，以保证每道工序的正常、稳定。④及时检查工序活动效果的质量，通过质量检查，及时掌握质量动态，一旦发现质量问题，及时处理。

（3）组织质量检验

组织质量检验的具体形式有质量自检和互检、专业质量监督检查、工序交接检查、隐蔽工程验收检查等。

①质量自检和互检

自检是指由工作的完成者依据规定的要求对该工作进行的检查。互检是指工作的完成者之间对相应的施工工程或完成的工作任务的质量进行的一种制约性检查。互检的形式比较多，如同一班组内操作者间的互相检查，班组质量员对班组内的某几个成员或全体成员的操作效果的复查，下道工序对上道工序的检查。互检往往是对自检的一种复核和确认，操作者应依据质量检验计划，按时、按确定项目和内容进行检查，并认真填写相应的记录。

②专业质量监督检查

施工企业必须建立专业齐全、具有一定技术水平和能力的专职质量监督检查队伍和机构，以弥补自检、互检的不足。企业质量监督检查人员应按规定的检验程序，对工序施工质量及施工班组的自检记录进行核查、验证，并对符合要求的予以确认。当工序质量出现异常时，除做出暂停施工的决定外，检查人员还应向主管上级报告。专业质量检查人员应做好专业检查记录，清晰表明工序是否正常及其处理情况。

③工序交接检查

工序交接检查是上道工序施工完毕即将转入下道工序施工之前，以承接方为主，对交出方完成的施工内容的质量所进行的一种全面检查，是由专门人员组织，有关技术人员及质量检查人员参加的一种不同于互检和专业质量监督检查的特殊检查形式。按承交双方的性质不同，可分为施工班组之间、专业工程处（分公司）之间、承包工程的企业之间交接检查三种类型。交出方和承接方通过资料审查及实体检查，对发现的问题进行整改，达到设计标准要求后，办理工序交接手续，填写工序交接记录，并由参与各方签字确认。

④隐蔽工程验收检查

隐蔽工程验收检查是指对将被其他工序所隐蔽的工程，在隐蔽前进行的检查和验收，是一项防止质量隐患，保证工程项目质量的重要措施。重要的隐蔽工程项目，如基础工程等，一般应由工程项目的技术负责人主持，请建设单位或监理单位和政府质量监督机构进行验收，并签署意见。隐蔽工程验收后，要办理验收手续，列入工程档案。对于验收中提出的不符合质量标准的问题，要认真处理，经复核合格并写明处理情况。隐蔽工程验收不合格的，不得进行下道工序的施工。

（4）设计变更管理

施工过程中往往会发生没有预料到的情况，如设计与施工的可行性发生矛盾，工程使用目的、功能或质量要求发生变化而导致设计变更，或其他原因引起设计变更。设计变更须建设单位、监理单位、设计单位同意，共同签署设计变更记录，由设计单位负责修改，并向施工单位签发设计变更通知书。对建设规模、投资方案有较大影响的变更，须经原批准设计单位同意，方可进行修改。设计变更必须真实地反映工程的实际变更情况，变更内容要条理清楚、明确具体，除文字说明外，还应附施工图纸，以利施工。设计变更要注明日期，及时送交施工各方有关部门的人员。施工单位接到设计变更通知书，应立即按要求改动，避免施工管理漏项。对重要的或影响全局的设计变更，必须加强复核，避免发生重大差错，影响工程质量和使用。所有设计变更资料，均需有文字记录，并应按要求归档。

（5）积累工程施工技术资料

工程施工技术资料是施工中的技术、质量和管理活动的记录，是质量追溯的主要依据，也是工程档案的主要组成部分。施工技术资料管理是确保工程质量和完善施工管理的一项重要工作，它反映了施工活动的科学性和严肃性，是工程施工质量水平和管理水平的实际体现。施工企业必须按各专业质量检验评定标准的规定和各地的实施细则，全面、科学、准确、及时地记录施工及试验资料，按规定积累、计算、整理、归档，手续必须完备，并不得有伪造、涂改、后补等现象。

3. 竣工验收交付阶段施工质量控制

工程竣工后，经工程监理单位核定，达到质量标准，由建设单位组织对竣工工程的质量进行验收，在办理竣工手续后可交付使用。

（1）坚持竣工标准

达不到竣工标准的工程，不能算是竣工，也不能报请竣工质量核定和竣工验收。按照设计图纸、技术说明书、验收规范进行验收，工程质量应符合各项要求，在工程内容上应按规定全部施工完毕。

（2）做好竣工预检

竣工预检是承包单位内部的自我检验，目的是为正式验收做好准备。竣工预检可根据工程重要程度和性质，按竣工验收标准，分层次进行。通常先由项目部组织自查，对缺漏或不符合要求的部位和项目，确定整改措施，指定专人负责整改。项目部整改复查完毕后，报请承包企业或上级单位进行复验，通过复验，解决全部遗留问题，经确认全部符合竣工验收标准后，具备交付使用条件。

（3）整理工程竣工验收资料

工程竣工验收资料是使用、维修、扩建和改建的指导文件和重要依据，工程项目交接时，承包单位应将成套的工程技术资料进行分类整理、编目建档后移交给建设单位。工程项目竣工验收的资料：工程项目开工报告和竣工报告；图纸会审和设计交底记录；设计变更通知书和技术变更核定单；工程质量事故调查和处理资料；水准点位置、导线测量记录；材料、构配件、设备的质量合格证等资料；试验、检验报告；隐蔽验收记录及施工日记；竣工图；质量检验评定资料；工程竣工验收资料；其他需移交的文件、实物照片等。

（4）缺陷责任期的施工质量控制。

工程项目在竣工验收交付使用后，按照合同和有关规定，在一定期限内，施工单位应主动对工程进行保修，并征求建设单位对工程质量的意见。对属于施工单位施工质量的问题，负责维修，不留隐患；如属设计造成的质量问题，在征得建设单位和设计单位认可后，协助修补。

第二节　公路设计项目质量管理措施

本节以公路设计质量管理为背景，较客观、准确地找出公路设计质量管理中存在的问题，从人员构成、质量管理体系、设计质量管理过程控制等方面，提出加强设计策划、质量管理职责和持续改进的优化措施，有助于保证和不断提高公路工程的设计质量，促进资源节约型、规范化公路工程建设，努力使公路设计向准确、安全、科学、高效的方向迈进。

一、公路设计项目的质量管理计划

（一）公路设计策划与公路设计计划

公路设计策划是指针对某个公路设计项目，建立质量目标，制定质量要求，并相应开展各种设计活动。

公路设计计划是指以设计计划的形式编制的，由项目的设计策划形成的文件。它是项目设计质量管理及控制的依据性文件。

（二）公路设计项目质量管理计划的内容

公路设计质量管理计划的内容包括：项目的质量目标及对设计质量控制的要求；项目概况；项目的设计范围及设计分工；设计的指导思想及设计原则；业主对设计的特殊要求；设计者的工期计划及设计组织；设计的工作程序、进度计划及设计的里程碑的进度计划；设计各阶段的设计评审及验证的安排；设计采用的技术标准、规范；必要的附件，如设计合同、可行性研究报告及设计技术指标表等。只有合理地制订公路设计项目质量管理计划，才能为项目的顺利开展奠定基础。

二、公路设计项目质量管理体系研究

公路设计项目的质量管理体系是根据《质量管理体系　要求》（GB/T 19001—2016）结合设计单位实际情况制定的，在实际运行中不断修改完善。它阐述了设计单位的质量方针，并对设计单位的质量管理体系提出了具体要求，是项目一切质量管理活动必须遵循的纲领性文件。该体系是设计单位质量管理的法规，是质量管理体系运行的准则，也是设计单位对所有业主的承诺。它包括设计项目质量管理的要求、质量管理职责，以及为确保过程的有效策划、运行和控制所需的文件等。严格遵守公路设计项目质量管理的要求，加强设计过程的质量管理职责，是改进设计质量管理的有效途径。

（一）公路设计项目质量管理的要求

1. 设计质量管理的总要求

在满足业主对公路工程项目的功能及使用价值需求的情况下，正确处理业主需要与资源、投资、技术、标准、环境及法规之间的关系，尽力做到经济、可靠、安全、节能，减少资源的消耗，节约占地，保护生态，维持可持续发展。

2. 设计质量管理的具体要求

①符合已批复的项目建议书、工程项目可行性研究报告、项目占地等的内容要求。②符合相关的公路规范标准及技术要求。③符合有关的质量管理

体系及工程建设的法律法规的要求。④满足业主的建设意图及设计合同要求，满足施工的要求，不影响工程的进度和质量。⑤设计图纸齐全，技术要求明确，计算准确。设计单位有义务协助施工单位了解和掌握设计图纸的要求及设计意图。⑥反映建设过程中及建成后需要的有关要求、数据和资料。

3. 公路设计阶段投资、进度、质量三者之间的关系

公路设计阶段要处理好投资、进度、质量三者之间的关系，在既定投资限额的约束下，努力达到业主所需的较高的质量水平及最佳使用功能。

（二）公路设计过程的质量管理职责

经过国际标准质量管理体系认证的设计单位，都有一套自成体系的质量管理方式，并且都有相应的质量管理文件，如质量手册、程序文件、作业指导文件、受控质量记录等。这些文件能否有效、完整、合理地执行，除了以相应的制度管理作为支撑体系，其可操作性、合理性、繁简性也是不可忽视的重要影响因素。如何提高质量管理体系操作的有效性，在合理的基础上化繁为简，对作业产品建立一套适用、有效的质量评价方法，使实际作业人员感受到这些管理方式切实保障了其作业产品的实际效益，帮助他们克服或防止了作业工作中的疏漏点，才是质量管理体系有效运作的重要前提。在设计过程中，只有加强设计相关人员的质量管理职责，严格执行质量管理体系要求，才能有效提高设计质量。

1. 项目负责人的质量职责

项目负责人在室主任的领导下，按质量管理体系的要求对全项目组的测量、设计工作负责。

项目负责人的质量职责具体如下：①对项目全面负责（进度、重大方案等），对设计内容的完整性、全面性负责。根据室里的测量、设计、生产任务及本组人员的具体情况，尽快熟悉理解并对本组人员传达测量指导书、设计指导书的内容。合理分配组员应承担的任务，编制本组的生产和创优计划，组织全组人员按照相关程序完成各项测设任务。②对原始资料（数据）应用的充分性和适宜性负责。组织测设人员做好基础资料及相关信息的收集，并

对设计输入的资料进行深入细致的分析研究，做好设计方案的比选工作，树立创新意识，积极采用新技术，以提高设计质量。③对本组的设计质量负责。协调本组人员做好自校、互校和组审工作，做好设计文件的编制工作，注重工作效率，复核互提资料，保证其充分、准确。④组织测设人员做好中间检查和事后总结，及时处理不合格品，贯彻实施纠正和预防措施，做到不合格产品不出组，并及时在组内开展质量教育和质量剖析活动，保证质量管理体系在项目中正常运行。⑤复核图纸（报告）及计算书，对具体设计方案合理性，设计内容的完整性、全面性负责。⑥对常规计算方法的正确性，关键数据的正确性，计算结果的可信性、合理性负责。⑦对设计、复核人员进行技术指导，并进行质量教育，确保管辖范围的质量管理体系正常运行。⑧根据室主任的安排，熟悉业主要求并与业主沟通，组织本组的设计变更和后期服务。重视施工现场的信息反馈，广泛收集与本组产品有关的内容，适时进行归纳和整理。对无合理理由未落实复核意见的产品，有权拒绝签署。⑨参加设计评审、设计确认会议，汇报项目设计情况，并落实会议精神。

2. 设计各专业室的质量职责

设计单位一般实行专业部室与项目组相结合的矩阵式管理方式。设计的各专业室、项目组分别对设计质量负有相应责任。设计人员在质量管理上受设计各专业室及项目组的双重领导，各专业室人员都应理解质量方针和质量目标，贯彻执行相关的质量管理体系文件，并在执行中不断考核其有效性。

设计各专业室的质量职责主要有：①派出符合资格要求的相应专业负责人及各级专业设计人员加入项目组，以保证项目组有富余的质量、数量的人力资源，从而保证项目的设计质量和水平。②项目负责人指导、监督参加该项目组的所有人员，并在生产活动中严格执行本公司的质量管理体系标准，并采取质量保证及控制措施，对项目各专业的设计过程进行有效的控制。③制定工程项目中各专业采用的标准、规范，并确保使用现行的有效版本。④确定设计中拟采用的专业技术方案，并对设计的专业技术方案的合理性、先进性、可靠性论证进行比选，确保专业技术方案的合理可靠。⑤在实施项目或用户的变更时，严格按照设计更改程序。⑥对设备及材料供货厂商报价进行相关的技术评审。⑦在设计过程中出现设计的不合格成果时，严格地执行相应的控制程序。⑧必要时，可参加项目的合同评审及承包方的资格审查工作。⑨收集、编制及管理设计过程中相应产生的各种质量管理记录。

3. 复核人员的职责

复核人员必须是具有本科以上学历的专业技术人员，由正/副室主任或具备中级职称的技术人员担任，要敬业、爱岗，具有良好的道德品质和行业素质，熟悉业务技术和常用设计规范、标准及其他质量技术要求。

复核人员的职责主要有：①复核图纸（报告）及计算书，并用红色明确、清晰标识，对图纸（报告）、原始资料（数据）、计算公式和计算结果的正确性负责。②向审核、审定人员介绍复核情况。③对无合理理由未落实复核意见的产品，有权拒绝签署。

三、公路设计项目质量管理的改进措施

（一）增强设计人员的质量意识，提高设计人员的业务技能

公路工程的设计成果是将无形抽象的人类思维活动，转化为可视的文字、图形及数据等。公路工程的设计工作是一种创造性的劳动，设计质量在严格遵守规范、技术标准及法规的基础上，对公路工程所处的地质条件做出准确、及时的评价，正确协调经济、技术及环境等条件，使公路工程设计项目更好地满足业主要求的使用功能及价值，保障项目投产后的经济效益。

人是设计、生产、经营过程的主体，公路工程项目设计工作的管理协调、组织策划及过程控制，都是由设计人员完成的。设计人员的文化程度、技术水平及职业道德等，都会对工程的设计质量产生一定的影响，所以设计人员的水平是影响公路设计质量的重要因素。从本质上讲，作为公路设计单位的员工，设计人员必须将质量责任作为一种责无旁贷的使命，无论在什么岗位，都肩负着公路建设的责任和使命。应增强对公路设计人员的业务技术培训，不断提高他们的专业技能。公路设计项目质量的高低与设计人员的专业技术

水平及综合素质是密不可分的。因此，设计单位要制订专门的员工培训计划，运用激励措施及考核奖励办法，促使员工自觉学习新的规范、技术标准及设计专业的各种技术规定、作业程序，不断提高设计人员的业务水平。采用"传帮带"模式，开展岗位技能的培训，让专业技术水平高、设计经验丰富的人员当老师，带着年轻人干，从简单图纸开始，整个项目流程做下来，给年轻人分配一些力所能及的工作，使年轻人逐步掌握一定的设计技能，让年轻人能够不断积累，将理论知识、规程及规范逐步应用到实际的工程设计中，不断地熟悉公路设计的流程及要求，不断提升业务水平。

培养公路专业设计人员细致的工作作风及爱岗敬业精神，要求设计人员做到"四勤"：第一，脑勤，即要熟悉相应基础数据，抓住关键，勤动脑筋，想方设法保证公路工程的设计质量；第二，手勤，即对发现及处理的问题要有记录；第三，腿勤，即为了获取准确的一手设计资料要勤跑，并将不正确的信息消除在萌芽状态；第四，口勤，即在设计过程中遇到问题要及时汇报，设计完成后，在给下一道工序提供图纸时要进行技术交底工作，介绍整个工程项目的设计意图、建设条件及需注意的事项，遇到协助配合的情形要及时沟通并协商解决。应在工作中创造一种乐于学习的氛围，通过学习不断提升设计人员的设计水平。

（二）优化组织结构，合理配置资源

设计单位目前主要是职能式组织结构，其好处是能发挥职能部门的专业作用，减轻单位领导者的负担，不足是阻碍了所需的集中决策及指挥。同时，因为专业职能部门的质量管理能力不强，特别是对客户在设计质量改进方面的需求反应较迟，对设计过程的管理控制不够及时，这也降低了质量系统的运行效率。从设计单位的工作内容及特点来看，其更适合建立按各个项目划分的矩阵式结构。项目负责人以提高项目设计质量为目的，赋予项目成员特定的责任及权利，充分发挥项目负责人的指挥、协调作用，可以使不同设计人员之间的配合及信息交流更加顺畅，组织机构运转灵活，也可以使项目成员协调能力增强，能够较好地处置设计中的各种情况，并迅速做出应对。

设计单位面对多个项目同时开展设计工作，为了保证工程设计的质量，单位领导和项目负责人要根据项目的轻重缓急和难易程度，给项目投入相应的资源，分配好设计、校核、审核不同层次的资源，通过多层次的综合调配，使有限的资源发挥最大的作用，保证工程设计的质量。

（三）严格执行设计质量管理体系，持续改进设计质量

通过质量管理体系的认证工作，设计单位建立了一整套较为健全的管理制度，如专业之间的沟通配合制度、质量评定办法及图纸会签制度等。质量管理体系的建立不仅仅是质量认证的要求，其根本目的在于通过实施质量管理体系，规范作业流程及设计人员的行为，明确各专业的设计要求、工序，通过质量管理制度优化公路设计中各专业间的配合协作，建立相应的质量跟踪检查及质量记录制度，确保设计工作的每个环节都合理、有序、到位，使公路设计质量可控、能控及在控。因此，要严格执行各项设计管理制度，以保证设计质量，并持续改进设计质量。

总之，因为专业设计人员的技术能力培养需要一个较长的过程，目前来说，能够较快提升公路设计质量的办法是严格执行质量管理制度、程序，优化组织结构及资源配置，加强质量监督检查。要通过对质量管理工作的循环管理控制，达到持续改进、提高设计质量的目的。

第三节　高速公路建设项目质量管理

一、高速公路项目施工质量控制的目标

高速公路项目施工质量控制的总目标，是由高速公路项目决策、设计文件和施工合同决定的预期使用功能和质量标准。尽管建设单位、设计单位、施工单位、供货单位和监理机构等，在施工阶段质量控制的地位和任务目标不同，但从高速公路项目管理的角度看，其都致力于实现高速公路项目施工质量控制的总目标。

（一）建设单位的控制目标

高速公路建设单位在施工阶段，应通过对施工全过程、全面的质量监督管理、协调和决策，保证竣工项目达到投资决策确定的质量标准。

（二）设计单位的控制目标

高速公路设计单位在施工阶段，应通过对关键部位和重要施工项目施工质量的验收签证，设计变更控制，纠正施工过程中发现的设计问题，以及采纳变更设计的合理化建议，保证竣工项目的各项施工结果与设计文件（包括变更文件）规定的质量标准相一致。

（三）施工单位的控制目标

高速公路施工单位包括施工总包单位和分包单位，作为高速公路产品的生产者和经营者，应根据施工合同的任务范围和质量要求，通过全过程、全面的施工质量自控，保证最终交付满足施工合同及设计文件规定质量标准（含高速公路质量创优要求）的高速公路产品。《中华人民共和国合同法》规定，分包单位应当按照分包合同的约定对其分包工程的质量向总承包单位负责，总承包单位与分包单位对分包工程的质量承担连带责任。

（四）供货单位的控制目标

高速公路建筑材料、设备、构配件等供应厂商，应按照采购供货合同约定的质量标准提供货物及其质量保证、检验试验单据、产品规格和使用说明书，以及其他必要的数据和资料，并对其产品质量负责。

（五）监理单位的控制目标

高速公路监理单位在施工阶段，应通过审核施工质量文件、报告报表，以及采取现场旁站、巡视、平行检测等形式，进行施工过程质量监理，并应用施工指令和结算支付控制等手段，监控施工承包单位的质量活动行为，协调施工关系，正确履行对工程施工质量的监督责任，以保证工程质量达到施工合同和设计文件所规定的质量标准。高速公路监理工程师认为工程施工不符合工程设计要求、施工技术标准和合同约定的，有权要求高速公路施工企业改正。

高速公路施工质量的自控和监控是相辅相成的系统过程。自控主体的质量意识和能力是关键，是施工质量的决定因素；各监控主体进行的施工质量监控是对自控行为的推动和约束。因此，自控主体必须正确处理自控和监控的关系，在致力于施工质量自控的同时，还必须接受来自业主、监理等方面的对其质量行为和结果的监督管理，包括质量检查、评价和验收。但自控主体不能因为监控主体的存在和监控职能的实施而减轻或免除其质量责任。

二、高速公路项目施工质量计划的编制方法

高速公路项目施工质量计划是高速公路项目质量管理体系文件的组成内容。在合同环境下，高速公路项目施工质量计划是高速公路施工企业向业主表明质量管理方针、目标及其具体实现的方法、手段和措施，体现企业对质量责任的承诺和实施的具体步骤。

（一）施工质量计划的编制主体和范围

高速公路项目施工任务的组织，无论业主方采用平行承发包还是总分包方式，都将涉及多方参与主体的质量责任。也就是说，高速公路的直接生产过程是在协同方式下进行的，因此在工程项目质量控制系统中，应按照谁实施、谁负责的原则，明确施工质量控制的主体构成及其各自的控制范围。

高速公路项目施工质量计划，由自控主体即高速公路施工承包企业进行编制。在平行承发包方式下，各承包单位应分别编制施工质量计划。在总分包模式下，施工总承包单位应编制总承包工程范围的施工质量计划，各分包单位编制相应分包范围的施工质量计划，作为施工总承包方质量计划的深化和组成。施工总承包方有责任对各分包施工质量计划的编制进行指导和审核，并承担相应施工质量的连带责任。

高速公路项目施工质量计划的编制范围，从工程项目质量控制的要求来说，应与高速公路项目施工任务的实施范围相一致，以此保证整个高速公路

项目的施工质量总体受控。对具体施工任务承包单位来说，施工质量计划的编制范围，应能满足其履行工程承包合同质量责任的要求。高速公路项目的施工质量计划，应在施工程序、控制组织、控制措施、控制方式等方面，形成一个有机的质量计划系统，确保项目质量总目标和各分解目标的控制能力。

（二）现行施工质量计划的方式和内容

高速公路项目施工质量计划是质量管理体系标准的一个质量术语和职能。在高速公路施工企业的质量管理体系中，以施工项目为对象的质量计划称为施工质量计划。

高速公路现行施工质量计划的方式，在我国除了已经建立质量管理体系的部分施工企业直接采用施工质量计划的方式，通常还普遍使用工程项目施工组织设计的方式，或在施工项目管理实施规划中包含质量计划的内容。因此，现行的施工质量计划有三种方式，即工程项目施工质量计划、工程项目施工组织设计（含施工质量计划）及施工项目管理实施规划（含施工质量计划）。高速公路施工组织设计或施工项目管理实施规划之所以能发挥施工质量计划的作用，是因为其根据高速公路生产的技术经济特点，对每个工程项目都进行施工生产过程的组织与计划，包括施工质量、进度、成本、安全等目标的设定，控制计划和控制措施的安排，等等。因此，施工质量计划要求的内容，理所当然地包含于施工组织设计或项目管理实施规划中，而且能够充分体现施工项目管理目标（质量、工期、成本、安全）的关联性、制约性和整体性，这也和全面质量管理的思想方法一致。

在已经建立质量管理体系的情况下，高速公路项目施工质量计划的基本内容必须全面体现和落实高速公路施工企业质量管理体系文件的要求（也可引用质量体系文件中的相关条文），编制程序、内容和编制依据要符合有关规定，同时结合工程项目的特点，在质量计划中编写专项管理要求。高速公路项目施工质量计划的基本内容一般应包括：工程特点及施工条件分析（合同条件、法规条件和现场条件）；质量总目标及其分解目标；质量管理组织机构和职责、人员及资源配置计划；确定施工工艺与操作方法的技术方案和施工任务的流程组织方案；施工材料、设备物资等的质量管理及控制措施；施工质量检验、检测、试验工作的计划安排及其实施方法与接收准则；施工质量控制点及其跟踪控制的方式与要求；等等。

（三）施工质量计划的审批程序与执行

高速公路施工单位的项目施工质量计划或施工组织设计文件编成后，应按照工程施工管理程序进行审批，包括施工企业内部的审批和项目监理机构的审查。

高速公路企业内部的审批是指高速公路施工单位的项目施工质量计划或施工组织设计的编制与审批，应根据企业质量管理程序性文件规定的权限和流程进行，通常由项目经理部主持编制，报企业组织管理层批准，并报送项目监理机构核准确认。

高速公路项目施工质量计划或施工组织设计文件的审批过程，是高速公路施工企业自主进行技术决策和管理决策的过程，也是发挥企业职能部门与施工项目管理团队的智慧和经验的过程。

高速公路监理工程师的审查是指实施工程监理的高速公路施工项目按照我国高速公路监理规范的规定，施工承包单位必须填写施工组织设计（方案）报审表并附施工组织设计（方案），报送项目监理机构审查。项目监理机构"在工程开工前，总监理工程师应组织专业监理工程师审查承包单位报送的施工组织设计（方案）报审表，提出意见，并经总监理工程师审核，签认后报建设单位"。

正确执行施工质量计划的审批程序是正确理解工程质量目标和要求，保证施工部署、技术工艺方案和组织管理措施的合理性、先进性和经济性的重要环节，也是进行施工质量事前预控的重要方法。因此，在执行审批程序时，必须正确处理施工企业内部审批和监理工程师审批的关系，基本原则如下：充分发挥质量自控主体和监控主体的共同作用，在坚持项目质量标准和质量控制能力的前提下，正确处理承包人利益和项目利益的关系。施工企业内部的审批首先应从履行工程承包合同的角度，审查实现合同质量目标的合理性和可行性，以项目质量计划使发包方信任。施工质量计划在审批过程中，对监理工程师审查提出的建议、希望、要求等意见是否采纳及采纳的程度，应由负责质量计划编制的施工单位自主决策，在满足合同和相关法规要求的情况下，确定质量计划的调整、修改和优化，并承担相应执行结果的责任。按规定程序审查批准的施工质量计划在实施过程中，如因条件变化需要对某些重要决定进行修改时，其修改内容仍应按照相应程序经过审批后执行。

三、高速公路项目施工质量控制的主要途径

高速公路项目施工质量的控制途径，主要有事前预控、过程控制和事后控制的相关途径。因此，高速公路施工质量控制的途径包括事前预控途径、事中控制途径和事后控制途径。

（一）施工质量的事前预控途径

高速公路事前预控途径以施工准备工作为核心，包括对开工前的施工准备、作业活动前的施工准备和特殊施工准备等的工作质量的控制。就整个高速公路项目而言，施工质量的事前预控途径如下。

1. 施工条件的调查和分析

施工条件包括合同条件、法规条件和现场条件。做好施工条件的调查和分析，有利于发挥其重要的质量预控作用。

2. 施工图纸会审和设计交底

施工图纸会审和设计交底能够帮助相关人员理解设计意图和对施工的要求，明确质量控制的重点、要点和难点，以及消除施工图纸的差错，等等。因此，严格进行设计交底和图纸会审，具有重要的事前预控作用。

3. 施工组织设计文件的编制与审查

高速公路施工组织设计文件是直接指导高速公路现场施工作业技术活动和管理工作的纲领性文件。高速公路工程项目施工组织设计以施工技术方案为核心，通盘考虑施工程序、质量、进度、成本，以及安全目标的要求。科

学合理的施工组织设计对有效配置合格的施工生产要素，规范施工作业技术活动行为和管理行为，具有重要的导向作用。

4. 工程测量定位和标高基准点的控制

高速公路施工单位必须按照设计文件确定的工程测量定位及标高的引测依据，建立工程测量基准点，自行做好技术复核，并报告项目监理机构进行监督检查。

5. 施工分包单位的选择和资质的审查

对分包商资格与能力的控制是保证高速公路工程施工质量的重要方面，确定分包内容，选择分包单位及分包方式直接关系到施工总承包方的利益和风险，更关系到高速公路的质量保证问题。因此，施工总承包企业必须有健全有效的分包选择程序，同时按照我国现行法规的规定，在订立分包合同前，施工单位必须将联络的分包商情况报送项目监理机构进行资格审查。

6. 材料设备和部品采购质量控制

建筑材料、构配件、部品和设备是直接构成高速公路工程实体的物质，应从施工备料开始进行控制，包括对供货厂商的评审、询价，采购计划与方式的控制，等等。因此，施工承包单位必须有健全有效的采购控制程序，同时按我国现行法规规定，主要材料设备采购前必须将采购计划报送工程监理机构审查，实施采购质量预控。

7. 施工机械设备及工器具的配置与性能控制

高速公路施工机械设备、设施、工器具等施工生产手段的配置及其性能，对高速公路施工质量、安全、进度和成本有重要的影响，应在施工组织设计过程中根据施工方案的要求确定。施工组织设计批准之后，应对其落实的状态进行检查控制，以保证技术预案的质量。

（二）施工质量的事中控制途径

在高速公路项目施工中展开过程质量控制是最基本的控制途径。此外，还必须与作业工序质量形成相关的配套技术与管理工作，相应的主要途径如下。

1. 施工技术复核

高速公路施工技术复核是施工过程中保证各项技术基准正确性的重要措施，凡属轴线、标高、配方、样板、加工图等用作施工依据的技术工作，都要进行严格复核。

2. 施工计量管理

高速公路施工过程计量工作包括投料计量、检测计量等，其正确性与可靠性直接关系到工程质量和客观的效果评价。因此，高速公路施工全过程必须坚持对计量人员资格、计量程序和计量器具的准确性等进行控制。

3. 见证取样送检

为了保证高速公路的质量，我国规定对工程使用的主要材料、半成品、构配件，以及施工过程留置的试块、试件等应实行现场见证取样送检。见证人员由建设单位及工程监理机构中有相关专业知识的人员担任；送检的试验室应具备经国家或地方工程检验检测主管部门批准的相关资质；见证取样送检必须严格执行规定的程序，包括取样见证并记录、样本编号、填单、封箱、送试验室、核对、交接、试验检测、生成报告。

4. 技术核定和设计变更

在高速公路项目施工过程中，因施工方对施工图纸的某些要求不甚明白，或因图纸内部的某些矛盾，或因施工配料调整与代用，而改变桥梁位置或路线走向等，需要通过设计单位明确或确认的，施工方必须以技术核定单的方式向监理工程师提出，报送设计单位核准确认。

在施工期间，无论是建设单位、设计单位还是施工单位提出的需要进行局部设计变更的内容，都必须按照规定的程序，先将变更意图或请求报送监理工程师，经设计单位审核认可并签发设计变更通知书后，由监理工程师下达变更指令。

（三）施工质量的事后控制途径

施工质量的事后控制，主要是进行已完施工的成品保护、质量验收和不合格的处理，以保证最终验收的高速公路工程质量。

四、高速公路项目质量验收

高速公路项目质量验收是对已完工程实体的内在及外观施工质量，按规定程序检查后，确认其是否符合设计及各项验收标准的要求，是否可交付使用的一个重要环节。正确地进行高速公路项目质量的检查评定和验收，是保证工程质量的重要手段。高速公路项目质量验收包括施工过程的质量验收及工程竣工时的质量验收。

高速公路项目质量验收分为检验批、分项工程、分部（子分部）工程、单位（子单位）工程的质量验收。在每一个专业工程的项目质量验收规范中，又明确规定了各分项工程的施工质量的基本要求，规定了分项工程检验批量的抽查办法和抽查数量，规定了检验批主控项目、一般项目的检查内容和允许偏差，规定了对主控项目、一般项目的检验方法，规定了各分部工程验收的方法和需要的技术资料，等等。同时，对涉及人民生命财产安全、人身健康、环境保护和公共利益的内容以强制性条文做出规定，要求必须坚决、严格遵照执行。

高速公路检验批和分项工程是质量验收的基本单元，分部工程验收是在所含全部分项工程验收的基础上进行的，它们在施工过程中随完工随验收，并留下完整的质量验收记录和资料。单位工程作为具有独立使用功能的完整的高速公路，应进行竣工质量验收。

第九章　公路工程施工安全管理

第一节　公路施工安全事故致因分析

一、公路施工安全事故的主要类型

广泛的事故定义为导致死亡、职业相关病症、伤害、财产损失或其他损失的意外事件。本章涉及的施工安全事故是指在正常的施工条件下，由于施工企业自身管理组织不善等，在工程施工过程中发生的人员伤害或死亡的意外事件。公路工程施工是一个复杂的人、机、环境系统，具有点多、线长，建设周期长，受自然条件影响大的特点，安全事故频发，且安全事故主要由施工环境、管理、作业人员、机械设备和材料等引起。

有关统计资料表明，公路施工发生的安全事故具有发生部位、发生类型的规律性和重复性特征。在我国公路施工中，施工安全事故主要有以下九种类型，即高处坠落事故、施工坍塌事故、物体打击事故、机械事故、车辆伤害、触电事故、火灾爆炸、烫伤事故和中毒窒息。其中，高处坠落事故、施工坍塌事故、物体打击事故、机械事故、车辆伤害、触电事故这六种事故类型在公路施工中最为常见。

二、公路施工安全事故致因分析

随着事故致因理论的发展，人们对事故发生的本质规律的认识也在不断深入，可以发现人的因素、物的因素、环境因素和管理因素是引起施工安全事故的四大主要因素。其中，人的不安全行为、物的不安全状态和环境的不安全状态是事故发生的直接原因。当人的不安全行为运动轨迹与物的不安全状态运动轨迹发生交叉时，就会发生安全事故。

管理缺陷是安全事故发生的根本原因，人、物、环境都受管理因素支配，所以预防安全事故应从根本上改进安全管理措施，提高安全管理水平。

（一）人的因素

人的因素主要是指导致事故发生的人的不安全行为。人的不安全行为又称为人的失误，指人为地使公路施工系统发生故障或性能不良等事件，违背设计和操作规程的错误行为，也就是能造成事故的人的失误。人的心理、生理、技能、知识和周身的环境都能造成人的不安全行为。

根据《企业职工伤亡事故分类》（GB 6441—1986），人的不安全行为的表现形式可分为十三类：操作失误，忽视安全和警告标志信号等；造成安全装置失效；使用不安全设备；手代替工具操作；物资存放不当；冒险进入危险场所；攀爬不安全位置；在起吊物下作业、停留；在机械运转时进行检查、维修、保养等工作；工作时注意力分散、不集中；没有正确使用个人防护用品、用具；穿戴不安全装束；对易燃易爆等危险品处理失误。

（二）物的因素

在公路施工过程中，物的因素是指物的不安全状态，即机械设备、施工物资等明显不符合安全要求的状态，这也是事故发生的直接原因之一。物的不安全状态主要有物（机械设备、设施、工具等）本身存在的缺陷，安全防护方面的缺陷，物的存放方法的缺陷，施工作业方法导致的物的不安全状态，以及安全信号、标志的缺陷，等等。

所有物的不安全状态，背后都隐藏着人的不安全行为或人的失误，与人的不安全行为或人的操作、管理失误有不可分割的联系。物的不安全状态既反映了物的自身特性，又反映了人的素质和人的决策水平。施工企业对全体施工人员和施工物资采取相应的安全技术措施和安全管理措施，可以有效地控制物的不安全状态，预防与消除安全事故。

（三）环境因素

环境因素指的是施工现场周边环境的不良状态。不良的公路施工环境不仅会影响人的行为，也会对施工物资等产生不良影响，导致施工安全事故的发生。公路建设工程施工作业的显著特点是露天作业，工序繁多，交叉作业现象多，机械化和半机械化作业程度相对较低，使用的材料种类多，等等。诸多可变因素都有可能对作业环境产生影响，甚至产生重大影响，以致影响安全生产。

安全事故的发生都是由人的因素和物的因素共同作用直接导致的，而施工环境是安全事故发生的背景条件，客观上影响了事故隐患的发生和发展。环境因素使人的因素和物的因素产生时空交叉，从而影响安全事故的发生。例如，整洁、有序的施工现场发生事故的概率肯定较杂乱的现场低。如果施工现场存在施工材料和机械设备乱摆放，生产及生活用电私拉乱扯的情况，不仅给公路施工工作带来了不便，同时也会引起从业人员的烦躁情绪，进而从业人员可能会出现操作失误，导致施工安全事故的发生。所以，环境因素也是事故发生的直接原因，它通过对人和物的影响对事故的发生起到重要作用。

另外，在公路施工过程中，不利于公路施工的天气环境或地质环境，也容易引起安全事故的发生。同时，人文环境也是一个不容忽视的因素。如果施工企业形成了一个良好的安全氛围，甚至形成了企业的安全文化，那么在这样的环境下进行公路施工作业，安全事故发生的概率将大大降低。

（四）管理因素

人的不安全行为和物的不安全状态，往往只是安全事故发生的表面原因，深入分析可以发现，安全事故的根源在于施工企业安全管理的缺陷。因此，采取适当的安全管理措施可以把人的因素、物的因素和环境因素对安全事故发生的影响程度降到最低。

导致安全事故的管理因素主要包括：企业领导层对施工安全不重视，安全意识薄弱；安全管理机构不完善、职责不明确；安全管理制度不健全；施工组织、安全操作规程、安全技术措施不健全或不合理；安全投入和教育培训力度不足；安全隐患排查、整改不彻底；等等。

需要说明的是，在公路施工过程中，从业人员过失、施工机械失控、环境突变、安全管理不到位等因素并不是孤立存在的，它们之间存在一定的相互影响和交互作用，共同构成公路施工安全事故的环境条件。

第二节 公路施工危险源的辨识

危险源是指可能导致从业人员伤亡或财产损失的潜在的不安全因素，而危险源辨识就是识别危险源并确定其特性的过程，是事故预防、安全评价的基础，为公路施工的安全管理工作提供了帮助。

一、危险源的构成要素与分类

根据事故致因分析、归纳、总结危险源的构成要素、辨识程序、辨识方法等，可为进一步实施危险源的管理控制提供技术支持。

（一）危险源的构成要素

根据定义，危险源是一切安全事故的起因，应具有三个基本要素，即潜在危险性、存在条件及触发因素（人为因素、自然因素和管理因素）。

（二）危险源的理论分类

《生产过程危险和有害因素分类与代码》（GB 13861—2009）将公路施工过程中存在的危险源进行了分类，见表9-1。

表9-1　生产过程危险和有害因素分类与代码表

代码	危险和有害因素
1	人的因素
11	心理、生理性危险和有害因素
1101	负荷超限
110101	体力负荷超限
110102	听力负荷超限
110103	视力负荷超限
110199	其他负荷超限
1102	健康状况异常
1103	从事禁忌作业
1104	心理异常

续表

代码	危险和有害因素
110401	情绪异常
110402	冒险心理
110403	过度紧张
110499	其他心理异常
1105	辨识功能缺陷
110501	感知延迟
110512	辨识错误
110599	其他辨识功能缺陷
1199	其他心理、生理性危险和有害因素
12	行为性危险和有害因素
1201	指挥错误
120101	指挥失误
120102	违章指挥
120199	其他指挥错误
1202	操作错误
120201	误操作
120202	违章作业
120299	其他操作错误
1203	监护失误
11299	其他行为性危险和有害因素
2	物的因素
21	物理性危险和有害因素
2101	设备、设施、工具、附件缺陷
210101	强度不够
210102	刚度不够
210103	稳定性差
210104	密封不良
210105	应力集中
210106	外形缺陷
210107	外露运动件
210108	操纵器缺陷
210109	制动器缺陷
210110	控制器缺陷
210199	其他设备、设施、工具、附件缺陷
2102	防护缺陷
210201	无防护
210202	防护装置、设施缺陷
210203	防护不当
210304	支撑不当
210205	防护距离不够
210299	其他防护缺陷

续表

代码	危险和有害因素
2103	电伤害
210301	带电部位裸露
210302	漏电
210303	雷电
210304	静电
210305	电火花
210399	其他电伤害
2104	噪声
210401	机械性噪声
210402	电磁性噪声
210403	流体动力性噪声
210499	其他噪声
2105	振动危害
210501	机械性振动
210502	电磁性振动
210503	流体动力性振动
210599	其他振动危害
2106	电离辐射
2107	非电离辐射
210701	紫外辐射
210702	激光辐射
210703	微波辐射
210704	超高频辐射
210705	高频电磁场
210706	工频电场
2108	运动物伤害
210801	抛射物
210802	飞溅物
210803	坠落物
210804	反弹物
210805	土、岩滑动
210806	料堆（垛）滑动
210807	气流卷动
210899	其他运动物伤害
2109	明火
2110	高温物质
211001	高温气体
211002	高温液体
211003	高温固体
211099	其他高温物质
2111	低温物质
211101	低温气体

续表

代码	危险和有害因素
211102	低温液体
211103	低温固体
211199	其他低温物体
2112	信号缺陷
211201	无信号设施
211202	信号选用不当
211203	信号位置不当
211204	信号不清
211205	信号显示不准
211299	其他信号缺陷
2113	标志缺陷
211301	无标志
211302	标志不清晰
211303	标志不规范
211304	标志选用不当
211305	标志位置缺陷
211399	其他标志缺陷
2114	有害光照
2199	其他物理性危险和有害因素
22	化学性危险和有害因素
2201	爆炸品
2202	压缩气体和液化气体
2203	易燃液体
2204	易燃固体、自燃物品和遇湿易燃物品
2205	氧化剂和有机过氧化物
2206	有毒品
2207	放射性物品
2208	腐蚀品
2209	粉尘与气溶胶
2299	其他化学性危险和有害因素
23	生物性危险和有害因素
2301	致病微生物
230101	细菌
230102	病毒
230103	真菌
230199	其他致病微生物
2302	传染病媒介物
2303	致害动物
2304	致害植物
2399	其他生物性危险和有害因素

续表

代码	危险和有害因素
3	环境因素
31	室内作业场所环境不良
3101	室内地面滑
3102	室内作业场所狭窄
3103	室内作业场所杂乱
3104	室内地面不平
3105	室内梯架缺陷
3106	地面、墙和天花板上的开口缺陷
3107	房屋地基下沉
3108	室内安全通道缺陷
3109	房屋安全出口缺陷
3110	采光照明不良房屋安全出口缺陷
3111	作业场所空气不良
3112	室内温度、湿度、气压不适
3113	室内给、排水不良
3114	室内涌水
3199	其他室内作业场所环境不良
32	室外作业场地环境不良
3201	恶劣气候与环境
3202	作业场地和交通设施湿滑
3203	作业场地狭窄
3204	作业场地杂乱
3205	作业场地不平
3206	航道狭窄、有暗礁或险滩
3207	脚手架、阶梯和活动梯架缺陷
3208	地面开口缺陷
3209	建筑物和其他结构缺陷
3210	门和围栏缺陷
3211	作业场地基础下沉
3212	作业场地安全通道缺陷
3213	作业场地安全出口缺陷
3214	作业场地光照不良
3215	作业场地空气不良
3216	作业场地温度、湿度、气压不适
3217	作业场地涌水
3299	其他室外作业场地环境不良
33	地下（含水下）作业环境不良
3301	隧道/矿井顶面缺陷
3302	隧道/矿井正面或侧壁缺陷
3303	隧道/矿井地面缺陷
3304	地下作业面空气不良
3305	地下火

续表

代码	危险和有害因素
3306	冲击地压
3307	地下水
3308	水下作业供氧不当
3399	其他地下（含水下）作业环境不良
39	其他作业环境不良
3901	强迫体位
3902	综合性作业环境不良
3999	以上未包括的其他作业环境不良
4	管理因素
41	职业安全卫生组织机构不健全
42	职业安全卫生责任制未落实
43	职业安全卫生管理规章制度不完善
4301	建设项目"三同时"制度未落实
4302	操作规程不规范
4303	事故应急预案及响应缺陷
4304	培训制度不完善
4399	其他职业安全卫生管理规章制度不健全
44	职业安全卫生投入不足
45	职业健康管理不完善
49	其他管理因素缺陷

实际上，在公路施工过程中，危险源种类繁多，且对事故发生和事故危害程度的影响很不相同，难以将其全部概括和罗列。所以，依据能量意外释放理论和危险源在事故发生、发展中的作用，把危险源分为第一类危险源和第二类危险源两大类。

两类危险源相互依存、相辅相成，共同作用导致安全事故的发生。第一类危险源是指可能发生意外释放的能量或危险物质，是事故发生的前提，决定了事故的严重程度。在公路施工安全系统中，它是不可避免、无法完全消除的存在。

第二类危险源是指导致能量或危险物质约束或限制措施破坏或失效的各种因素，决定了事故发生的可能性大小，主要包括物的故障、人的失误和环境因素三种。

二、危险源的辨识

危险源辨识是危险源控制的基础，是危险源控制的关键措施之一，能为危险源控制提供保障。危险源辨识的内容主要包括工作环境、平面布局、运输线路、施工工序、施工机具设备、有害作业部位、各种设施等。

（一）危险源辨识的程序

1. 分析系统的确定

危险源的辨识需要在特定的系统内进行，所以在进行危险源调查之前，先要确定要分析的系统，然后全面辨识整个系统内所有的活动，把总系统逐级分解为子系统，以利于危险源的辨识。

2. 危险源的调查

在系统分析和分解完成后，针对系统进行危险源调查，即对公路施工系统中的机械设备、施工材料情况、作业环境情况、施工操作情况及安全管理防护情况等进行统计调查，实施危险源的初始辨识，明确系统中危险源有哪些类别，重大危险源是哪些。

3. 危险源区域的界定

危险源一旦引发事故，它会有一个影响范围，以危险源点为核心加上防护范围即为危险源区域。企业可以通过以下三种方法界定危险源区域：①按危险源是固定的还是移动的界定；②按危险源是点源还是线源界定；③按危险作业场界定。

4. 存在条件的分析

由于存在条件不同，一定数量的危险物质或一定强度的能量被触发转换为事故的可能性大小不同，引发事故的危险程度也不同。因此，对存在条件及触发因素的分析是危险源辨识的重要环节。

危险源存在条件分析主要针对第一类危险源，由于第一类危险源是固有的，在一定的触发条件下，这类危险源可能发生安全事故。

5. 触发因素的分析

危险源只有在一定的触发条件下，才会发生安全事故。在公路施工系统中，触发因素可分为人为因素和自然因素。人为因素包括个人因素和管理因素，而自然因素是指引起危险源转化的各种自然条件。

触发因素主要来自第二类危险源，管理失误导致的人的失误是最主要的触发因素。对危险源的触发因素加以研究分析，降低人为失误，减少触发因素，就可以减少系统危险性，有效提高安全管理水平，从而最大限度地降低安全事故的发生可能。

6. 潜在危险分析

危险源转化为事故后会释放相应的能量和危险物质，因此危险源的潜在危险性可用能量的强度和危险物质的量来衡量。危险源的能量强度越大，危险物质的危害性越强，表明危险源潜在危险性越大，因此危险源的危险性可以用危险源的物质量来描述。

7. 危险源的等级划分

危险源的等级划分实质上就是对危险源的评价。危险源的等级一般按危险源在触发因素作用下转化为事故的可能性大小与发生事故的后果的严重程度划分，即根据危险源的潜在危险性大小、控制难易程度、事故可能造成的损失情况进行等级评价。

（二）危险源辨识的方法

运用归类分析法，可将常用的危险源辨识方法大致分为直观经验法和系统安全分析方法两大类。

1. 直观经验法

直观经验法适用于以往经验可以借鉴的危险源辨识过程，不适用于没有可供参考先例的新系统。直观经验法作为危险源辨识中常用的方法，其优点是简便、易行，缺点是受辨识人员知识、经验和占有资料的限制，可能出现遗漏。直观经验法主要有对照分析法、经验法和类比推断法等。

对照分析法和经验法就是对照有关标准、法规、检查表，或依靠专业分析人员的观察分析能力，借助经验和判断能力，直观地评价对象危险性的方法。

在施工项目的危险源辨识过程中，常用类比推断兼专家评议的方法，利用相同或类似工程项目、作业条件的经验和事故类型的统计资料来类推、分析评价对象的危害因素。对于施工作业，它们在事故类别、伤害方式、事故概率等方面极其相似，作业环境中得到的监测数据也具有很大的相似性，并且遵守相同的规律，因此危险源和其导致的后果也可以类推，且具有较高的可信度。

2. 系统安全分析方法

系统安全分析方法是指应用系统安全工程评价方法的部分方法进行危险源辨识。系统安全分析方法常用于复杂系统，以及没有事故经验的新开发系统，可以广泛适用于不同领域、阶段和场合。目前，较为适用的系统安全分析方法有安全检查表、危险性预先分析、事故树分析、事件数分析和因果分析等。在公路施工项目的危险源辨识过程中，可以多种方法一起使用。

第三节　公路工程项目安全管理体系

公路施工安全管理的核心是危险源，而不是事故，对危险源的管理控制就是对事故的预防。事故是危险源激发后可能产生的后果，对事故进行管理只能是事后的管理，因此危险源的管理控制具有极其重要的意义。对危险源的管理控制可以利用安全技术、安全教育培训和安全管理等手段，控制、消除危险源，防止危险源导致事故的发生，避免造成人员伤亡和财物损失。公路施工事故发生的原因主要包括人的不安全行为、物的不安全状态、环境的不安状态和管理缺陷等。因此，基于公路工程施工事故致因的分析，可以从以下四方面进行危险源管理控制。

一、人员的安全管理

人员的安全管理就是控制人为失误，减弱不正确行为对危险源的触发作用。

对人的不安全行为进行管理控制，首先，要合理选择、安排作业人员。由于危险源大多来源于重要岗位，有的操作管理技术比较复杂，对作业人员的要求较高，因此应选拔那些认真负责、技术能力强的员工从事危险源多的作业。其次，应加强施工企业的安全文化建设，对人员进行严格的培训考核，加强上岗前安全教育和技能培训，提高人的安全意识和安全技能。对从事危险岗位工作的人员要进行专业培训，确保人员严格按照安全操作规程和程序进行作业。教育培训内容主要包括危险源控制管理的意义、本单位（岗位）的主要危险类型、产生危险的主要原因、控制事故发生的主要方法、日常的安全操作要求、应急措施及各种具体的管理要求等。

二、机械设备的安全管理

一旦物的不安全状态的运动轨迹与人的不安全行为的运动轨迹发生交叉，安全事故就会发生，所以危险源的控制管理工作的核心就是消除物的不安全状态和人的不安全行为。

对物的不安全状态的控制，首先，进行危险源辨识和评价，通过辨识找出危险源，使得管理对象更为明确。通过对危险源的评价了解隐患的危害程度，以便为隐患整改提供依据。其次，采用技术措施对固有危险源进行控制，通过对危险源进行消除、控制、转移、防护、隔离和监控等，清除危险源。

物的不安全状态的管理控制方式可以是制定和完善操作规程、施工工艺和方案等，采用新工艺、新技术、新设备，增加安全投入和安全设施的配置，合理布置并改善安全设施和作业条件，加强重点设备、人员作业的安全管理和监控，定期维护检查设施设备，并对公路施工危险物资和机械设备实施监控，以免物的不安全状态与人的不安全行为的运动轨迹发生交叉。例如，对施工机械危险源进行管理控制，首先对其进行辨识和评价；其次正确选择施工机械设施，合理调配使用，同时做好作业人员的选择、培训和教育工作，保证机械设施的正确使用；最后对机械设备定期进行安全检查、维修和更新，从而控制、消除危险源，避免事故的发生。

三、施工环境的安全管理

作业环境的优劣直接关系到公路施工安全与否。作业环境管理的核心是如何保持作业环境的整洁有序与安全无害，给作业人员创造一个良好的作业环境。

1. 施工平面布置

施工平面布置的总体要求是：布置紧凑，充分利用场地；场内道路畅通，运输方便，减少二次搬运；在保证施工顺利的前提下，尽可能减少临时设施搭设，尽可能利用附近的原有建筑物作为临时设施；应便于工人生产和生活，办公用房、福利设施应在生活区内。施工平面布置应符合防火治安、卫生防疫、环境保护和无建设公害的要求。

2. 施工现场功能区划分

根据施工项目的要求，施工现场功能区划分为作业区（辅助作业区）、材料堆放区和办公生活区。作业区与办公生活区分开设置，并保持安全距离。办公生活区应设置在建筑物坠落半径之外，并设置防护措施，划分隔离，以免人员误入危险区域。

3. 安全警示标志

根据工程特点及施工的不同阶段，在危险部位有针对性地设置、悬挂明显的安全警示标志，规范施工现场标示牌。危险部位主要指施工现场入口处、施工起重机械、临时用电设施、脚手架、出入通道口、桥梁口、隧道口、基坑边沿、爆破物及有害危险气体和液体存放处等。应当根据危险部位的性质，设置不同的安全警示标志。

4. 定期对作业条件（环境）进行安全评价

定期对作业条件（环境）进行安全评价，以便采取安全措施，保证符合作业的安全要求。

四、管理制度的安全管理

在公路施工过程中，可采取以下管理措施对危险源实施管理控制，达到施工安全的目的。

1. 建立健全的危险源管理的规章制度

在确定危险源之后，先要全面分析危险源的危险性，然后进一步完善相关规章制度，如日常管理检查制度、安全操作规程、安全生产责任制、交接班制度、操作人员培训考核制度、考核奖惩制度等。

2. 将各级危险源的定期检查责任落到实处

根据危险源的等级，分别确定各级负责人，并明确其具体责任，特别是要明确各级危险源的定期检查责任。

3. 强化危险源的日常管理

保证工作人员切实执行相关危险源的日常管理规章制度，负责人和安检部门认真记录好所有的活动，定期进行严格的检查考核，根据检查考核情况进行奖惩。

4. 及时根据信息反馈整改隐患

危险源的管理和控制依赖施工现场信息的及时反馈，若想及时地彻底整改安全隐患，必须建立健全信息反馈制度并严格执行。根据事故隐患性质和严重程度的不同，按照规定分级进行信息反馈和整改工作。

5. 抓好危险源控制管理的基础建设工作

在公路施工场地危险源附近设置醒目的安全标志牌，标明危险等级，扼要注明防范措施，并以此建立危险源的档案，指定专人保管，定期整理。

6. 落实危险源控制管理的评价考核和奖惩制度

制定并量化危险源控制管理的各方面工作的考核标准，并定期严格检查考核。将奖惩制度与评先进和班组升级结合，并逐步提高要求，不断提高危险源控制管理水平。

7. 建立危险源分级管理体系

对危险源实施分级控制管理的办法，对动态危险源实施跟踪管理。根据动态危险源变化快、情况复杂、难于控制等特点，实行跟踪管理。对特别危险、情况复杂的危险源，由监理安排人员进行定点跟踪，并有权现场采取应急措施及停工观察；对一般动态危险源，由项目经理部派人跟踪检查，安全部门随时检查监督。

8. 对重大危险源应编制有针对性的应急预案

对重大危险源，施工企业和项目经理部均应编制应急预案。施工企业根据自身特点和承包工程的类型、共性特征、重大危险源的存在状况，编制在企业内部具有通用性和普遍指导意义的应急预案的各项基本要求。项目经理部按应急预案的基本要求，编制符合各个项目个性特点的具体、细化的应急预案，指导施工现场的具体操作。

第四节　山区公路施工安全管理

公路交通是我国最重要的基础设施之一，在国民经济发展中发挥着举足轻重的作用。山区公路施工是一项复杂的系统工程，影响施工安全的风险因素涉及施工组织、安全措施、水文地质、自然环境等各个方面，这些危险因素具有高度不确定性，而且相互间关系复杂。山区公路施工事故频繁发生，经济财产损失巨大，社会舆论影响恶劣。如何对山区公路施工安全风险进行科学分析和安全管理，有效预防和控制山区公路施工安全风险和安全事故，减少事故损失和人员伤亡，提高山区公路施工的经济效益和社会效益，是一个亟待解决的问题，这也要求从新角度对安全管理体系开展研究。

一、山区公路施工危险源辨识

（一）山区公路施工危险源的基本特征

对山区公路施工现场进行实地调查，结合以往研究文献，可以发现诱发山区公路安全事故的危险源主要具有如下特征。

1. 隐蔽性

危险源潜伏于工程施工的各个环节中，并不明确暴露，即便有些危险源已经暴露，但并未进一步转化为现实的危害，从而未引起足够的重视。因此，山区公路施工过程中的危险源具有较强的隐蔽性。

2. 突发性

山区公路施工危险源从隐患到触发的过程突发性强、可预警时间短，而且同一系统中的危险源间还可能产生因果连锁反应，使一般危险源演变成重大危险源，导致不可控制的重大事故。

3. 高度不确定性

山区公路施工涉及面广，管理系统复杂，涉及危险源隐蔽性强、形式复杂多变，因此难以对施工过程中各种危险源的发展变化规律进行常规性判断和预测，且危险源的发展及其可能的影响范围也难以量化，不易推行指导，这使危险源隐患事故的发生具有高度的不确定性。

4. 连带性

山区公路施工中，一个系统内的不同危险源之间并不是孤立的，往往是多个危险源并存的。如果某个危险源引发安全事故，由于其突发性，加之难以立即建立应急指挥系统和协调机制，一旦在应急处置过程中产生不当行为，则可能成为其他危险源的诱发因素，使得危险源之间发生连锁反应。

5. 致灾性

山区公路工程项目一旦发生事故，与普通事故相比，伤亡人数更多，经济损失也更为严重，而且往往会带来较为恶劣的社会影响，所以山区公路施工中危险源引发的安全事故通常具有致灾性特征。

（二）危险源辨识原则

1. 共性原则

山区公路施工涉及工程项目多，施工过程中产生的问题复杂多样、各不相同，但具有相似的施工程序、技术与工艺，因此应针对施工共性中的危险因素进行危险源辨识，确定基本的共性危险源。

2. 特性原则

在危险源辨识过程中，应针对具体的工程项目，充分考虑其特有性质，对工程项目进行具体分析，辨识出其共性之外的自身特性，对基本危险源清单进行特性补充，增强危险源清单的针对性与完善性。

3. 科学性原则

危险源辨识是在科学的安全理论的基础上进行的，对安全事故的预测与后果估计具有重要的指导意义。只有正确认识安全事故可能发生的途径及其演变规律，才能正确把握施工项目的安全状况。

4. 系统性原则

山区公路施工中涉及的危险源众多，不同危险源之间又具有连带性，危险源辨识要以系统性原则为出发点，掌握危险源之间的主次关系及相互联系，便于对危险源诱发事故的连带性进行控制。

（三）危险源辨识方法

1. 直接经验法

直接经验法分为对照经验法和类比法两种。对照经验法指借助经验，在人员观察分析的基础上，直观地对分析对象的危险性和危害性进行评价。该方法简单易操作，在危险源辨识中最为常用，但受辨识人员知识、经验和评价资料的限制，需要通过专家会议的方式来集思广益。类比法是根据两个（或两类）对象之间的某些相似或相同性质，推导出它们另一些特性也可能相似或相同的逻辑方法。

2. 事故统计分析法

事故统计分析法基于大量事故案例基础开展分析，对事故的发生、发展规律进行总结，并针对共性危险源和特性危险源提出普适性和特别性的预防措施。相应地，该方法可以分为统计分析法和个别案例分析法。

3. 系统安全分析法

山区公路施工涉及人、物、环境、社会等多种因素，适于运用系统安全分析法，对危害因素进行系统性分析和评价，可采用危险性预先分析、安全检查表、事故树分析和因果分析等具体方法。

（四）山区公路施工中常见的危险源

通过对山区公路施工项目相关资料的查阅和对施工现场的调查研究，发现施工过程中导致安全事故的重大危险源包括以下五种。

1. 长大隧道施工

隧道施工隐蔽工程多，工程设计与实际施工差异性大，施工作业面少，工序环节紧凑，施工连续作业性强。随着工程延伸，存在暗河、溶洞和瓦斯等潜在危险因素，施工作业对专业技术要求高。

2. 大跨度桥梁施工

山区公路受地形限制，设计路线往往与河流交叉，需要架设高墩大跨度桥梁。桥梁跨越沟壑，墩台形式多样，高空支架作业多，桥梁各部分构件关系复杂，所处环境地形复杂且地势陡峭。

3. 高陡边坡施工

高陡边坡施工会破坏山体的原有力学平衡，需要人为引入支撑加固工程重新建立力学平衡。在开挖过程中，边坡岩体或土方会产生应力松弛，结构强度减弱，边坡容易失稳，从而导致垮塌或滑坡事故的发生。同时，高陡边坡施工工作面小，工作环境复杂，施工难度也很大。

4. 特种设备事故

山区公路施工需要使用起重机械、工程机动车辆等多种特种设备，在自身和外在因素的影响下，特种设备易发生安全事故。例如，设备本身存在质量或制造安装缺陷，工作人员违规操作，安全附件失效或安全装置损坏，等等。

5. 火工品管理使用

山区公路施工高边坡开挖和隧道工程需要使用炸药、雷管等火工。在火工品的运输、储存和使用环节，容易出现违规指挥和违规操作等情况，如果再存在管理缺陷，或物料安全性和设备本质安全度不达标，则极易引发爆炸、火灾事故。

山区公路施工中的安全事故主要由上述危险源诱发，具体的事故表现形式为：①物体打击类伤害，指物体在重力或其他外力作用下对人体撞击造成伤害，如隧道施工现场不戴安全帽，开放式建筑工程未使用安全网，则容易引发此类伤害。②高处坠落类伤害。此类事故发生频率高、易发事故部位多、事故危害性大，如高墩攀登作业防护设施不齐全，高陡边坡违规作业，则容易引发此类伤害。③机械类伤害，主要指施工现场使用的机械设备在作业过程中对作业者造成伤害，如在恶劣环境中使用特种机械设备，防护装置不齐全，操作规程不完善，维护保养不及时，都容易引发此类伤害。④坍塌滑坡伤害，指构筑物在建设过程中坍塌或土石方大规模垮塌造成的伤害，如土方工程边坡设计不合理，模板设计浇铸不合格，盲目冒进施工，都容易引发此类伤害。⑤火灾爆炸类伤害，指易燃易爆物质在运输、存放或使用时突然燃烧或爆炸，造成人员伤害和财产损失，如火工品安全防护设施不到位，存放条件不合格，工程爆破措施不当，都容易引发此类伤害。

在山区公路施工中，一定要密切关注上述五类重大危险源。在后续的山区公路施工安全评价中，也要为其设计专门的评价指标，以求抓住安全事故隐患的突出环节，采取有力措施加强控制，杜绝安全事故的发生。

二、山区公路施工安全管理体系

安全生产是一项复杂的系统工程，是生产力发展水平和社会公共管理水平的综合反映。我国安全生产方针为"安全第一，预防为主，综合治理"。"安全第一"是指在生产过程中把安全放在首要位置，保护劳动者的安全和健康；"预防为主"要求把安全生产工作的关口前移，超前防范，建立立体化事故隐患预防体系，改善安全状况，预防安全事故；"综合治理"则指应对安全管理的长期性、艰巨性和复杂性特点，遵循安全管理规律，抓住安全管理工作中的主要矛盾和关键环节，综合运用多种手段，发挥社会舆论的监督作用，有效解决安全生产领域的问题。

在安全管理工作的改进过程中，安全管理政策的改进与完善是必要前提。任何一个单位要想成功地进行安全管理，都必须有明确的安全管理政策。反映到公路建设安全管理中，安全管理政策研究的作用主要体现在以下几个方面：①公路建设安全管理政策研究使公路安全事故的分析更全面、客观，让公路交通部门更多地参与事故分析研究和整治，以形成更加合理有效的整治措施。②公路建设安全管理政策研究既是一个技术问题，又是一个社会问题，从管理与监督、激励与约束、投入与保障、文化与教育四个宏观方面入手进行研究，为制定有效的防范措施和管理决策提供科学依据。③施工阶段的安全管理政策研究，使各方更关注施工阶段的安全管理，促进安全方面的技术、标准规范的进步。④在施工阶段，通过进行安全评价，预先找出不安全因素进行安全管理，可有效地提高公路建设的安全水平，减少事故率，降低事故严重度。

结合我国公路施工安全管理现状，充分考虑山区公路复杂的工程地质及施工技术特征，立足于建设期项目管理层，对山区公路施工安全管理政策体系进行研究，从安全管理与监督机制、安全投入与安全保障机制、安全文化建设与教育机制三个方面展开分析，从管理监督、投入保障、教育激励等方面系统总结，提出适应我国国情的山区公路施工安全管理政策体系。

（一）山区公路施工安全管理与监督机制

《中华人民共和国安全生产法》规定，生产经营单位必须遵守本法和其他有关安全生产的法律法规，加强安全生产管理，建立健全全员安全生产责任制度，改善安全生产条件，确保安全生产。因此，在山区公路施工中，必须成立安全生产管理机构。同时，安全监督管理机构的组织建设工作也非常重要，只有在建立了可靠的监督管理机构的基础上，各项建设安全方针政策与技术措施才能够得以有效落实。

山区公路所处地形复杂，环境气候多变，坡陡、弯急、路窄等不利影响因素多，施工管理工作要着重解决技术控制、现场安全管理等问题。而且，部分工程施工中面临半开放式施工环境，进一步增加了山区公路施工管理工作的难度。随着现代林业发展及矿产资源的开发，山区公路的承载负荷不断增加，对道路质量和性能也提出了更高要求。因此，山区公路施工要不断提高设计标准，在解决技术问题的同时，制定和完善严格的安全管理制度，加强监督与管理，保障山区公路施工建设安全。

1. 安全管理组织机构职能与领导职责

根据山区公路施工特点，构建山区公路施工安全管理机构，对各相关单位安全管理机构进行研究，依据项目特点制定安全管理实施细则等指导性安全管理文件，明确各级人员的安全生产职责，确保施工安全。

（1）建设单位安全管理机构及机构职责

建设单位安全管理机构的职责是：贯彻执行"安全第一，预防为主，综合治理"的方针政策及相关规定；分析山区公路施工项目安全生产形势，预防各类不安全事故的发生；负责监督各合同单位各项安全工作的落实情况；定期和不定期进行安全检查，组织监督各合同单位的安全学习与培训，对存在的安全隐患发出整改指令；等等。

（2）监理单位安全管理机构及机构职责

监理单位成立山区公路施工安全生产管理机构，机构成立后经法人单位批准，而后上报建设单位备案。该机构的职责是：督促施工单位建立健全山区公路施工现场安全生产保证体系；审查施工承包单位资质及人员资格；审查施工单位编制的安全专项施工方案和应急救援预案；对高边坡、隧道等关键工序（重大危险源）实施安全旁站监理；参加施工现场的安全检查，对各施工单位存在的安全隐患发出整改指令；协助施工现场事故的调查处理；等等。

（3）施工单位山区公路施工安全管理机构及机构职责

山区公路施工各标段项目部必须成立以项目经理为首的安全生产管理机构，该机构必须首先经施工单位的法人单位主管安全的领导批准，然后报总监办安全管理机构审批，最后再报建设单位备案。该机构的职责是：贯彻执行国家安全管理相关方针政策和相关规定；负责建立健全山区公路施工安全管理组织机构，确定部门和人员的安全职责；制定符合实际的施工组织设计和安全生产预案，并上报监理审核；负责作业人员，尤其是特种作业人员的安全培训和考核；组织进行安全技术交底；参与安全事故的调查，提出预防事故重复发生的措施；负责安全生产事故抢险、救灾工作；每日进行安全生产巡回检查，并组织各种形式的安全检查活动，负责完成建设单位或监理单位发出的安全隐患整改指令；等等。

2. 安全人员配备、责任制与监督检查

（1）山区公路施工安全人员配备规定与要求

在山区公路施工中，安全人员具有不可替代的作用。山区公路施工安全人员具有独特的知识能力结构、专业的工作运行机制，以及更为深入的工作深度与广度。山区公路施工安全人员必须熟知公路建设安全管理知识，具备山区公路施工工作经验，了解山区公路施工技术手段，具备独立、协调开展安全管理的素质与能力，能发现安全隐患，会处理隐患，从而更好地推动山区公路施工安全顺利开展。

专职安全监理工程师须通过交通运输部或相关主管部门举办的教育培训考核，并取得安全监理资质持证上岗，同时必须经建设单位考核，确定具备山区公路施工相关监理经验与能力后方能正式上岗。专职安全员必须通过交通运输部或相关主管部门举办的教育培训考核，具备山区公路施工相关知识，取得安全资质后持证上岗。各单位安全生产管理人员的任职资格需报建设单位确认，通过山区公路施工安全管理素质考核后方能正式上岗。

（2）山区公路施工安全生产责任制

安全生产责任制是将各职能部门及其工作人员和各岗位生产人员在安全生产方面应负的责任加以明确规定的一种制度，是生产经营单位各项安全生产规章制度的核心。山区公路施工要制定与完善安全生产责任制，落实施工中的技术和安全等问题的相关责任，由现场技术人员及安全管理人员进行监管，保障山区公路施工质量及施工安全。在山区公路施工中，为了真正落实好安全生产责任制，明确界定各级部门和人员在安全工作中的责、权、利，必须以管理人员的岗位职责为依据，逐层制定安全生产责任书。

①安全生产责任人。各标段的主要负责人（项目经理、总监）是山区公路施工安全管理的第一责任人，对安全管理负全面责任；分管安全管理的负责人是直接责任人，对安全管理负有直接领导责任；其他负责人对各自分管业务范围内的安全管理负领导责任。安全生产责任人必须按规定参加交通运输部或相关主管部门举办的教育培训考核，具备山区公路施工相关知识，取得安全资质后持证上岗。

②安全生产责任书。山区公路施工各标段单位必须以安全生产责任书的形式落实安全生产责任制。责任书要层层签订，责权明确，层次分明，并明确详细的奖惩措施。施工单位内部的安全生产责任书必须落实到施工班组，监理单位必须明确到部门和监理组。各单位必须建立岗位安全责任制，明确各个岗位的安全责任，并严格按照制度执行。

（3）山区公路施工安全监督与检查

山区公路施工受地形条件限制，施工现场狭窄，材料输运困难，自然环境条件变化易引发地质灾害。因此，山区公路施工现场动态复杂，不论建设单位、监理、施工单位对安全多重视，在施工过程中依然会存在安全隐患，所以安全监督与检查是必不可少的环节。山区公路的安全监督与检查要明确安全监督职责，建立健全定期安全检查制度，明确重点检查对象，及时处理安全问题，落实隐患排查整改措施，记录检查处理情况。

①检查形式。建设单位安全生产检查包括定期安全大检查，根据有关要求和工作需要或重大节假日前组织的安全检查、专项检查、日常安全检查、安全事故隐患排查及其他形式的安全检查等。

②检查内容。公路沿线山体情况的检查与掌握；各工序安全生产技术交底和特种机械设备培训检查；各级主要负责人对相关安全生产法律、法规、规范、标准和安全管理职责的掌握情况；各项安全制度是否建立健全，安全生产责任是否落实到班组；隐患和违章情况；施工组织设计是否编制安全技术措施，是否履行评审或审批手续；相关教育培训；各项制度的落实情况；事故处理情况。

③检查要求。检查要求应内容明确、形式简单、注重实效，检查时应留下检查记录，并及时将发现的问题书面反馈给受检单位。受检单位整改完成后，必须将整改情况以书面形式上报。特殊情况造成客观上不能按时完成整改的，应向检查单位如实反映情况并制定相应的安全措施和整改计划。专项检查应下发检查通知和检查结果通报。

④隐患排查治理。各单位要加强风险辨识和评估工作，确定本单位的危险源、可能发生的事故类型和后果，并按规定定期组织重大危险源普查和辨

识工作，建立重大危险源档案，抄报建设单位。各标段单位对检查中发现的事故隐患和问题，要做到责任、措施、资金、时间、预案"五落实"。

3. 安全会议与事故报告

（1）山区公路施工安全管理会议

召开安全管理会议，是做好安全管理工作的一种措施和办法。根据山区公路施工不同阶段的特点及工程建设项目任务和要求，设置多种安全管理会议，细化相关会议内容，明确会议制度与要求。

山区公路施工安全管理会议制度：建设单位原则上每年定期（半年）召开一次全线安全管理会议；每年定期（每季度）召开建设单位安全管理例会；每月至少召开一次总监办安全管理例会和项目部安全管理例会；其他安全会议视情况而定。

山区公路施工安全管理会议的请假制度：合标段单位第一负责人因故不能参加会议时，须向建设单位安全生产领导小组组长请假；标段单位直接责任人和安全主任因故不能参加安全生产例会时，须向建设单位安全生产直接责任人请假。

山区公路施工安全管理会议要求：安全管理会议密切联系山区公路施工特点，内容简洁且重点突出，针对具体问题以提高效率并取得实效。重要安全管理会议，如全线安全管理会议和各级安全管理例会应有会议纪要，存档中还应包括会议照片和会议签到表。

（2）山区公路施工安全事故报告管理

安全事故的报告和调查处理，是安全管理工作的重要环节。国家和各级部门先后制定了一系列有关安全事故报告和调查处理的法规和标准，对安全事故的报告和调查处理做出了全面明确的法律规定，使地方政府、安全生产监督管理部门和其他相关部门的事故报告和调查处理工作有法可依。

（二）山区公路施工安全投入与安全保障机制

1. 山区公路施工安全投入

山区公路施工安全投入是指，为保障建设工程项目的顺利实施而投入施工领域的一系列经济活动和资源的总称。山区公路施工安全投入直接对应着山区公路施工单位的安全效益，即单位利用其有限的人力、财力和物力资源对建设工程项目进行投入后，降低安全事故、减少事故损失而产生的效益。由于山区公路施工事故风险具有很高的不确定性，施工单位的安全投入对其安全效益具有重要影响。

山区公路施工安全管理专项资金从成本中列支，可分为安全教育投入资金、安全管理投入资金、安全技术投入资金和劳动防护与保健投入资金。施工单位是山区公路施工安全投资的主体，安全投入直接关系到施工单位与法律法规和标准规定相对应的安全生产条件。施工单位要加强财务审计，确保安全投入专款专用，以取得预期的安全效益。

2. 山区公路施工安全保障机制与措施

（1）山区公路施工安全保障机制

山区公路施工中应认真贯彻"安全第一，预防为主，综合治理"的工作方针，严格遵循"谁主管，谁负责；谁检查，谁监督；谁在岗，谁落实"的原则，建立健全安全保障体系，从组织上、思想上、制度上和技术经济上确保安全目标的实现。

①组织保障。建立健全完善的山区公路施工安全组织管理机构，确保工程施工的正常进行。各单位设立专门的安全生产领导小组，小组下设日常办公室，从组织上、措施上完善安全生产工作，使之程序化、规范化。

②思想保障。从思想上高度重视山区公路施工安全，更新管理理念，从过去的"事后事故处理"为主向"事前事故预控"转变，提高全员安全生产意识。

③制度保障。山区公路施工工程开工前，制定对本项目管理行之有效的安全规章制度，包括隧道作业安全制度、桥梁作业安全制度、高空作业规章制度、爆破作业规章制度、特殊工种安全管理制度、安全教育制度、事故报告制度等。对制度条例进行宣传张贴，并和经济奖罚挂钩，使之成为法规性、强制性的制度。

④技术经济保证。山区公路施工安全工作是一项复杂的系统工程，需要

在技术创新与推动、经济辅助与发展上采取一系列措施，确保山区公路施工工作的安全进行。

（2）安全保障措施

山区公路施工单位要根据工程情况，制定切实可行的安全目标，上报监理、建设单位批准，使安全管理方向明确。同时，项目技术负责人必须编制相关的安全施工组织方案，上报监理、建设单位批准，对现场安全施工起指导性作用。

①安全技术措施。各单位总工程师或技术负责人，对施工安全生产负技术责任。总体施工组织设计和重大施工方案，必须经上一级总工程师或技术负责人审核批准后执行。

②安全技术交底制度。工程开工前，各标段项目部的总工程师应将工程概况、施工方法、安全技术措施等情况，向工地负责人、各施工队负责人进行详细的书面交底，并向参加施工的全体从业人员进行现场交底，所有从业人员必须在安全教育记录上签字，不得代签。必须及时对未能参加统一安全交底活动的从业人员进行补充交底。

③安全保障措施。为规范安全施工，防止事故发生，切实保障施工人员及设备的安全，应依据国家出台的相关法律法规，制定山区公路施工各项工程安全保障措施。

（三）山区公路施工安全文化建设与教育机制

1. 山区公路施工安全文化建设

（1）安全文化建设在山区公路施工中的意义与作用

安全文化建设是山区公路施工的重要组成部分，体现着精神层面的安全管理，是未来安全管理的重点发展方向。安全文化以人为本，以文化为载体，通过文化的渗透规范人的行为，并提高人的安全价值观。山区公路施工的安全文化可以分为两个层次：第一个层次是基础安全文化，即每个人在一般生活及工作环境中应具备的安全文化，如一般用电安全、交通安全等；第二个层次是专业安全文化，即从事专业性活动的人应具备的安全文化，如特种设备、技术手段和特殊作业等安全文化。山区公路施工中的安全文化建设要通过宣传、教育、奖惩等手段，激发和推动人的道德、观念、情感在安全工作中产生正能量，从两个层面同时提高职工的安全意识与安全素养，以提高山区公路施工的安全水平。

安全文化建设在山区公路施工中具有重要的导向功能、凝聚功能、激励功能、约束功能和协调功能。安全文化建设可引导山区公路施工向着时代潮流方向科学发展；能使职工形成统一的安全意识、安全信念和安全行为准则；能彰显人文尊重与关心，体现职工的主人翁作用，提高劳动积极性和创造性；能推动安全投入和改善安全设施，形成精神上的群体规范和行为准则，增强职工的自我安全约束能力和安全自控意识；能形成共同的安全价值观和一致的安全认识，夯实管理者与被管理者间的沟通交流基础，减少矛盾和摩擦。

（2）山区公路安全文化建设内容

声势浩大的抓安全活动可有效减少事故的发生概率。做好施工现场的安全管理工作，离不开平时安全生产氛围的建设工作。因此，要通过安全培训等形式对全体人员进行安全教育，同时结合违章曝光栏及警示牌等的警示作用，传播安全会议的思想精神，使现场的作业人员逐步实现从"要我安全"到"我要安全"的思想转变。

2. 山区公路施工安全教育培训

（1）山区公路施工安全教育的含义、要求与形式

山区公路施工安全教育，是为了贯彻执行国家的安全生产方针，避免或减少伤亡事故，顺利完成施工任务而对施工单位职工进行的安全知识的宣传、指导和培训，以使职工掌握安全知识，具备操作技能，培养态度良好的安全行为习惯。

各施工单位应充分保障安全教育培训所需人员、资金和设施，建立从业人员的安全教育培训档案，建立健全安全教育培训制度。各施工单位要对所有进场人员进行安全教育培训，严格按照国家相关的法律法规、文件和行业标准要求执行。

各施工单位要重视安全生产宣传工作，通过单位专栏、橱窗、局域网等多种渠道，营造浓厚的安全氛围，加强安全文化建设，提高员工的安全意识。

（2）山区公路施工安全教育的主要内容

山区公路施工安全教育内容主要包括安全施工规范、安全施工和防护技术知识、岗位安全操作知识及日常生活安全常识等。

对各施工单位主要负责人进行安全资格培训和安全施工培训的主要内容：行业相关规章制度和规范标准；安全施工管理与安全技术知识；事故防范、应急救援及事故调查处理方法；典型事故案例分析；等等。

对安全管理人员进行安全资格培训和安全施工培训的主要内容：行业相关规章制度和规范标准；安全施工管理和安全卫生文化知识，相关安全施工技术；工伤保险的法律、法规、政策；事故应急处理方法和现场勘验技术；重大危险源管理与应急救援预案编制。

（3）山区公路施工安全教育效果评价

各施工单位必须进行安全教育效果评价，组织有针对性的安全生产考核，或开展安全知识竞赛等活动。安全生产考核可分为书面考核、现场提问考核和实际操作考核等。

书面考核是指对每个参加安全生产教育和培训的人按不同阶段、不同作业对象进行书面考试，考试可视情况采用闭卷或开卷的方式。现场提问考核是由驻地监理组、总监办或建设单位安全技术人员随机对现场从事操作的人员进行提问考核，检查其是否参加了安全教育和培训，从而判断安全教育的效果。实际操作考核是由驻地监理组、总监办或建设单位安全技术人员有针对性地对现场从事危险性作业的人员和管理人员进行考核，考核不合格的责令其重新参加安全教育。

第五节 提高公路施工安全管理水平的措施

一、公路施工从业人员的改善措施

（一）配备足够的安全管理人员，提高安全管理人员的素质

公路施工企业应该增加安全管理人员的配备，特别是专职安全管理人员的配备。企业应该引入一些具有专业技术、经验丰富的人员从事安全管理工作，如果能引入既有安全专业技术又有相应的公路施工技术的人员作为企业的专职安全管理人员就更好了。要达到这个标准比较难，不妨在现有的从业人员里面选一些专业技术过硬的人员，利用节假日进行专业的安全培训。这样，既有了专业技术人才，又有了专职的安全管理人员。

当然，为了提高他们的积极性，应该提高专职安全管理人员的待遇，赋予其相应的权利，促使其履行安全管理人员的职责。

对从业人员调查分析可知，公路施工企业现有的安全管理人员的学历不高，特别是职称结构不合理，大多数人员都是初级职称。一方面，要改变低重心的学历构成，必须在安全管理人员中开展成人教育，或者鼓励他们攻读工程硕士。另一方面，要改善安全管理人员的职称结构，提高中高级职称人员的比例，减少甚至不用无专业技术的人员从事安全管理工作。同时，对已经从事安全管理工作的低学历、低职称的人员进行公路专业知识和安全技术知识的专业培训，从而达到提高他们的整体水平的目的。

（二）提高工人的素质，适当提高招聘的门槛

提高工人的素质，首先要加强对工人的职业技术培训和安全教育培训，切实提高其安全生产意识和安全操作技能。同时也要针对不同的工种进行不同的专业技术培训。

鼓励工人学习比较紧缺的技术，提高技术工人在工人中的比重。另外，新工人应由老工人带一段时间后再单独作业。还要经常组织工人进行技术、

学习、经验等的交流，通过"传、帮、带"等方式增长工人的从业经验，提高工人的专业技能水平。还可以适当提高招聘的门槛，在招工时适当增加招聘的条件，如文化程度、工作经验等。

二、公路施工的设施与设备管理改善措施

（一）加强公路施工设备的现场管理，严格执行设备维护保养制度

一方面，操作人员要严格执行设备维护保养制度，避免过时保养，应使设备保持良好的工作状态。对利用率高、易损坏、易出故障的设备，应做好跟踪诊断，变事后修理为预防性修理。设备发生异常现象时，应立即停机检查，并及时向上级汇报，以便迅速组织维修人员进行现场抢修。同时，还要建立设备报废和更新制度，对已经不适应安全生产需要的落后设备和超出使用年限不能再用的设备，及时更新，保证设备的新度系数。

另一方面，公路施工企业应在施工现场配备专人，负责设备的使用和保养工作，使设备始终在完好状态下发挥最大效能。现场管理人员应负责监督检查操作人员是否按操作规程操作，故障能否得到及时处理，设备是否得到充分利用，保养工作是否及时到位这一系列工作，以避免设备的非正常使用和不合理调派。现场管理人员还应具有一定的管理权，即在设备使用和保养问题上有奖罚权，并有在设备非正常使用时令其停产接受整改的权利。

（二）加强安全设施的防护管理

企业统一规定施工现场的平面布置，对有较大危险因素的场所及有关设施、设备设立安全警示标志。机械安全装置必须按规定正确使用，绝不能为了方便将其拆掉不使用。机械设备使用的刀具、工夹具及加工的零件等一定要安装牢固，不得松动。

（三）提高设备管理干部、操作人员和维修人员的素质

加强对设备管理干部的现代化设备管理方法的培训，提高他们的业务水平。对操作人员、维修人员定期或不定期地进行技术、业务培训，提高他们的技术理论水平。设备操作人员应做到懂结构、懂原理、懂性能、懂用途、会使用、会保养、会排除一般故障。特种设备的操作者必须通过培训，考试合格，发给"操作证"后方可上岗操作。设备维修人员必须进行技术培训，掌握设备的原理，对设备进行预防性维修，减少故障停机和损失。建立和完善各项设备运转记录，操作人员必须按要求填写，做到齐全准确。操作人员与维修人员必须报告设备运转及修理情况，保证施工设备及时排除故障，安全使用。

三、公路施工作业环境改善措施

（一）预防生产性粉尘和噪声的危害

加强组织领导是做好防尘工作的关键。针对粉尘作业较多的施工段、施工期应建立粉尘监测制度，并配备专职测尘人员。医务人员应对测尘工作提出要求，定期检查并指导，做到定时定点测尘，评价劳动条件改善情况和技术措施的效果。另外，应采用有效的技术措施，尽可能降低作业环境粉尘浓度。例如，采取湿式作业，它是一种经济易行的防止粉尘飞扬的有效措施，包括湿式凿岩、冲刷巷道、净化进风等。

对于噪声控制，首先应从工程控制的角度考虑，即在设备采购上，要考虑设备的低噪声、低振动。而在爆破作业时，工程控制起不了多大作用，此时最好采用个人防护措施，即佩戴耳塞或者耳罩。

（二）防暑降温的主要措施

在夏季应尽量缩短高温下的作业时间，采取换班、增加工作休息次数、延长午休时间等方法。休息地点应设在通风阴凉处，并备有清凉饮料、风扇、洗澡设备等，最好在休息室安装空调或采取其他防暑降温措施。

同时，也要加强个人防护，在高温下作业的从业人员应穿不吸热、活动方便的工作服，并佩戴工作帽、防护眼镜、隔热靴等。

（三）针对复杂的地质条件做好施工组织设计

首先，要做好施工组织设计，合理安排施工段的先后顺序。其次，要做好施工前的准备工作，即开工前要认真审阅设计文件，详细了解各段的地质情况，对重要地段进行重点勘察，进一步核对设计资料，发现设计文件有误及时上报业主，妥善处理。

（四）材料堆放和仓储要符合安全要求

施工现场材料的堆放需遵循以下要求：施工现场工具、构件、材料的堆放必须按照总平面图规定的位置放置；各种材料、构件必须按品种、分规格堆放，并设置明显标牌；各种物料堆放必须整齐，砂、石等材料成方，大型工具应一头见齐，钢筋、构件、钢模板应堆放整齐并用木方垫起；施工现场的垃圾也应分类型集中堆放；易燃易爆物品不能混放，除了现场的集中存放处，班组使用的零散的各种易燃易爆物品，必须按有关规定存放。

四、公路施工组织管理改善措施

（一）建立完善的公路施工安全生产责任制

1. 建立完善的公路安全生产责任制和安全生产保证体系

责任制是管理制度的核心，没有责任制，再完善的管理制度也不过是一纸空文。因此，要建立完善的公路施工安全生产责任制。安全生产责任制要以制度的形式明确公路施工企业各级领导、各职能部门、各类从业人员在施工生产活动中应负的安全职责。公路施工项目应根据具体情况，成立以项目经理为首的安全生产委员会或领导小组。同时，根据建设工程的性质、规模和特点，配备规定数量的安全管理人员，监督检查各类人员贯彻执行安全生产管理制度，并协助项目经理推动安全生产管理工作。应建立安全生产保证体系，即项目部成立以项目经理为首的安全领导小组，由安全管理部门负责人全面负责安全工作，下设专职安全员和兼职安全员。此外，还应建立健全公路工程施工项目的安全生产委员会或领导小组的组织管理体系。

2. 明确各级安全管理人员的责任

各地要依法采取措施，分层次明确安全生产责任主体，逐级落实安全生产责任。要突出施工企业的主体责任，特别要突出企业负责人、项目负责人这些第一责任人的责任。要建立安全生产责任考核评价办法，构建有交通特点的安全生产防控体系。各地可结合国家和地方人民政府确定的安全生产控制指标要求，制定本地区交通建设安全生产控制指标。

安全生产责任制要明确各级安全管理人员的责任，成立施工安全领导小组，即以项目经理为施工安全第一责任人，设立以项目经理为组长，以安全管理部门负责人为主要成员的施工安全领导小组，负责监督安全施工，制定安全生产管理措施及方法。施工安全领导小组是工程施工安全的主导机构，有权处理一切违章行为。项目经理作为施工安全管理第一责任人，应对公路工程项目施工过程中的劳动保护和安全生产工作负具体的领导和经济责任，领导并编制本项目安全生产管理的目标及措施，建立安全生产保障体系，确定安全生产管理职能。安全管理部门负责人是施工安全的重要责任人，负责实施安全规章和落实全面的安保工作。专职安全员以各施工班组专业安全员为成员，具体负责日常的安全工作，检查施工现场的安全隐患，对不穿工作服、不戴安全帽，以及高空作业不系安全带等违章行为进行纠正和处罚，同时负责爆破、拆除混凝土和土方施工过程中人和设备的安全防护工作。兼职安全员的责任不容忽视，其负责具体落实分部工程、各工序的安全检查和督促工作，把安全隐患消除在萌芽状态。项目施工员对管辖工程的安全生产负直接责任，坚决贯彻有关的安全生产技术措施和施工组织设计中规定的安全措施，对违章作业的班组和个人及时提出批评和防范措施，防止事故的发生。

（二）提高企业安全教育培训质量

安全教育培训是企业安全管理工作的重要组成部分，是企业安全管理系统工程中一个极为重要的子系统。对员工进行安全教育培训是企业保证安全生产，提高员工安全防范意识和能力的重要措施。而安全教育就其本身来说，是以企业实现安全生产为最终目标，按照一定的程序和要求对企业每个员工的心理、思想意识及日常行为加以规范和影响的系列活动。当前，随着我国产业水平的不断升级，企业的整体装备水平也在不断提高，由此也给安全教育这项理论化、系统化的工作提出了新的要求。所以，探索安全教育工作的创新，是摆在安全管理工作者面前亟待解决的问题。

对企业的安全教育现状的调查分析表明，公路施工企业安全教育培训的质量不高，培训的内容没有针对性，视安全教育为一种形式。针对这些问题，可采取以下措施。

1. 建立健全安全教育培训责任制

建立健全安全教育培训责任制，明确安全教育责任，落实安全教育培训制度，要做到：明确施工现场各级教育培训的责任，并加强对责任主体的监督和考核工作，对考核不合格的责任人进行换岗或清退；确立安全教育培训的实施责任人，同时要注意培养安全教育实施责任人的职业素养和责任感；明确现场安全教育接受者的主体是施工现场全体人员。

2. 安全教育培训要遵循以下原则

（1）"三步骤"原则

施工安全教育培训可分为安全生产思想教育、安全知识教育、安全技能教育培训三个步骤。安全生产思想教育即通过安全生产思想路线和方针政策的教育，提高各级领导、管理干部和广大职工的政策水平，使其严肃认真地执行安全生产方针、政策、法律。安全知识教育是对企业的基本生产概况、施工工艺、机械设备、高处作业、脚手架工程、模板工程、临时用电工程、文明施工、消防器材应用等基本安全知识进行的教育。安全技能教育是结合公路施工专业特点，对实现人员安全操作、安全防护所必须具备的基本技术知识进行的教育。

（2）经常性原则

当今是新知识、新材料、新技术在各行业快速应用的时代，不断更新思想、更新观念、更新知识、更新技术是各行各业生存发展的需要，不更新就意味着倒退、淘汰。因此，要进行经常性的培训，还要把经常性的安全教育培训贯穿企业员工工作的全过程，贯穿每个工程施工的全过程，贯穿公路施工企业生产活动的全过程。

（3）广泛性原则

广泛性原则就是指在进行安全教育时保证每一个从业人员都能受到教育。要做到这一点，首先要抓好对企业管理者、领导者的安全教育，提高企业管理者的安全意识和安全素养。其次，建立覆盖企业全体人员的安全教育培训体系，即公路施工企业所有从事生产活动的人员，从企业经理、项目经理到一般管理人员及一线作业人员，都必须严格接受安全教育，全力形成全员、全过程、全企业的安全意识。

（4）理论联系实践原则

进行安全教育的最终目的是对事故的防范，因此安全教育培训工作要密切结合公路施工生产生活实际，保证其能真正服从和服务安全生产这个中心，使其为安全生产提供智力支持和思想保证。

（5）大众化原则

公路施工的从业人员大多数文化水平不高，如果安全教育用很专业的语言进行，他们听不懂也不能理解，最终会失去兴趣并产生抵触情绪。因此，安全教育培训工作要做到通俗易懂，尽量用浅显的语言和简单的方式进行教育。

（6）创新性原则

创新就是要做到勇于探索，开拓进取，不断探索安全教育培训的新思路、新方法。在坚持与时俱进的同时，更要坚持贯彻"发展就是硬道理"，以保持创新的连续性和持久性。

3. 安全教育培训内容的特征

安全培训的内容通常包括安全知识培训、安全操作技能培训、安全思想教育等。但是，不能所有工种、岗位都学同样的知识，要因地制宜地选取安全培训教育内容。安全教育培训内容的选取需遵循以下两个原则。

（1）安全教育培训的内容要适应需求

首先，要适应各层次的需求，包括组织的需求、岗位的需求、个人的需求。比如，不同的公路施工阶段具有各自的不安全因素，如隧道施工和桥梁施工两个不同的岗位需要注意的安全隐患大不相同。其次，要适应不同时期的需求，包括目前的急需和中长期发展的需求。比如，因季节或气温变化而产生的新的不安全因素。在施工现场，雨季施工的安全隐患的危害程度要远远大于平时，高温条件下施工的安全隐患的危害程度要远远大于常温条件下的施工，如因雨季施工而产生边坡的不稳定甚至坍塌，高温下施工产生中暑。

（2）安全教育培训的内容要有超前性

安全教育培训内容不但要体现针对性，应付眼下急需，同时还要具备超前性，所选内容，无论是知识还是技能，都要站在当今科技发展、管理运作的前沿。所以，安全教育培训针对不同的工种、从业人员及时间，需要有不同的培训内容。

4. 改善安全教育培训的方法

传统的安全教育培训主要采用理性灌输法，这是用得最多的一种教育方法。理性灌输法是指从理性角度向受教育者传授安全理论和方法，引导人们理解国家安全生产方针、法律法规和政策及企业的安全生产规章制度等，掌握预防、改善和控制危险的手段和方法。这种教育方法虽然具有系统性、理论性，但是会让人感觉枯燥乏味，无法调动学习者的积极性。因此，可选择以下几种安全教育培训的方法。

（1）互动交流式的感性教育法

互动交流式的感性教育法使教师的主导作用得到充分发挥，学员的主体地位得到充分实现。采用互动式教学，能置教和学于研究探讨的氛围之中。不同的人对同一问题有不同的看法，而用开放、互动的方式能表达自己的观点和意见，畅谈自己的想法和做法，同大家一起探讨，听取别人的经验和体会，互相启发，相互学习，整个学习氛围十分轻松，学员也可以将平时遇到的难题讲出，与他人交流、探讨。该方法的优点主要是能够充分调动学员的积极性，让学员充分发表自己的见解，有利于深化主题，提高大家对某一问题的认识程度。最后由教师进行归纳和总结，以便达到更好的培训效果。

（2）理性灌输法和案例培训法相结合

案例培训法用一定视听媒介，如文字、图片、视频等，描述客观存在的真实情景。该法把历史上发生过的公路施工事故进行分类整理，并把各种事故发生的原因、如何防范，以及发生事故后如何处理一一列出，给从业人员的感觉就是直观、通俗易懂、记忆深刻。但它也有不足之处，如案例数量有限，并不能满足每个问题都有相应案例的需求。因此，理性灌输法和案例培训法相结合，既避免了理性灌输法的枯燥乏味，又能学到更多的安全知识，也弥补了案例有限、涉及的安全知识不能满足需要的不足。

（3）直观教学法

直观教育法实际上就是通过现场、实物或模拟演示（练）迅速抓住学员的注意力，使学员有一种身临其境、课堂与现场零距离的感觉。这种培训方法可以最大限度地激发学员的学习兴趣，增强学员接受培训的积极性和主动性，从而达到最佳培训效果。其特点和作用是：第一，直观形象，解决了纯理论培训内容抽象空洞的问题，寓教于乐，使学员容易掌握学习内容；第二，有针对性，可以根据工作或生产实际情况，突出组织某一个方面的培训，还可以灵活选择培训项目；第三，实用性强，能加深认识，特别是能弥补从业人员文化水平低、基础知识不足的缺点。

安全教育培训的方法是多种多样的，各种方法都有其优缺点，企业可以根据自己的实际情况选择适合本企业安全教育培训的方法，也可在以往方法的基础上发展、创新，最终找到适合本企业的安全教育培训方法。

5. 建立健全安全培训效果监督、反馈机制

安全培训的最终目的是提高从业人员的安全素质，从而使从业员工能够在实际工作中安全生产。从调研的情况来看，从业人员在工作中只关心行为的经济考核，而不关心行为的安全后果。因此，要建立健全安全培训效果监督及反馈机制。

（1）完善和健全安全培训约束机制

要建立健全安全培训效果监督机制，就要完善和健全安全培训约束机制，并加强追踪检查考核。完善和健全安全培训约束机制并加强追踪检查考核，主要从以下三个方面实现。

首先，加强对学习过程的监督考核。凡是未按照要求参加培训，培训过程中不遵守纪律，没有达到要求的培训时数的职工，都要按照企业的安全教育制度进行监督考核。对学习过程的考核是为了给职工相对的制约，以保证学习效果。

其次，加强对学习效果的评估考核。应建立定期考核及检查制度，每次培训学习，不能光有"讲"和"学"的环节，而没有"考"即"效果评估"的环节。评估的内容可以在培训完成后，通过问卷、总结、组织交流的方式了解职工对培训的反应，以及对培训内容、技能的吸收掌握程度，还要对培训后职工获得的效果进行检验评价，并存入个人培训档案。也可按不同的考核项目，按年、季、月进行逐项考核及检查，来评估其安全教育的效果。

最后，要加强对培训结果的激励。尽快建立企业干部、职工安全教育培训的激励机制，安全教育工作不能局限在办班、开讲座、单纯搞培训上，要把安全教育培训的结果与干部、职工的提拔和使用，职工的竞岗，以及对干部、职工的安全管理、安全监督有机结合起来，贯穿企业干部职工的述职、评议、考核等管理环节，使之成为促进干部、职工安全学习的有效手段，进而提高企业干部、职工安全教育培训的工作质量和效果。

（2）建立反馈机制

安全教育培训的反馈机制可以准确地反映安全教育培训在实际工作中的具体效果。通过对安全教育培训的评估，可以找到现阶段安全教育培训的不足之处，及时反馈回去，以便及时发现并纠正安全教育培训中的错误和偏差，进而对整体安全教育培训计划、内容、方法等进行修改和完善。

第十章　公路工程施工环保管理

第一节　公路工程施工对生态环境保护的支持作用

一、路域生态系统

（一）路域生态系统的形成及特点

1. 路域生态系统的形成

公路建成以后，随着以绿化和生态恢复为主的环保工程的实施，出现了一个新的生态系统——路域生态系统。它的范围是公路用地边界之内，宽50～70 m，长数十至数百千米的地带。其中，生物因素包括中央分隔带的植被、边坡植被、护坡道路植被和隔离植被等。另外，这里栖息了许多小型哺乳动物和爬行动物、灌丛和枝头的鸟类、从农田迁来的害虫和其天敌、排水沟里的两栖动物等。这一系统的成分、结构、演替等比周围自然生态群落更单纯，比农田等人工生态环境更复杂。其代表性的特点是外来种属的引进，植物、动物生物多样性的变化。在很长的线形地域内，它的边界是灰色模糊的，与周围的自然环境相融合。

2. 路域生态系统的特点

（1）路域生态系统生物因子的特点

①模仿自然生物群落，在人的帮助下，短期达到稳定的顶级生态群落，美化及维护消耗成本最少，系统建成以后人为干扰较小。②承接废水和废气的压力，突出防治污染的作用。③横断成条形，植被立体三维布置。④纵向长距离的线形地域，植被呈现单元性的节奏变化。⑤地区间的联系纽带带来新物种，使生物多样性发生变化，并且在光、湿、热条件变化的综合作用下，引起本地区生物群落的改变。⑥有可能伴随新的有害生物的侵入。⑦沿线生

物群落之间密切的联系，促进了植物和动物群落的各种演替过程，有利于群落的稳定。⑧具有视觉美感。

（2）路域生态系统非生物因子的特点

①汽车尾气污染区。公路投入运营后，汽车尾气中一氧化碳、铅尘等污染物排放在路域生态系统中，其中一氧化碳对人体有害，铅尘间接威胁人类健康。

②交通噪声污染区。交通噪声不仅干扰周边人们的生活、工作，影响人体健康，还影响路域系统中对声音敏感的动物的分布。

③夜间光污染区。夜间行车的光污染影响路域系统中趋光型动物的分布。

④高温辐射区。水泥或沥青混凝土路面及边坡的浆砌片石或混凝土预制块等的热辐射，使路域系统的温度较周边系统温度高。这就要求路域系统中的植物耐干旱、抗高温。

（二）路域生态系统的功能

路域生态系统同其他生态系统一样，具有能量流动、物质循环和信息传递三大基本功能。路域生态系统是模仿自然生物群落，在人的帮助下，短期达到稳定的顶级生态群落。系统建成后，能为过境者提供视觉美感，并为司乘人员的安全行驶提供保障。

二、公路建设与生态建设

（一）公路沿线生态区建设

公路建设项目在实施过程中，可以改变或恢复周边地区已经人工化的生态系统，创造更完善的自然生态系统。例如，法国的 A39 高速公路，建设占地 $0.35~km^2$，该地是农田，有涌水状况，施工方听取了当地科学家及自然保护团体的建议后，决定在此处围湖建造生物栖息地，由高速公路公司负责设置生态系统观察区，在划定区取土后围田造湖，与周围河流、运河连通，建设湖泊生物栖息地。以野鸭、鸳鸯为主的 50 种鸟类在此落户，其中的

10～20 种已在此繁殖。周围自然侵入的植被长势繁茂，为两栖动物与昆虫的生存提供了良好的环境。该生物栖息地还建造了对野鸟等的观察小屋，附近的学校会在此对学生进行环保教育。

（二）公路建设与生态建设

为了遏制生态环境破坏，减轻自然灾害的危害，促进自然资源的合理、科学利用，实现自然生态系统良性循环，维护国家生态环境安全，确保国民经济和社会的可持续发展，我国于 21 世纪初颁发了《全国生态环境保护纲要》，该纲要确定了对重要生态功能区及生态良好地区加强生态保护的政策、对策和要求，随即全国各地开展了生态功能区的规划和建设。

（三）公路建设与生态旅游

生态旅游是一种感知、认识、欣赏、探索大自然的高层次旅游活动。它倡导人与自然的和谐统一，注重在旅游活动中人与大自然的感情交流，使人们在山林、旷野、海滨中领略大自然的意趣，感受大自然的恩赐，真正认识到大自然是生命的源泉和人类赖以生存的基础，从而教育人们热爱自然、尊重自然，增强保护自然的意识和责任感。

高等级公路建设往往会为生态旅游提供有力的支持。好的路况不仅能使人迅速抵达旅游地点，尽情欣赏、享受大自然的风景，为人们回归自然创造便利条件，而且其本身也成为旅游的组成之一，是生态旅游的一种延续。这是点线结合，充分、高效利用时间放松、休闲，与自然交融的方式。

三、公路建设与水土保持

地区水土流失严重时，高等级公路建设可能成为有益的水土保持工程。例如，在山区修建公路，沿溪线靠山体一侧的加固阻止了坡面上的土石经常流入溪流，在溪边一侧的路基和挡墙又形成了护岸，约束了河道的摆动造成的洪水泛滥、山坡失稳等环境问题，公路建设成为一项水土保持的有益工程。在沙漠地区修建高等级公路，公路路基和建设的绿化带会成为阻挡风沙的屏障，减小风沙强度，从而减小风蚀危害。

在公路通过易发生水土流失、崩塌、滑坡、泥石流等地质灾害的地区时，采取工程措施对不良地质进行治理，可减少地质灾害，同时减少水土流失。

第二节　高等级公路工程施工对生态环境的影响

公路是缩短空间距离和加强对象间联系的地表构筑物，具有线性和连续性的特征，而高等级公路的这种特征更为明显。这决定了高速公路需要穿越它可能遇到的一切生态系统，包括城市、农村、戈壁、沙漠、沼泽、草原、森林、江河湖海等，其中会涉及一些特殊、敏感的生态目标或特殊地区，如热带森林、原始森林、湿地、自然保护区、水源区等，并对这些自然生态系统或自然资源产生不利影响。因此，对于此类生态敏感目标，要加强认识和识别，根据生态学原理分析公路施工可能对其产生的影响，并按照生态敏感目标的具体特点研究确定应采取的保护措施。

一、对生态环境的分割及增加人为影响

（一）道路的廊道与分割效应

公路是连接城市与城市、城市与乡镇的通道，是人类互相连接的廊道。但是，对生物，尤其是地面的动物来说，它是一道屏障，起着分离与阻隔作用。公路的分割使景观破碎，形成地质暴露带或造成地貌特征的丧失，将自然生境切割成孤立的块状，使生境岛屿化，使生活在其中的生物变得脆弱（生物不能在更大的范围内求偶与觅食），不利于生物多样性的保护。

由于人口不断增加，平原微丘地带大多已被人类挤占并开发利用，野生动植物被驱向山岭重丘区，并且常常只能在峻岭之脊和陡峭之坡觅得栖身之所。许多绵延数百甚至上千公里的山脉，其狭长的岭坡带成为野生动植物的分布区和最后栖息地。山岭之间的隘口、狭谷或低岭，是人类穿越山脉的通道，也是野生动物迁徙、觅食、寻偶或避害的穿行通道。因此，在山岭重丘区修建公路，尤其是占领隘口、狭谷，或切断岭脊，深挖高填，对残存的野生动物可能有巨大的阻隔作用，其生境破碎化产生的生态影响亦可能更为严重。

干旱地区缺少水源，许多动物都会到固定的水源处饮水，也需要到更广大的地区觅食或进行季节性迁徙。公路切断动物的通行通道，阻隔动物的惯常活动路线，会对其产生毁灭性影响。

为了避免生境岛屿化破坏生物多样性，许多自然保护区及其他生态系统都需要建立与其他自然保护区或自然地域相连的通道，以使保护区内的生物与其他相邻保护区或其他地区的生物进行遗传上的交流，这就是"生物廊道"。公路建设切断这类通道，会使自然保护区或其他生态系统保存生物多样性的功能下降，并会使那些有迁徙习性或个体较少的种群最终灭绝。

（二）迫近效应与诱导效应

1. 迫近效应

迫近效应是指，公路的开通使沿线地区的人流和物质流强度增加、速度加快，同时扩大了人类活动的范围，使许多原先难以到达或难以进入的地区变得可到达和易于进入，这对自然保护区和珍稀资源的保护构成巨大威胁。在世界许多地区，常常是路通到哪里，树砍到哪里，出现"路通山空"或"公路通，鸟兽尽"的现象。迫近效应是公路的一种间接影响。

2. 诱导效应

诱导效应是指，公路可以改变某一城市或乡村发展和扩大的方式，这种改变表现出的主要特征之一，就是一条公路建成不久后，在公路走廊地带的某些区域就会有新的工业、商业及民用建筑涌现。公路为出行提供便利的交通是工商业建筑和民用住宅倾向于分布在公路两侧不远区域的主要原因。公路刺激城市区域的扩展，以及农村向城镇的发展，导致公路沿线街道化或城镇化，从而间接地造成城镇景观代替农村景观或自然景观的巨变。

高速公路诱导效应主要发生在立交桥和公路有进出口的连接线地段，因此高速公路的进出口设置地应视为公路诱导效应的研究重点。应考虑形成城镇的可能，避开诸如水源保护地带、自然保护地域、文物古迹及重要景观等重要的环保目标，以免城镇化破坏这些有价值的保护目标。

二、对水文及生物的影响

（一）对水文的影响

公路建设会改变地表径流的固有态势，从而造成冲、淤、涝等局部影响。我国的高速公路或国道主干线大多采用高路堤，为的是能在洪水季节保证畅通，同时又易于多开涵洞通道，以利于道路两边社区的人际往来。高路堤犹如百里长堤横卧在大地上，阻隔地面径流，改变径流的方向。在洪水季节，行洪通道不足或未留行洪通道的公路，就可能阻挡洪水，使局部地区受淹，严重者会形成灾害。平原地带的高路堤公路，可因阻滞涝水排泄而致局部地带溃涝，在专门留下的行洪泄洪口处，洪流量大又可能造成局部地方冲刷或淤积。

（二）对植被的影响

公路项目对地表植物的直接破坏作用表现为：公路工程永久性征用土地，使公路沿线的地表植被遭受损失或损坏；公路施工期临时用地，包括施工便道、拌和场、施工营地、预制场等，因施工作业使地表植被遭受损失；取、弃土石方作业，使原有地表植被遭到破坏；施工期由于筑路材料运输、机械碾压及施工人员践踏，施工作业区周围土地的部分植被被破坏。

敏感物种在周围环境改变时的数量、分布等改变，可能引起整个系统的连锁变化。施工场地植被的清除、在丛林中开辟一条通道，破坏了天然森林生境的连续性和整体性，会导致林中水、热、气重新分布，改变群落的外部边界环境，通过与群落内生物因子的相互作用，促使近路侧群落向干旱型演替。

山区公路倾入溪谷的废渣，影响藻类生长和其他植物的光合作用。河道经过冲刷等自然过程，底质岩石化或泥砂化，群落的恢复率在各种环境下不尽相同，一些影响甚至是不可逆的。

（三）对野生动物的影响

动物需要较大的生存空间，种群内个体维持基本数量、区域内种群维持基本数量，才能保证这一物种的延续。公路的建设会使本地区的生态环境发生变化，一些有特殊要求的物种种群向偏僻处或者其他地区迁移，还可能使大型动物的活动区域缩小、被重新划分，其结果可能是种群变小、种群之间交流减少。伴随着公路施工，外来人口增多，特别是饭店等服务设施增多，都加剧了人为活动的程度，人类活动空间增大，动物活动空间就相应缩减。

另外，高等级公路的封闭系统影响了动物的迁徙，产生明显的公路廊道效应，一些昆虫和两栖动物难以穿越宽阔的马路。调查发现，常有野生动物穿越道路而被撞死或致残的事故发生，还有原生态区内的野生动物因受交通噪声的惊吓而大量迁出的现象。

山区公路倾入溪谷的废渣，占据了动物的栖息和繁殖场所，使其不能取食、产卵，幼体不能发育，导致水生动物种类减少。

国外一些公路保留了下穿的"兽道"，或者当公路两侧连续的自然环境具有特殊的生态意义时，耗资巨大建设上跨的、十分自然化的"绿桥"，目的都在于为动物的觅食等提供条件，同时保持种群之间的联系，保证物种生息不灭。

总之，公路建设对野生动物的影响，主要表现为对动物原栖息地生态环境的破坏和封闭的带状构筑物对动物的阻隔。

三、对水土保持的影响

（一）水土流失的危害

水土流失的不良影响，主要集中在公路施工和运营初期。施工初期需对道路用地范围内的植被进行清理，施工中自然土壤的结构受到破坏，有机质和黏粒含量减少，抵抗侵蚀的能力大为减弱，加之填挖过程中可造成大量陡峭边坡，降雨造成的土壤侵蚀成为道路建设中最为严重的生态问题。公路修建后留下的裸地，雨水形成地表径流，往往发生严重的沟蚀现象，暴露的工作面还会使植被更难以生长，这类问题在一些植被覆盖度本来就很低的山区更具有代表性。在这类环境中，暴露的工作面和取、弃土场是水土流失的主要发生源。当植被覆盖了暴露面之后，流失过程趋于稳定。

（二）水土流失的主要因素

公路施工期引起土壤侵蚀的主要因素有：山体开挖造成地表裸露；填筑路堤增加裸露面；取、弃土场产生裸露面；施工过程损坏原有地表植被及水土保持设施；干扰不良地质，增加其不稳定性引起的水土流失。其中，对地表植被的破坏引起水土流失的工程环节有路基工程、房建工程、施工便道、施工机械碾压及施工人员践踏等。

水土流失面积可能从工作面进一步扩大。例如，某公路的一段修建在山腰，修路时破坏了上部植被，坡面裸露，雨季坡面上的径流携带土石经常将路基侵蚀，小雨时淤积涵洞，暴雨时洪水夹带土石通过涵洞，冲垮下面的护坡，造成新的水土流失。

目前，我国高等级公路的路基防护工程及排水工程的建设力度较强，线内的水土流失不突出，主要是线外的水土流失源——弃土堆、取土场的水土保持措施还须加强。

山区土石方运输不便，往往就近将山谷当作弃土场，集中容纳坡面和隧道的多余土石方，这种设计比较经济，也便于环境管理，避免了坡面弃土带来的更大范围、更长时间的流失。但同时，一些过水通道被废弃土石方堵塞，季节性的山洪需要另取出路，这又引起新的水土流失。另外，崩塌、滑坡、泥石流等是山区道路建设与运营中易发生的地质灾害，往往会造成严重的生态破坏和居民生命、财产的巨大损失，同时造成严重的水土流失。

公路建设中，如过分开挖山体边坡，或在坡脚大量采石取土，或在破碎地带大爆破，往往会引起崩塌；开挖坡脚，坡顶上堆积弃土，排水不当或大爆破会触发滑坡；修路的废弃土石方不合理地大量堆积，森林植被严重破坏，工程建筑物不合理布局，都有可能为泥石流的发生提供条件。

山区公路建设拆迁安置时，如果安置不当，特别是由低处迁至高地山坡，住房和耕地再分配时，就可能出现原有山坡的开垦或原有耕地的占用（加

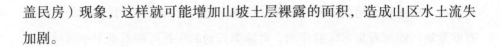

盖民房）现象，这样就可能增加山坡土层裸露的面积，造成山区水土流失加剧。

四、对生态脆弱、敏感地区的影响

交通运输线路长，会穿越各种生态系统，其中不可避免地会涉及一些特殊的、敏感的生态目标，如湿地、荒地、自然保护区、天然森林、水源区、风景名胜区、特殊地质地貌区，以及生态十分脆弱且自然灾害多发的地区等。对于此类生态敏感目标，关键是要加强认识和识别，根据公路的生态效应分析公路施工可能对其造成的影响，按照生态敏感目标的具体特点研究应采取的保护措施。

（一）湿地生态影响

湿地是尚未被人类完全占领和开发利用的土地资源。在我国，湿地也是唯一残留的生产力高而尚未完全被开垦的后备土地资源。因为湿地还是公用资源，征地拆迁困难较少，所以一些城市的滨海大道、江滨大道都选择占用湿地，一些高速公路也会通过湿地。此类项目对生态影响的大小，取决于所占用的湿地的生态功能，也取决于采取的保护措施。例如，一条公路必须穿越一片河口湿地，那么用桥梁跨越的生态影响就比填筑路基小得多，因为桥梁能基本保持河口湿地的水文状态，而路基则会使河口封闭，使湿地水文状态发生根本变化，甚至使湿地生态系统消亡。

（二）荒地生态影响

荒地大多是因不宜农耕而尚未被开垦的土地，它是一种比农业生态系统功能更多，结构更复杂，生物多样性也较丰富的生态系统。一般来说，面积较大的成片荒地可能有当地特有的动植物物种，具有巨大的生态保护价值，即使是农田之间夹杂的小片荒丘荒坡，也可能具有重要的生态学意义。

一般公路设计中，为了减少耕地和林地占用，路线往往首选荒地，对荒地生态造成的影响较大。公路占用荒地会给荒地带来生态系统分割、缩小、功能降低等影响，有些动物可能因阻隔或生境恶化而绝迹。公路如要穿越大片荒地，应进行动植物多样性调查，以确定是否有需要抢救性保护的物种。有些荒地可能起着集水区的作用，对这类荒地的干扰可能对某个小区域的水源产生影响。还有的荒地可能是学校和孩子们的自然课堂，或者是某些远足者经常光顾的地方。

（三）自然保护区影响

公路直接穿过自然保护区时，其对自然保护区的分割、噪声扰动、大气污染等，会对自然保护区产生根本性的甚至是毁灭性的影响。按照《中华人民共和国自然保护区条例》，公路穿过自然保护区核心区和缓冲区一般是不可行的，需要寻求替代方案。

在公路选线和建设过程中，更多的情况是从自然保护区界外擦边而过。此类公路建设对自然保护区的影响既与公路的线路走向、方案设计、施工作业和运营方式有关，亦与自然保护区的性质、功能、结构及区内生物习性等密切相关。公路的诱导效应和迫近效应会给自然保护区带来管理上的巨大困难，会使自然保护区的动植物资源遭到盗猎、偷伐、滥采滥挖的破坏，自然保护区的土地亦会受到蚕食，自然保护的动植物生境也会因周围地带的开发利用、水文和气候条件的变化而逐渐恶化。此外，公路行车的大气和噪声污染会影响保护区的动物生息，夜间行车的车灯光亮也可能成为影响野生生物生存的因素。直接的影响还有公路的阻隔作用，它使保护区生物被限制在公路一侧，减小了动物觅食、寻偶的地域，隔断了动物迁徙或惯常活动的路线，长期影响是巨大的。

公路对远离其线路的自然保护区也会造成间接却长期而显著的影响，这主要是迫近效应所致。公路开通会加剧对一些自然保护区内外自然资源的开发，从而破坏保护区的自然性，降低其保护自然的作用。由于公路干线的开通，一些经营者或相关部门可能会修建连接线通到自然保护区，以开发保护区内或周围的自然资源，或者划分保护区的某些地区开展旅游活动。

五、对景观的影响

公路对自然景观的影响是不可避免的，所有公路的规划设计都应考虑其视觉吸引性，使公路成为一件美观的作品。

景观的美取决于两方面的因素：一是构成景观的物质，即物质属性或客观存在性；二是审视景观的人的审美能力和审美情趣，即景观的社会属性或审美主观性。美是这两种属性的结合。在生态学日益普及的今天，美的事物首先要符合生态学原理。其次，美出现在大自然，美的事物必须与自然相互协调，不破坏自然。

公路建设对景观的影响实际上是人造景物（公路）与自然景物相互作用的问题，它们或者交相辉映，相互增彩，或者互不协调，公路破坏景观，尤其是破坏自然景观的美感。值得注意的是，自然景观的价值或受人重视的程度与景物的可达性有密切关系。我国许多美好、有价值的景观由于种种原因，长期处于"隐在深山人未识"的境地，既无级亦无名，但未列为风景名胜区或保护区的景观不一定没有保护的价值。公路的开通增加了许多自然景观的可达性，自然景观的价值可能有很大改变，有的可能成为重要的旅游资源。

公路建设项目在施工中会不可避免地破坏自然景观，形成大量的裸露边坡，特别是在公路通过森林茂密的山区时，自然景观遭受的破坏很大，而且难以恢复。同时，公路线形的结构特点对生态系统又具有分割和破碎的影响，从而造成生态系统在空间上的非连续性。

第三节　公路工程施工与生态环境保护协调发展

一、已建公路的生态协调性调研分析

国内外公路建设越来越重视生态环境保护，采取了多种措施减少对生态环境的影响，已有了一些成功或失败的经验，这些公路生态工程的成败关键在于其措施是否符合生态学原理。比如，公路绿化与生态恢复，不仅能提供便捷、舒适的行车条件，而且能够提供一些景观点供游人欣赏。我国多利用立交桥立体绿化建设特色景观，体现地区的文化特色。有的绿化图案仅提供景观点，在一些有重要文化特色的地区很有意义，但不能成为立交桥的设计模式。这种绿化形式多采用外来物种，形成生物孤岛，容易造成生态入侵，日常操作管理强度大、费用高。实践证明，采用当地草本结合乔木种植的方法更利于地区物种的连续性，符合生态学原理，且建设费用和管理费用均较为适宜。

二、公路建设项目与生态环境保护协调发展

（一）生态资源保护的综合决策

1. 综合决策意识

在公路规划及可行性研究阶段，要重视基础资料的调查研究，认真做好工程分析和技术经济分析，既要考虑线形及使用功能，又要做好环境评估工作，将环境成本纳入各项经济分析和决策过程，重视多方案比较，聘请环境保护专家直接参与规划，加强环境与发展的综合决策，以实现路线整体优化。坚持公路建设与环境建设同时规划、同步发展，既要重视经济效益，又要重视社会效益和环境效益。

2. 生态资源储备

各地区的公路设计和管理部门，应对地区的生态资源情况进行调查、了解，包括生态资源的类型、分布，生态脆弱区/自然保护区/特殊区的类型、分布，区内保护物种的种类、数量及分布，等等。作为公路设计的基础资料之一，生态资源储备从公路选线阶段开始就纳入了生态保护的意识范畴。

（二）改进设计理念

1. 公路线形融入自然，保护敏感目标

应将环境意识贯穿设计全过程，为公路建设与环境相结合、相协调奠定

基础。选线设计应做到：尽量避开环境敏感区和敏感点，尽可能少占耕地；注意保护自然环境，在平原地区采取大曲线线形，与大自然融为一体；在地形起伏地区，尽量限制与地形相悖的开挖，顺应地形的自然变化；在地形起伏很大的地区，左右两幅可相隔较远，以避免对大量土石方工程和地形地貌造成破坏。地下饮用水源附近采用工业废渣填筑路基时，应做好路基、路面排水设计，防止路面水从路面裂隙渗入基层，通过工业废渣再渗透到地下，污染地下水源。同时，在做路线设计时，必须做环境设计，使公路建设与周围地形和景观相协调，保护环境，美化环境，创造环境。在设计中，应认识和识别敏感保护目标，抓重点问题和特殊问题，以便对其做专门研究，精心设计，有效管理，提高保护的有效性。敏感保护目标一般是指在生态意义上有特别重要的作用，因而有特别保护要求的目标。

2. 注重生态恢复

在生态防护措施的设计中，应以生态恢复理论为依据。绿化设计也应以生态协调为先决条件。绿化设计选择的物种应首先与地区生态环境相协调，防止引进外来物种造成生态问题。要进行生物群落结构的生态设计，使人工设计的环境符合当时当地的自然环境规律，能充分利用自然环境，发挥自然条件的优势，弥补自然条件的不足，即克服生态限制因子。应设计合理的食物链，使资源得到高效利用，减少废物并最终无害化消纳。在设计中，还应考虑光、风、热、水、气、土壤结构、土壤养分等生物生长环境的因素，以及水土富积、排水、防风（沙）、隔断等问题。

公路绿化具有净化空气、水体和土壤，改善小气候，降低噪声，美化景观的生态功能，设计中可根据地区具体情况选择防污降噪植物。

（三）精心组织施工和生态补偿

1. 精心组织施工

公路建设主管部门需要在环境保护实施方案的基础上制订施工阶段环保实施计划，做好施工组织设计，尽量减少高填深挖，土方调配尽量做到移挖作填，节约用地。严格按规定地点取土，合理设置弃土弃渣场地，避免取土弃土不当、防护措施不力造成水土流失。根据环保法律，对施工的各个环节实行强制专业标准，辅之以严格管理，使整个施工过程井井有条。在公路施工阶段，应采取一定的环保措施：①为避免施工切面产生塌方、滑坡和其他地质灾害，在施工过程中采取一定工程措施，提供坡面排水渠道，使切面结构稳定。②在填方、挖方过程中，使用覆盖物或纤维保护敏感表面，并尽快恢复植被，避免施工中填方、挖方作业和植被破坏造成水土流失。③严禁采伐公路用地外的任何植被。

2. 生态补偿

为了保护水源和野生动植物保护区，公路应尽量避让饮用水源区和自然保护区。在林区，应在道路边坡种草植树，尽可能恢复原有自然风貌，淡化被公路打开的缺口。要提高绿化美化水平，凡是可以绿化的地方都种树木花草，形成良性循环的生态系统，把高等级公路建成美观大方、景色宜人的人文景观。

（四）建立健全法规，强化交通管理

为了有效地控制公路建设对环境的影响，使其不但有利于地区经济的发展和土地综合利用，而且有利于保护自然环境，必须尽快建立健全公路环保机构，制定完善的公路环保法规，使公路环保设计及环境评价有章可循，使审批部门有据可依。

第四节　生态技术在公路工程建设中的应用

一、景观设计在公路工程建设中的应用

公路景观是公路用地范围内公路本身形成的景观，以及对用地范围内一定宽度的带状走廊里的自然景观和人文景观进行保护、利用、开发、创造、设计与恢复，使公路建设和自然景观、人文景观浑然一体，相融协调，共同形成良好的公路景观环境。对此，在公路建设及景观设计工作中，就要加强

前期准备工作，按照公路选线和当地特点，并结合风土人情，充分考虑自然、和谐、人本理念。景观设计应贯彻以防为主、以治为辅、综合治理的原则，因地制宜，针对不同路段的特点及其与周边环境的关系，有针对性地提出景观设计、环境保护、水土保持和生态恢复的防治措施与设计方案，坚持"不破坏就是最大的保护"和"最小限度破坏和最大限度恢复"的基本原则。具体说来，在实际设计中要遵循以下八个原则。

第一，安全性原则。所有的生态公路在设计时都要把安全作为重要的因素来考虑，安全是公路景观设计的基础和前提，路域防护首先要满足道路交通安全的要求，使行车视线良好，并有帮助驾驶员安全行车的功能。

第二，恢复性原则。在公路景观设计中，要运用多种科技手段恢复公路施工等破坏的生态环境。针对高等级公路建设过程中形成的大量边坡，过去的做法是种植种类单一的草皮来固土护坡、减少水土流失，可是人工种植的草皮看似整洁优美，但不符合自然规律的要求，经过一定时间后，要么枯黄消失，要么被当地的野生植物吞噬，效果均不理想。边坡植物防护技术较为领先的日本，已将植物防护的新技术即生态恢复设计技术作为主导。生态恢复设计技术，是指在公路边坡设计初期，设计人员对边坡的地质条件、气候、水文条件和周围植被情况等因素进行综合考虑和调查，在此基础上选择模拟原有植被类型的绿化植物并设计方案，目的就是使之与原有的生态系统相适应，与原有的植被尽可能相融合。

第三，保护性与自然性原则。保护设计是指对公路路域内的生态因子和生态关系进行科学的研究分析，通过合理设计减少公路建设对自然的破坏，从而保护现有良好的生态系统。公路景观环境要素包罗万象，应重点体现对原有景观资源的保护、利用和开发，以及公路主体与原有自然、社会环境的相融，"不破坏就是最大的保护"。除非不得已，否则任何后天的人为绿化方式都无法与长时间自然形成的结构功能稳定、物种景观多样的自然植被相媲美。所以，在设计中应强调对原有植被的保护和利用，因征地需要非移走不可的树木、植被可集中先移植保护起来，等到工程完成差不多时再移植到与原先生长条件相似的地方，达到"事半功倍"的效果。考虑长远的自然经济效益，应尽量避免破坏古树名木、文物古迹等，要想办法从设计和线形选择上考虑保护各种动植物和名胜古迹。在保护原有风景的同时，高等级公路的设计要符合自然发展的规律，使自然设计与传统设计相对应，通过植物群落设计，从形式上表现自然，将公路景观充分融入自然环境，创造和谐、自然、美观的新景观。自然式设计的核心就是运用生态的原理和技术，借鉴地域植物群落的组成情况、结构特点和演绎规律，科学而艺术地再现具有地带性群落特征的公路路域生态景观，这是顺应自然发展规律，能够实现自我维持和更新调节的一个小生态系统，能够增强植物群落的稳定性和抗变性，实现人工低度管理和景观的稳定可持续发展。

第四，融合与协调原则。公路是一个有机整体，是一个具有线性特征的工程，纵向跨度大。在做景观设计时，既要注意内部各组成部分之间的协调，使其有机地融合在一起，又要注意与地形、环境等外部因素相协调。沿途景点、附属设施及绿化植物要有统一性和连续性，使公路在满足运输功能的基本前提下，生态功能基本恢复到原有水平。

第五，服务社会原则。公路建设应有利于社会进步和发展。对社会环境有重大影响的路段，应根据可持续发展原则进行方案论证，主旨是服务经济发展和方便人民群众出行需要。

第六，尊重地区特性原则。景观设计要与当地风土人情、历史文化相协调，展现当地的文化内涵与韵味，体现乡土特色和气息，使设计切合当地的自然条件、反映当地的景观特征，特别是在植被选择上，要遵循"以乡土树种为主""适地种树"的原则，否则绿化树种引入不当会带来灾害性的后果。在选用公路路域生态树木时，要考虑实际情况和树木生长环境，要符合周围生态条件。

第七，经济性与动态性原则。要贯彻生态景观学的思想，走可持续发展之路。在公路景观的塑造过程中，要坚持动态性原则，既要达到景观效果，又要做到经济合理。

第八，统一与变化原则。公路的景观设计要在统一的主题下表现出各自的特色和韵味。适当的风格、造型、色彩变化及线形起伏等，都会使人感受到沿途景观的韵律感、多变性，以达到消除疲劳的目的。要在统一中变化，在变化中统一。

精心设计和严格实施是生态公路的重要内容，没有这两条，生态公路只能是空说、白说。设计部门在结合地方规划设计取、弃土石方案时，应综合考虑地质、水文、挡护等情况，做到不造成水土流失，不诱发地质灾害。在实施过程中，建设单位应责成施工单位严格按照设计方案的要求取、弃土石。

概括来说，在公路设计中对景观生态的研究要注重实际，将应用与理论相结合，正确分析和掌握第一手资料，搞清情况，结合经济发展现状，切实坚持以人为本，按照科学发展观的要求，既结合当前我们国家公路建设的实际情况，又兼顾社会经济发展的现状，这对适当完善、改善公路生态体系建设大有益处，从而在公路建设中能够做到从优从快。在公路设计中要遵循"七至"理念，即安全至上、目标至高、环境至尊、设计至优、质量至严、景观至美、成本至廉。如果以上几点都能做到，相信我们的公路在设计过程中会按照良好的态势发展下去，这对公路生态的保护有利无害。

对设计中的环境保护，要贯彻以人为本、保护优先、治理为辅、再生结合的原则。在公路建设中，必须超前考虑，将环保工作贯穿设计之中，切实把好工程设计这一关键环节，重点是优化设计方案，把建设项目对沿线自然环境和社会环境的不利影响降到最低。对沿线房屋、电力设施、通信设施、水利设施等的拆迁改建，要充分重视和听取公众合理意见，力求把影响降到最低限度，以求长远协调发展。公路线位应尽可能选择离环境敏感点较远的位置，合理使用和规划公路用地，重视路基、路面的排水设计，桥梁位置和结构不宜明显改变河道流向，还要加强设计过程中的水文调查和分析，尽可能掌握详细的资料，设置适当的排水构造物，较好地保护生态环境。在考虑公路景观设计的同时，更要在公路设计，特别是干线公路设计、环境保护与创建中重点抓好以下工作。

（一）自然环境的保护

路线的选择要综合考虑地形、地质与环保情况。合理利用地形既可减少工程量，又可减轻对环境的破坏。规避不良地质可避免地质灾害的发生。上述两个方面与环境保护紧密相关。湖北省沪蓉西高速公路的设计中提出了"地形选线""地质选线""环保选线"的设计原则，三者互为条件，有机结合，有利于减少路基填挖，规避地质灾害，保护自然环境，创建优美的公路环境。

路基设计应视地形、地质情况，合理选取断面形式，避免大填大挖。在山坡陡峭的坡面，应尽可能采用半路半桥或路基分幅形式，减少路基土石方的挖填。路基的石方开炸应进行科学爆破，尽量减少对岩体的扰动。路基深挖地段应根据路基边坡的稳定情况，采取不同的防护形式，在顺层、滑坡等不良地质地段，应对边坡稳定性进行定性与定理的分析，确定边坡的防护形式。应把工程防护和生物防护结合起来，并尽可能减少工程防护。路堑的边坡建议不拘泥于相同的坡度，应根据具体的情况做适当的调整。开挖边坡地段为荒山荒地时，应尽可能降低边坡坡度，以利于进行生物防护，减少或取消工程防护，这样既可减少工程造价，又可最大限度地恢复原始地貌。

隧道洞口设置要遵循"早进晚出"的原则，尽可能与自然保持一致，减少对山体的切割。隧道选线应充分考虑水文地质情况，通过钻探、物探等多种形式超前探明地下水连通及流通情况。对影响环保、人畜用水的隧道，宜贯彻"以堵为主、限量排水"的原则，对隧道内的涌水进行治理，确保隧道开挖不影响当地居民生产生活，不影响山体的稳定，不影响工程的安全。

建设桥梁要视地质情况选取合理桥型和基础及施工工艺，避免地质灾害的发生。当桥基位于山体完整性、稳定性差的斜坡时，应对斜坡的稳定性进行分析研究。当桥基位于顺层坡面时，应选择对坡面扰动小的桥基形式，桥基的开挖或钻孔应选用对坡面振动小的施工工艺。

（二）生态环境的创建

山区公路，特别是高等级公路，能利用的地形往往是当地群众赖以生存的宝地。在设计中，一是要尽可能减少占用耕地，对修建路基与架设桥梁两个方案进行比较，如建桥对工程量增加不大时，尽可能采用建桥方案，少占耕地；二是要充分利用隧道、路基的废方为群众造地，结合当地的规划，对弃渣场的位置、规模、地形、地质、排水、挡护、绿化及复耕等进行全面、科学、合理的设计，做到变废为宝，变害为利。

二、生态管理制度在公路工程建设中的应用

做好环境保护与创建的关键在于设计，抓实施是做好该项工作的重点。在以往的公路建设中，对环境保护工作强调得多，但具体抓得不细，责任不明确，约束不力，没有对环保的专职管理，基本上是兼职管理，更谈不上对生态公路技术的研究和掌握。现行的公路建设就是要在现有的体制下，建立一套适合我国国情的公路建设生态指标硬性要求，从制度上予以保证和完善，注重对生态管理机构的建立和约束，重点是建立生态管理制度体系。在审查公路设计的同时，也要审查公路生态工程的设计方案，认可后方能进行下一步工作。应着力从机制、制度、机构上给予保证和约束，形成强有力的管理措施。不符合生态公路工程技术指标要求的，一律不得开工，只有各项准备工作妥当，通过专家验收认可后才能开工。在以后的公路建设中，应从完善管理机构和管理措施入手，重点抓好以下五方面的工作。

1. 加强合同管理，强化环境保护与创建意识

施工单位主要以创造利润为目的，环境保护与创建意识一般较淡薄。业主必须在承包合同条款中明确环保的具体内容与有关责任，形成约束机制。

2. 制订环境保护与实施计划

在工程尚未动工之前，应按照设计要求制订明确的实施计划，以此指导工程施工。例如：在不稳定山体上爆破石方时，应明确爆破方式及相关的规定要求，实行科学爆破，避免扰动山体；在路基清除表土时，应要求施工单位对表土集中存放，用于取、弃土场复耕。

3. 成立环保管理专班

业主、承包商及监理单位应安排足够数量的环保管理人员，成立环保管理专班，建立管理制度及管理措施，明确职责和义务，对环保工作进行动态的管理。

4. 加强环保工作检查

要适时开展环保工作检查，及时纠正环保工作中存在的问题。不能以环保验收代替管理，避免造成难以弥补甚至无法弥补的缺陷。例如：不及时处理防排水问题，以致无法恢复，水土流失后造成其他土地沙化；有些施工单位在路基及取土场清表时，表土随意弃放，以致在取、弃土场复耕时难于找到适合耕种的表土。

5. 尽快实施环保监理

要想切实搞好环保工作，必须进行严格的环保监理。但目前公路环境保护监理工作刚刚起步，管理体制、办法不健全，须尽快形成环保监理机制，形成完整的环保监理规范，对工程环保工作实施规范性管理。

在保护自然生态环境的同时，要以人为本创建环境。优美与安全的运营环境可由公路建设单位要求设计部门完成，而生态环境的创建则需要地方政府、设计单位与施工单位及相关部门密切配合，存在较多组织、协调、管理工作。

要树立"把握公路建设契机，创建生态环境"的意识。在以往的公路建设中，建设单位只是从环保出发，对公路取、弃土石方案提出原则性的要求，基本上由施工单位从自身利益出发确定取、弃土石方案，对利用废弃的土石方创建新的生态环境考虑较少。但实际上，公路建设中大量土石方的取、弃在对自然环境造成影响的同时，也给创建环境带来了很好的机会，可取土蓄水、弃土造地，这是变废为宝、变害为利、造福子孙后代的大事，应当引起有关方面的高度重视。

公路建设单位应与当地政府及相关部门沟通有关的创建情况，地方政府应组织有关部门积极与公路建设单位配合，共同商定取、弃土石的方案。对

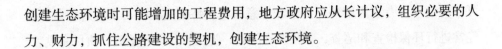

创建生态环境时可能增加的工程费用，地方政府应从长计议，组织必要的人力、财力，抓住公路建设的契机，创建生态环境。

三、生态监控与环境影响评价在公路工程建设中的应用

山区的公路较平原、丘陵地区的公路有着许多不同的特点，公路建成后，在工程安全、运营安全及环境污染上可能存在某些不安定的因素，因此必须通过现代信息技术加强监控，完善监控系统设计，及时掌握有关情况，以便对不利情况进行处理。

1. 环境污染监控

除对沿线收费站、停车区、服务区及隧道内污水和噪声污染进行监控外，更重要的是对隧道内受污染的空气进行监控。汽车排放的一氧化碳是一种无色无味而人体感觉器官又不能分辨的毒性较强的气体，当隧道内该气体超过人体的承受能力时，应实行自动报警控制。

2. 运营安全监控

山区公路运营安全受多方面影响，必须对有关方面进行监控。应对雾区的分布情况、路段的冰冻情况、隧道内的火灾情况等及时提供信息，让驾驶员预知前进方向的道路状况，以便提前采取相应的处理措施。

3. 工程安全监控

山区公路高、陡边坡较多，泥石流、滑坡等地质灾害较普遍。应对影响路基稳定和危及桥梁、隧道安全的隐患建立信息化管理系统，掌握工程安全动态，以便及时采取有关保护措施，避免重大事故的发生。

公路与环境是有机的结合体，公路建设离不开环境的影响，因此应将公路建设与环境影响评价有机结合起来，尽量做到"三个同时"，也就是在项目前期施工阶段，坚持公路建设项目与环境影响评价同时立项、同时建设、同时运营的制度。在攻克研究阶段，委托有相应资质的环评机构对项目沿线的弃土、弃渣、噪音、尾气、灰尘、生态恢复等进行综合评价，并把节约耕地和有利于环保作为方案评比的重要指标，在项目招标文件中明确约定中标单位的施工行为必须符合环保要求，否则将采取相应措施。在项目开工前，

可以聘请环保专家讲解环保要求和注意事项，特别是在项目实施过程中，要经常进行环保检查和巡查，一旦发现问题，要及时处理和整改。项目完成后，要组织有关人员进行验收，达不到要求的，一律不准参加交工和竣工验收，从制度上进行严格约束。

四、公路边坡的生态防护应用

公路施工对周边环境的影响很大，如果处置不当，很可能造成对公路沿线地质的破坏，如边坡不稳定导致沿线自然环境的破坏，塌方、滑坡、泥石流等诸多破坏因素对公路造成损害。公路施工中难免会有大量的填方、挖方，甚至存在桥梁、隧道、新改线路段，这些必然会在一定程度上对原来的生态环境造成破坏。当然，破坏的程度会有所不同。要有效地把生态破坏以后的路段适当恢复，或者加大公路本身的抗灾害程度，通过一些手段的运用，达到对公路沿线环境的最大保护和恢复。公路边坡的防护就是对公路生态保护的最好应用，在技术上目前分为生态防护和工程防护两种。生态防护是对自然环境的拓展，而工程防护是对生态防护的最大保护，是通过一定的技术处理，让工程防护和生态防护相互运用、相互作用、相互结合，两者相辅相成、相互补充。

（一）公路边坡的生态防护

公路边坡的生态防护即边坡植被，主要靠植物根茎与土壤间的附着力及根茎间的互相缠绕加固边坡，以提高坡表抗冲刷的能力，保护路基边坡免受大气降水与地表径流的冲刷。公路边坡生态恢复技术目前较为成熟，其措施概括起来主要有人工植被、植生带、液压喷播、厚层喷播、三维植被网、框格工程、挖沟钻孔工程、有机基材喷播。生态防护不仅可以涵养水源，减少水土流失，而且可以净化空气，保护生态，美化环境，保证行车安全，具有良好的经济效益、社会效益和生态效益。在我国越来越重视环境保护和人们生存质量的今天，生态防护已成为公路边坡防护的一种趋势，代表着边坡防护的发展方向。因此，对公路边坡用植物的选择进行探讨是必要的，它必将促进我国公路边坡生态防护事业的进一步发展，具有重要的现实意义。

采用植物防护，增加植被面积，减少地表径流，可从根本上减少路基的水土流失。植物覆盖对于地表径流和水土冲刷有极大的减缓作用。枝叶繁茂的树冠能够截留一部分降水，庞大的根系能直接吸收一部分水分，还可稳定地表土层。而没有植被覆盖的地方，降水全部落在地表，形成径流，造成水土侵蚀和冲刷。植被的根系能与土层密切结合，根系与根系盘根错节，使表层土壤形成不同深度的、牢固的稳定层，从而有效地稳定土层，固定沟坡，阻挡冲刷和塌陷，起到很好的防护作用。

（二）公路边坡的工程防护

公路边坡对公路路基的稳定作用非常重要，边坡一旦破坏，对公路的损害和影响非常之大，甚至可能导致公路交通中断，影响行车安全。从目前有关情况看，公路边坡破坏的主要形式与机理有以下两种。

1. 公路下边坡

公路下边坡一般为填土路堤。受力稳定的路堤边坡的破坏，主要表现为边坡坡面及坡脚的冲刷。坡面冲刷主要来自大气降水对边坡的直接冲刷和坡面径流的冲刷，冲刷使路基边坡沿坡面流水方向形成冲沟，冲沟不断发展导致路基破坏。沿河路堤及修筑在河滩上、滞洪区内的路堤，还要受到洪水的威胁，这种威胁表现为冲毁路堤坡脚导致边坡破坏。

边坡破坏还与路基填料的性质、路基边坡高度、路基压实度有关。一般来说，砂性土边坡较黏性土边坡更易遭受冲刷而破坏，较高的路基边坡较较低的路基边坡更容易遭受坡面流水冲刷，压实度较高的边坡较压实度较低的边坡耐冲刷。

2. 公路上边坡

公路上边坡是人工开挖的斜坡，其强度应满足稳定边坡的要求。这样的稳定边坡在降雨、融雪、冻胀及其他形式的作用下，容易发生变化，其主要破坏形式为冲刷、崩坍等。

冲刷破坏一般发生于较缓的土质边坡，如砂性土边坡、亚黏土边坡、黄土边坡等。在大气降水的作用下，坡面径流方向形成许多小冲沟，如不采取任何防护措施，小冲沟就会有逐年扩大的趋势。在边坡坡脚，冬季往往易积雪，造成坡脚湿软，强度降低，上部土体失去支撑，发生破坏。同时，高速行驶的汽车溅起的雨雪水，也会冲刷坡脚。总之，土质边坡的坡脚部位是边坡最薄弱的环节。

边坡的崩坍一般分为落石型崩坍、滑坡型崩坍、流动型崩坍三类，有时一次崩坍会同时具有这三种形式。

落石型崩坍一般发生在较陡的岩石边坡。易产生落石的岩层必然是在节理、层理或断层的影响下裂隙发育，被大小不一的裂面分割成的软弱的断块，这些裂面宽而平滑，有方向性。落石和岩石滑动易沿较陡的裂面发生。裂隙张开的程度用肉眼不一定能识别，但能渗水。由于反复冻融、长时间微小移动，裂缝逐渐扩大，又由于降雨，裂缝中充满水，产生侧向静水压力作用，最终崩坍。一般，裂隙发育岩体更易发生落石现象。此外，硬岩存在软弱下卧层时，也会发生这种现象。此类破坏必须严格控制，因为崩坍滚落的岩石极易对行车构成威胁。

滑坡型崩坍指岩层在外力作用下剪断，沿层间软岩发生顺层滑动，多发生在倾向于路基、层间的有软弱夹层的岩体中。另外，当基岩上伏岩屑层、岩堆等松散的堆积物时，堆积物也易沿岩层的层理面、节理面或断层面发生崩坍。

流动型崩坍多因大雨形成，砂、岩屑、页岩风化土等松散沉积土会受水的影响产生崩坍。流动型崩坍没有明显的剪切面、滑动面。

很显然，边坡高度大时，以上边坡破坏的类型都较低边坡容易发生。

由上面的分析可知，在边坡的防护设计中，既要做好坡面防护设计、排水防水设计，控制好水的问题，又要根据地质条件、岩体性质、岩层产状、边坡高度做好边坡坡面设计。目前，公路边坡主要有以下四种工程防护措施。

（1）框格防护

框格防护是指用混凝土、浆砌块（片）石等材料，在边坡上建成骨架，其能有效地防止路基边坡在坡面水冲刷下形成冲沟，同时提高边坡表面地表粗糙度系数，减缓水流速度。一般冲刷仅限于框格内局部范围，采用框格防护与种草防护结合起来的方法，能够提高防护效果，同时美化环境。

框格防护多用于路基下边坡，是一种辅助性的防护措施，除对路基边坡具有一定防护作用外，还有对路容的美化效果，在互通立交范围内边坡应用最多。近年来，人们越来越重视公路对环境的影响，重视路容美化，因此往往采用这种防护形式。

框格可根据人们的想象及人们对美的追求，做出各式各样的造型，如斜45°大框格、六角形混凝土预制块防护、浆砌片石拱形防护、浆砌片石或预制块做成的麦穗形等。同时，框格防护可用于土质上边坡防护，既能增加美的效果，又可防止边坡出现冲刷，但由于框格需在上边坡中嵌槽镶进，施工难度大，一般较少采用，仅在重要景点使用。

宁沪高速公路部分路段和贵黄高速公路下边坡均采用了浆砌片石拱形防护，八达岭高速公路下边坡部分路段采用斜45°大框格内镶六角形混凝土预制块的小框格，石黄高速公路部分路段采用麦穗形框格，这些都给人以美的享受。

（2）护坡

在稳定的边坡上铺砌片石、块石或混凝土预制块等材料以防止地表径流或坡面水流对边坡的冲刷，称为护坡。铺砌方式一般为浆砌，冲刷轻微时，可采用干砌。

位于河滩或滞洪区内的路基，往往处于洪水的直接威胁之下，因此必须采用护坡防护措施，防护高度应在路基设计洪水位加浪高、壅水高及 0.5 m 安全值以上。另外，当路基沿溪、路基边坡侵占河道时，也要采取护坡防护措施。

在软土地基上的路堤护坡，无水流冲刷影响时，可采用干砌片石护坡，以适应由地基沉降引起的路堤边坡变形。

（3）封面

封面包括抹面、喷浆、喷射混凝土等防护形式。

抹面防护、捶面防护由于使用年限较短，在各等级公路上使用较少，尤其在高速公路的边坡上尚未采用过这样的防护措施。不过，当路基较低时，采用抹面防护合理掺加草籽，既能起到建设初期的防护作用，又能起到运营期的防护与绿化作用，在今后的建设中可做尝试。

喷浆防护和喷射混凝土防护适用于边坡易风化、裂隙和节理发育、坡面不平整的岩石边坡。其主要作用是封闭边坡岩石裂隙，阻止大气降水及坡面流水侵入，从而阻止裂隙中的侧向水压和冰裂，防止边坡岩石继续风化，保护边坡不发生落石崩坍。

在公路上广泛采用的封面防护措施是喷射混凝土。该防护措施要求在混凝土内设置菱形金属网或高强度聚合物土工格栅，并通过锚杆或锚固墩固定于边坡上，这主要是为了防止混凝土硬化收缩产生裂缝或剥落。由此，在喷射混凝土前，坡面不应有风化碎渣、风化土层，全风化岩石不宜采用喷射混凝土防护措施。为防止喷射混凝土硬化收缩产生裂缝或剥落，加设防裂金属网或高强聚合物土工格栅是必要的。当岩体具有沿倾向路面的岩层顺层滑动的潜在危险时，还应采取加抗剪锚杆的锚固措施。

（4）做好公路的排水和防护设计

近年来，公路排水问题已成为公路建设中环保要求的主要制约因素，通常会因水带来公路两边的破坏，进而影响公路沿线的环境变化。作为公路的重要附属设施，排水系统非常重要，其类型的选择应从安全、视觉效果及周围环境协调角度综合考虑，重点为做好路基排水、路面排水及中央分隔带排水，同时兼顾边坡防护工程的应用，使公路的排水系统和排水工程防护有机结合、统一起来。防护工程的应用确保了路基的稳定，减少了水土流失，直接起到了保护环境的效果，同时通过适当的绿化处理，改善了排水系统的环境状况。

总之，要想做好公路建设，确保公路边坡稳定、安全，做好环境保护是非常重要的。满足以上要求，需要我们在平时的公路边坡治理中深入了解公路边坡破坏的形式与机理，并结合不同情况，按照相关要求，加强分析和梳理，找准针对不同工程对象的土质、水文、气候等特点，灵活采用不同的防护形式，加强设计理念的更新和适应，加强施工建设管理，建安全之路、生态之路、优美之路。

五、公路交通噪声的治理

公路噪声的来源很多，有施工过程中机械工作的声音，也有车辆运行时发出的声音，还有车辆轮胎与公路路面接触摩擦产生的声音，等等。此类声音的产生对周边群众和行人及过往车辆都有很大影响。因此，在公路建设设计时可以考虑采用声屏障、加强路面的平整度、改善车辆性能等一系列措施减少各类噪声产生的途径，分散声音的传播路径，尽量减少这些声音的产生。通过各种措施减少公路建设运营带来的噪声污染，避免影响沿线和周边群众的生活，这也是生态公路建设的要求，同时也是路域生态公路恢复研究的重要课题之一。不能简单地把公路生态研究作为生态景观学的延伸和发展，因为还要考虑美学、生物学、设计和环境保护的方方面面。对此，公路噪声的防治也显得十分重要。在施工期间，对居民点较多的地点，应合理安排施工场地、时间和运料通道，降低噪声的影响，加强对路面的质量把关和控制，选用较好的路面材料，减少公路施工和今后运营期产生的噪声。对于公路附近的居民区，要根据路线情况修建声屏障，其高度和长度应根据影响居民区的范围确定，既要考虑公路沿线的风貌和自然环境，又要结合当地的风土人情，就选择材料和形式而言，也要充分考虑生态环境的因素。要根据声学原理，科学合理地解决声屏障的建立和设置问题。总的来说，就是要通过一系列的技术处理和相应的声音减噪措施，进一步美化和改善公路沿线的人居环境，为人们提供文明、健康、有序的生活环境，这也符合生态文明建设和构建和谐社会的要求。

第五节　公路建设项目施工期全程
环境管理的框架体系

一、公路建设项目施工期的环境问题

公路项目施工涉及公路工程、地质工程、环境工程、环境科学、水土保持、现代空间技术和社会科学等多个学科领域。公路建设项目在我国已被生态环境部定为非污染生态影响建设项目，这一类项目的特点主要体现在施工期对生态环境的影响上，包括对沿线的自然环境、社会环境等的影响和破坏。

（一）对生态的影响

生态破坏即生态系统的破坏，主要指人为因素使生态系统的结构与功能失调，此处指公路在施工建设过程中对公路沿线生态环境的破坏和过度干扰。公路建设施工期间的主要环境问题是生态破坏，包括植被破坏、土地占用、水土流失及生物多样性减少等。

1. 植被破坏

公路建设对地表植物有直接破坏作用，主要包括以下几个方面：公路工程永久性征用土地，使公路沿线的地表植被损失或损坏；施工期临时用地，包括施工便道、拌和场、施工营地和预制场等，施工作业的影响使地表植被遭受损失；取、弃土作业使原有地表植被遭到破坏；施工期由于建筑材料运输、机械碾压及施工人员踩踏，施工作业区周围土地上的植被遭到破坏。

2. 土地占用

土地资源是自然环境资源的重要组成部分，是不可替代的生产要素。土地是矿物质的储存所，它能生长草木和粮食，也是人类、野生动物和家畜的栖息所，是重要的生命支持系统。公路的修建要压占、征用、破坏大面积的土地。

3. 水土流失

水土流失是指在水流作用下，土壤被侵蚀、搬运和沉淀的整个过程。水土流失增加是生态环境不断恶化的象征，公路工程在施工阶段会造成局部的水土流失现象，特别是在山岭重丘地区和采用易于造成水土流失的土填筑路基时。在公路建设过程中，路基工程的施工、开挖或填筑，会造成局部地形的改变和植被的破坏，产生挖方边坡、填方边坡，以及不规范、不保护的取、弃土场等。这些新产生的坡面，在施工期间如果不能得到很好的保护，处于裸露状态，在雨季尤其是暴雨冲刷时，坡面就会被冲刷成多条冲沟。

4. 生物多样性减少

公路的建设需要占用大量的土地资源，破坏原有的植被和生境，产生生境碎片，造成生物资源的减少。公路建设过程中产生大量的水土流失，这些流失的土壤将在下游的河流、湖泊等水域中沉积，沉积物将覆盖水生生物的产卵和繁殖场所。公路建设使河流改道或水文条件发生变化，使生物的生存环境变化，可能导致一些生物的消失。公路施工中大量的弃渣对公路两侧的动植物也会产生影响。

（二）对环境的污染

公路施工会造成周边环境污染，主要影响声环境、水环境与大气环境等。

1. 声环境

施工机械及爆炸等施工过程产生的噪声与振动，不仅影响操作人员，而且会对周围的居民、学校及医院等环境敏感点人员正常的工作、学习和生活产生干扰。

2. 水环境

公路施工对水环境的影响：施工营地生活污水的排放及生活垃圾对水体的影响；桥涵隧道施工产生的泥沙、废渣、废水及机械设备排放的废油对水体的污染；拌和场、预制场等的施工废水对水体的污染；含有害物质的建材、化学品等对水体的污染；等等。

3. 大气环境

公路建设的施工器械大部分是重型机械，使用柴油发动机的占大多数，加之现场作业受天气的影响，燃油可能不完全燃烧。施工机械的尾气会加重区域的大气污染，对人体健康产生危害。一次污染物排入大气后，碳氢化合物等在紫外线的作用下，可生成一些过氧化物，如臭氧、硝酸盐等二次污染物。这些物质对人体的呼吸系统、神经系统、造血机能均会造成严重危害。

粉状或者灰状的筑路材料，在运输过程中会因为包装不严，或因使用中不够注意，在风的作用下到处飞扬，严重影响周围环境的空气质量。

公路施工现场大量的土石方作业往往造成尘土飞扬，尘土落在农作物的枝叶上，会影响其正常的光合作用，造成农业减产，还会使居民生活环境的空气受到严重污染。在气候干燥的地区或干旱季节施工，施工现场的二次扬尘会严重污染大气环境。

公路施工的沥青及其烟气也会对环境空气质量造成较大影响。

（三）对社会环境的影响

公路施工过程对沿线一定范围内社会环境的影响是不可忽视的，有时还比较严重，主要有如下五种。

1. 拆迁与再安置

公路项目由于路线较长，跨越的地域较广，往往产生不同程度的拆迁与再安置问题，处理不当可能影响居民的正常生活。

2. 基础设施与资源利用

公路项目在施工过程中对沿线的通信、水利排灌、电力等设施，以及矿产、旅游、文物等资源都会产生干扰，当前比较突出的是对文物资源的影响。

3. 对现有交通环境的影响

公路在施工阶段，大量的工程车辆通过附近已有的公路，会造成现有公路上汽车流量的大量增加，干扰原有公路的交通秩序。运送散状筑路材料的

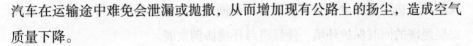

汽车在运输途中难免会泄漏或抛撒，从而增加现有公路上的扬尘，造成空气质量下降。

4. 景观破坏

公路的建设开山取石，破坏植被，会不同程度地破坏原有的自然风貌，造成一些自然环境景观的损失和破坏。

5. 对沿线居民的影响

现代公路施工大量采用机械化作业，产成了噪声污染。这些噪声给人们造成了心理和生理上的影响，降低了工作效率。在施工道路沿线及附近的道路上，施工车辆增加会使交通噪声的污染加重，影响现有公路及施工便道两侧居民的正常工作、学习和生活，处理不当而造成的居民与施工单位的纠纷屡见不鲜。

为了减少上述不利影响，保护环境，提高人民的生活质量，充分考虑工程与环境的相互影响，应采取一定的保护措施及管理方法。

二、公路建设项目环境管理体制及其完善

我国环境管理体制包括三大系统，即决策管理系统、监督执行系统与支持保证系统。

（一）决策管理系统

决策管理系统是依据国家的环境法律、法规、标准和环境政策，从环境与发展综合决策入手，运用各种有效的管理手段，主要是行政、法律、经济、技术、教育、规划等，调控人类的各种行为，协调经济与社会发展同环境保护之间的关系，限制人类损害环境的活动，以维护正常的环境秩序和环境安全，实现社会可持续发展的行为总体。

决策管理系统主要包括环境规划的实施、环境法规的制定及环境标准的编制等。

1. 环境规划

环境规划是政府或人大通过的，具有法律效力，是国民经济与社会发展

规划的有机组成部分，是环境决策在时间、空间上的具体安排，其目的是在发展经济的同时保护环境，使经济与环境协调发展。

公路是社会与经济发展的重要基础设施，加强公路建设项目的环境管理既是做好公路建设项目的基本要求，也是做好我国整体环境管理工作的一项重要内容。公路建设项目的环境管理的目标是项目的建设、使用与环境保护协调统一。要想实现这一目标，就要在项目的决策、建设、竣工、投入使用的各个环节和时期充分有效地运用各种手段，充分发挥项目在社会发展和经济建设中的作用，同时保护沿线的环境，使项目发挥社会、经济和环境保护相协调的作用。

2. 环境法规

环境法规是由国务院制定并公布或者经国务院批准而由主管部门公布的有关环境保护的规划性文件。主要包括两部分内容：一部分是为执行环境保护基本法和单行法而制定的实施细则或条例，如《中华人民共和国大气污染防治法实施细则》《中华人民共和国水污染防治法实施细则》《中华人民共和国森林法实施条例》《中华人民共和国土地管理法实施条例》等；另一部分是为环境保护工作中出现的新领域或尚未制定相应法律的某些重要领域所制定的规范性文件。

3. 环境标准

环境标准是有关控制污染、保护环境的各种标准的总称。为了保护人类健康、社会物质财富和维持生态平衡，对大气、水、土壤等环境质量，对污染源的监测方法，以及针对其他需要制定的标准，称为环境标准。在我国，环境标准有国家标准和地方标准两级。

环境标准属于强制性法律。《中华人民共和国环境保护法》规定，违反环境标准应依法承担相应的法律后果。环境标准主要分为环境质量标准、污染物排放标准、环境基础标准、样品标准和方法标准。

国家环保机构的主要任务是抓环境保护规划、方针、政策、法规的监督和指导等重大工作，环境标准是进行这些工作的技术基础。

（二）监督执行系统

监督执行系统是为了实现决策目标，依法对辖区内一切机关、企事业单位和个人贯彻环保法律、法规、政策和规章的情况进行现场监督、检查，并根据环境保护行政主管部门的授权对违法单位和个人进行处理的系统。

《中华人民共和国环境保护法》第十四条规定，县级以上人民政府环境保护行政主管部门或者其他依照法律规定行使环境监督管理权的部门，有权对管辖范围内的排污单位进行现场检查。被检查的单位应当如实反映情况，提供必要的资料。检查机关应当为被检查的单位保守技术秘密和业务秘密。环境监察受环境保护行政主管部门领导，在环境行政主管部门所管辖的辖区内进行，通常情况下同级之间不能够直接越区执法。第十五条规定，跨行政区的环境污染和环境破坏的防治工作，由有关地方人民政府协商解决，或者由上级人民政府协调解决，做出决定。监督执行主要由环境监察来完成和实现。

1. 环境监察的定义

环境监察是指各级环保部门依照法律、法规、政策等的规定，在各级人民政府环境保护部门的领导下，依法对辖区内污染源排放污染物情况和海洋及生态破坏事件实施现场监督、检查，并参与处理。环境监察是环境管理的主要职能之一，对于推动环境保护事业的发展具有越来越重要的作用。

2. 公路项目环境监察

环境监察是不定期的，而且次数少。环境监察虽然对发现的问题提出了限期整改的要求，并对整改结果进行再次检查，但检查频次少，所以时效性较差。由于环境监察人员不可能经常在施工现场，有些建设单位从本单位利益出发，为了赶工期等，存在侥幸心理，对政府部门的监察被动应付。

就公路项目而言，由于环保部门不能跨辖区执行公务，这就使一些路线的环境监察难以实现。而且，环境监察目前的工作重点是污染型的建设项目，对公路这样的非污染型建设项目一般不太重视，仅个别区域和项目比较重视，如青藏铁路、青藏公路沿线的环保部门。

（三）支持保证系统

支持保证系统是指用来保证环境管理有序进行的技术手段，主要是环境监测及环境信息等。

1. 环境监测

环境监测是根据保护环境和保障人体健康的需要，运用物理、化学、生物等科学技术手段和方法，对环境中的各种要素、环境质量的各种代表值，进行测定、分析、综合、评价、判断等一系列活动的总称。

公路施工阶段的环境监测由公路的建设单位委托具有环境监测资质的单位承担，依据环境影响报告书中的环境监测计划进行。施工期环境监测可以及时掌握施工的环境影响范围和影响程度，为补充、完善采取各项减轻环境污染的措施提供科学依据，将环境问题消灭在萌芽状态。

2. 环境信息

环境信息是信息的一类，由一组表示数量、行动、状态和目标的可以鉴别的符号组成，这些符号可以是字母、数字、图像、声音、色彩等。环境信息是环境系统存在的标志，是环境系统受人类活动、外来干扰的一种反馈，或是环境系统内部因素突变的外部显示，是反映环境问题和现象的明显信号，能使人们了解环境和系统受到哪些因素的作用，这种作用的时空分布，以及系统受作用后所处的状态，等等。

加强公路建设项目环境管理信息化建设，将项目受理、评估、审批等各个环节的工作程序、办事制度、审批和验收结果等纳入公路建设项目环境管理信息系统，便于公众和媒体监督，便于建设业主单位、相关部门查询和咨询。

总之，施工期环境管理的实施是一个系统工程，涉及许多部门和领域，交通系统环境管理部门起主要领导作用，施工承建单位负责现场具体的环境保护工作。

三、公路建设项目施工期全程环境管理的实施

（一）承包商的环境管理

承包商是承担工程施工的组织机构，是工程实体得以形成的主体，能否将环境的影响降到最低限度，与其有直接关系。参加公路工程施工的单位应该自觉遵守国家有关环境保护的政策法规，增强环境保护意识，做好施工期的环境保护工作。

现代的公路承包商有比较完善的管理体制和管理措施来指导施工活动。承包商对质量、进度、成本管理已有了比较成熟的经验和方法，而大部分企业对环境管理尚未重视，或是被动地进行局部的环境管理。有些企业在施工中会涉及一些环保的内容，但缺乏进行全程环境管理的目标和措施。

除此之外，承包商环境管理的实施也是一项重要的课题。承包商应建立环境管理机制，以便将环境管理工作纳入企业的日常管理工作之中，使环境管理成为承包商管理工作的重要组成部分。在质量、成本、工期、安全管理的基础上，应把环境管理作为重要的课题，提出管理目标，防止环境污染。

承包商应建立环境管理组织机构体系，从而加强和保证对环境管理工作的有效领导。在生产过程中，承包商应不断用新技术、新工艺来取得更好的环境效果，环境宣传与教育可以增强工作人员的环境意识及环境保护的自觉性。在实际工作中，施行环保目标责任制是发挥工作人员环境管理与环境保护主观能动性的重要措施。

（二）监理的环境管理

20 世纪 80 年代我国正式开展工程监理工作以来，工程监理在确保工程建设质量，提高工程建设水平，充分发挥投资效益方面起到了重要作用。但多年来，环境保护未纳入工程监理，项目施工过程缺少有效的环境管控措施，导致施工阶段环境污染和生态破坏没有得到有效的控制。20 世纪 80 年代以来，利用外资的工程建设项目逐渐增多。同时，随着市场经济体制改革的深

入进行，我国在建设项目管理方面逐步实施了企业法人、工程招投标、工程监理等制度，加强建设项目施工期的环境管理，进行施工期的工程环境监理已势在必行。

随着市场经济的完善，应该强化社会监理的作用。工程环境社会监理处于工程环境管理的核心地位，应在政府监督管理之下，依据有关规定，利用业主授予的权力对工程实施不间断、全过程、全方位的环境管理。

（三）业主的环境管理

业主单位是基本建设的组织者、监督者、实行者及应用者，负有一定的政治、经济和法律责任。因此，业主单位在抓质量、进度、合同管理的同时，还应抓环境保护并制定相关的措施，通过招标管理，加强施工现场管理，规范施工程序，加大环境保护的力度。例如，青海省要求参加投标的施工单位就环境保护方面的问题在投标书中有专门的承诺，在施工现场要求文明施工，坚决杜绝乱挖乱弃，对不服从指令的施工单位采取严厉的经济处罚，并限期改正，对环境保护不合格的工程不予验收。这些措施的制定无疑对环境保护起到了积极的作用。

（四）政府的环境管理

政府的环境管理是指政府运用行政、经济等手段，限制人类损害环境质量的活动，通过全面规划使经济与环境协调发展，既要发展经济满足人类的需要，又不超出环境的容许极限。

政府进一步加强对环保工作的领导，应建立健全环保监督和监测机构，并配备相应的人员和设备，从而更好地进行公路的环境管理，实现公路建设与环境保护的协调发展。

四、公路建设项目施工期全程环境管理的保障措施

（一）公路建设项目施工期全程环境管理的法律手段

公路建设项目施工期全程环境管理的法律手段，是依据国家环境法律法

规，对施工行为进行管理以保护环境的手段。依法管理环境是控制并消除污染，保障自然资源合理利用并维持生态平衡的重要措施，是其他措施的保障和支持，通常也称为"最终手段"。

目前，在中国已初步形成了由《中华人民共和国宪法》（以下简称《宪法》）、《中华人民共和国环境保护法》、环境保护单行法和环境保护相关法等法律法规组成的环境保护法律体系，这是强化环境执法监督管理的根本保证，也是进行公路建设项目施工期全程环境管理的重要依据和可靠保障。

施工期全程环境管理的环境法体系由保护和改善环境的各种法律规范组成，是相互联系、相互补充、内部协调一致的统一整体。《宪法》拥有最高的法律效力，其他各种法律法规必须以《宪法》为依据，下一等级法规服从上一等级法规。在这个体系中，许多法律法规对施工期间的环境管理有直接的约束作用，是施工期全程环境管理的法律依据。

（二）公路建设项目施工期全程环境管理的行政手段

公路建设项目施工期全程环境管理的行政手段是指在国家法律监督下，各级环保行政管理机构运用国家和地方政府授予的行政权限开展环境管理的手段。环保部门要充分理解公路建设项目施工期环境管理的重要性和必要性，促进经济、社会和环境的可持续发展。在此，只讨论政务公开和依法行政。

1. 政务公开

施工期的环境管理必须客观、公开、公正。客观，是与主观臆断相区别；公开，是与暗箱操作相区别；公正，是指不带偏见，对所有的被管理对象一视同仁，依法进行管理。环保部门要积极参与公路建设项目施工期的环境管理，增强为经济发展服务的意识，推进政务公开，建立公正透明、廉洁高效的管理体制，提高办事效率，接受群众的监督。

2. 依法行政

施工期间的环境管理也要依法进行，按照有关法规或环境法规的要求进行，全面推进依法行政，坚持党的领导、人民当家作主和依法治国三者的统一，忠实履行法律赋予的职责，确保法制统一和政令畅通，保护公民、法人和其他组织的合法环境权益。

各级环保部门应依法制定施工期的环保方针、政策、法规及标准，督促业主单位及施工单位落实施工期的环境措施及要求。

（三）公路建设项目施工期全程环境管理的经济手段

公路建设项目施工期全程环境管理的经济手段，是指按照国家的环境经济政策和经济法规，根据施工期环境保护的需要，运用各种经济手段，使污染和破坏环境者承担经济责任，促进公路施工期环境保护工作的顺利进行。

1. 征收排污费

排污费是指国家环境管理机构按照法律的规定，根据排污者向环境排放污染物的数量、浓度，对排污者征收相应的费用。征收排污费制度是世界上许多国家通行的做法，并且成为世界范围内环境管理经济手段的主体。

征收排污费也是加强公路项目施工期环境保护的一项较好的办法，其目的是促进施工企业加强环境管理，节约和综合利用资源，提高资源利用率，治理污染，保护和改善环境。

施工期排放的污染物主要有生产垃圾、生活垃圾、生产废水、生活废水、噪声与振动、大气扬尘、沥青烟及车辆机械的废气等。要强化和完善公路施工期的排污收费，对于污染严重的项目要加大排污收费的力度。

2. 赔款及罚款

污染赔款和罚款是保护人民利益、促进企业治理污染和减少污染事故的一项重要的经济手段。《中华人民共和国环境保护法》第三十八条规定，对违反本法规定，造成环境污染事故的企业事业单位，由环境保护行政主管部门或者其他依照法律规定行使环境监督管理权的部门根据所造成的危害后果处以罚款。

3. 环境保证金

保证金是从事某项活动前缴纳的一定数量的资金。如果按要求完成，则保证金全部返还；否则，保证金不返还，还可同时处以罚款。保证金是一种行之有效的经济手段，值得推广应用。

公路施工承包商在进驻施工现场以前，有关部门可以要求其交纳一定数额的环境保证金。如果施工单位进行了较好的环境保护，则工程完工时可以全部或部分返还环境保证金。对于施工期环境保护不善的单位，其环境保证金将被扣除，这部分资金会用来请别的单位进行环境恢复工作。

总之，我国的公路环境管理体系尚不健全，特别是施工阶段的环境管理。但只要善于借鉴国外公路环境管理的先进经验，积累国内的有益经验，就可以形成有中国特色的公路建设项目施工期全程环境管理体系，把我国的公路项目环境保护做得更好，实现经济效益、社会效益和环境效益的统一。

参考文献

[1] 彭军龙. 公路工程设计施工总承包模式管理：方法论[M]. 北京：北京邮电大学出版社，2017.

[2] 刘文胜，罗桂军，谢开武. 公路工程施工项目试验管理手册[M]. 北京：中国建筑工业出版社，2017.

[3] 吕国仁，张宪堂. 公路施工组织与管理[M]. 北京：人民交通出版社股份有限公司，2017.

[4] 王秀敏，葛宁，韩漪. 公路工程施工组织与管理[M]. 天津：天津大学出版社，2018.

[5] 李晓龙. 公路工程施工安全管理[M]. 西安：西北工业大学出版社，2018.

[6] 艾芃杉，邢敬林，刘秀. 公路工程施工技术与安全管理[M]. 延吉：延边大学出版社，2018.

[7] 希尔良. 大数据环境下公路工程科学化施工管理研究[M]. 北京：地质出版社，2018.

[8] 李宽. 公路工程项目管理[M]. 武汉：华中科技大学出版社，2018.

[9] 高峰. 公路施工组织实务[M]. 北京：北京理工大学出版社，2018.

[10] 严战友，崔冬艳，夏勇. 山区高速公路施工安全与管理[M]. 成都：西南交通大学出版社，2018.

[11] 史建峰，陆总兵，李诚. 公路工程与项目管理[M]. 北京：九州出版社，2017.

[12] 崔艳梅，叶亚丽. 公路工程施工合同与成本管理[M]. 北京：人民交通出版社股份有限公司，2019.

[13] 王琨，赵之仲. 公路工程施工优化管理与新技术[M]. 北京：人民交通出版社股份有限公司，2019.

[14] 邓勇，李景超，刘军权，等. BOT模式高速公路工程施工总承包管理实务[M]. 北京：科学出版社，2019.

[15] 马绪荣，陈公增. 公路工程施工企业安全生产管理人员实用手册[M]. 北京：人民交通出版社股份有限公司，2019.

[16] 郭小宏. 公路工程机械化施工与管理[M]. 3版. 北京：人民交通出版社股份有限公司，2019.

[17] 汪双杰，刘戈，纳启财. 多年冻土区公路工程施工关键技术[M]. 上海：上海科学技术出版社，2018.

[18] 张少华. 公路桥梁工程与项目管理[M]. 北京：北京理工大学出版社，2019.

[19] 王奎生，郑明志，武文婕. 公路工程管理[M]. 长春：吉林科学技术出版社，2019.

[20] 龚剑，吴小建，等. 地下工程施工安全控制及案例分析[M]. 上海：上海科学技术出版社，2019.

[21] 丁雪英，陈强，白炳发. 公路桥梁建设与工程项目管理[M]. 长春：吉林科学技术出版社，2019.

[22] 吴明先，单永体，胡林. 多年冻土区公路建设环境保护关键技术[M]. 上海：上海科学技术出版社，2019.

[23] 毛磊，李俊均，李小青. 公路隧道钻爆法开挖支护机械化施工与管理技术[M]. 武汉：华中科技大学出版社，2019.

[24] 卢利群，高翔. 公路工程文明施工指南[M]. 成都：西南交通大学出版社，2020.